# 知识产权案例指导新探索

司法案例指导研究丛书

宿　迟／主编

最高人民法院知识产权案例指导研究（北京）基地
北京知识产权法院／编

人民法院出版社

**图书在版编目（CIP）数据**

知识产权案例指导新探索 / 宿迟主编；最高人民法院知识产权案例指导研究（北京）基地，北京知识产权法院编．—北京：人民法院出版社，2018.2

ISBN 978－7－5109－2067－7

Ⅰ.①知…　Ⅱ.①宿…②最…③北…　Ⅲ.①知识产权法—案例—中国　Ⅳ.①D923.405

中国版本图书馆 CIP 数据核字（2018）第 028894 号

知识产权案例指导新探索

宿迟　主编

最高人民法院知识产权案例指导研究（北京）基地
北京知识产权法院
编

---

责任编辑：李安尼　　　　执行编辑：刘晓宁
出版发行：人民法院出版社
地　　址：北京市东城区东交民巷 27 号（100745）
电　　话：（010）67550579（责任编辑）　67550558（发行部查询）
　　　　　65223677（读者服务部）
客服 QQ：2092078039
网　　址：http://www.courtbook.com.cn
E－mail：courtpress@sohu.com
印　　刷：三河市国英印务有限公司
经　　销：新华书店

---

开　　本：787×1092 毫米　1/16
字　　数：280 千字
印　　张：16.5
版　　次：2018 年 2 月第 1 版　2018 年 2 月第 1 次印刷
书　　号：ISBN 978－7－5109－2067－7
定　　价：56.00 元

---

大潮中应运而生，既是对中华法系法律精华和司法智慧的传承与弘扬，也是对世界先进法治经验的吸收与借鉴。“雄关漫道真如铁，而今迈步从头越”。独具中国特色的知识产权案例指导制度宛如初春的嫩芽，还需要阳光雨露的滋润，甚至经历风吹雨打。虽然我们只是人类历史长河中的一朵小小浪花，但我们始终竭力求索，为社会治理贡献中国的司法智慧与经验。

宿迟

2017 年 10 月

# 编者按

为贯彻落实党的十八届四中全会提出的“加强和规范司法解释和案例指导，统一法律适用标准”的指导精神，最高人民法院于2015年4月24日在北京知识产权法院设立了最高人民法院知识产权案例指导研究（北京）基地（简称案例基地），研究和试行中国特色的知识产权案例指导制度。

两年来，在最高人民法院的正确领导和大力支持下，案例基地在理论制度研究、机制和规范建设、信息化和开放化建设方面取得阶段性成效，社会各界对于知识产权案例指导制度建设的必要性和重要性已经达成共识，对案例基地的长远发展充满期待。2016年10月，周强院长和陶凯元副院长对案例基地的阶段性工作成效给予了积极肯定，作出了要求总结和推广的重要批示。

本材料汇集了案例基地截止2017年10月的探索和建设情况，内容包括理论研究和实践成果、规范化和信息化建设情况，分为基地概况、领导讲话、会议综述、理论研究、实践探索和专家视角等六个栏目，供各位领导和专家学者交流、批评指正。

# 目　录

## 【基地概况】


案例基地基本情况介绍 …………………………………………………………（3）

案例服务平台介绍 ……………………………………………………………（7）

案例基地大事记 ………………………………………………………………（15）


## 【领导讲话】


2015 年 4 月 24 日最高人民法院副院长陶凯元在案例指导研究（北京）基地揭牌仪式上的讲话 …………………………………………………（25）

2015 年 4 月 24 日北京市高级人民法院时任党组书记、院长慕平在案例指导研究（北京）基地揭牌仪式上的讲话 …………………（28）

2016 年 4 月 22 日北京知识产权法院院长宿迟在中央政法委、最高人民法院“知识产权司法保护研讨会”上的发言 …………………（30）

2016 年 8 月 3 日北京知识产权法院院长宿迟在中美知识产权法治对话会上的发言 ……………………………………………………………（35）

2016 年 11 月 24 日最高人民法院副院长陶凯元在案例指导研究（北京）基地阶段性成果汇报座谈会上的讲话 ……………………（41）

2016 年 11 月 24 日北京知识产权法院院长宿迟对知识产权案例指导制度探索情况作总结汇报 ………………………………………（44）

## 【会议综述】


2015 年 4 月 24 日案例指导研究（北京）基地揭牌暨知识产权案例指导研讨会综述 ………………………………… （53）

2015 年 9 月 22 日案例指导制度运行机制研讨会综述 ………… （58）

2016 年 5 月 12 日专家咨询委员会专家聘任仪式综述 ………… （63）

2016 年 8 月 4 日北京知识产权法院参加首次中美法治对话活动综述 ………………………………… （65）

2016 年 11 月 24 日案例基地阶段行性成果汇报座谈会综述 ………… （69）


## 【理论研究】


以先例判决指导审判工作制度的创新实践 …………… 蒋惠岭　杨奕 （75）

知识产权案例指导制度可行性研究 ………………… 宿迟　杨静 （79）

知识产权案例指导制度实践样本 ………………………… 杨静 （86）

论我国案例指导制度的构建与完善 ……………………… 许波 （98）

两大法系（美国、英国、德国）知识产权案例制度与法院建设情况调研报告 ……………………………………… 余俊 （114）

自然语言处理技术在司法行业的应用 ……………… 刘激扬 （129）


## 【实践探索】


知识产权审判案例指导工作实施指南 ………………………… （135）

案例基地典型案例评审办法（征求意见稿） ………………… （141）

北京知识产权法院诉、审、判一致性审理规范（草案） ………… （144）

专家自治管理委员会章程（草案） ………………………… （146）

北京知产法院援引在先案例实践情况分析 ………………… （150）

## 【专家视角】

中国“混合法”的三次轮回 …………………………… 武树臣　菅蓓蕾（161）
中国知识产权判例规范性问题探讨 ………………………… 曹新明（173）
英美遵循先例制度概要 ……………………………… 黄武双　柳楠（178）
主要国家案例指导制度调研报告 … 刘晓海　陈炽　笪国萍　俞风雷（189）
中国特色知识产权案例指导制度的思考与建议 ……………… 马翔（210）
欧盟法院判例制度的实践与经验 ……………………………… 李陶（215）
从一件专利案件谈案例指导制度 …………………………… 韩威威（238）
论案例研究在未决案件中的应用 ……………………………… 王华（242）
知识产权指导性案例的遴选标准及适用范围研究 ……………… 张瑜（246）

# [基地概况]

# 案例基地基本情况介绍

北京知识产权法院　陈栋

2015 年 4 月 24 日，最高人民法院知识产权案例指导研究（北京）基地（简称案例基地）在北京知识产权法院挂牌成立。最高人民法院陶凯元副院长、北京市高级人民法院时任院长慕平共同为案例基地揭牌。

案例基地的创建，是为贯彻落实党的十八届四中全会提出的“加强和规范司法解释和案例指导，统一法律适用标准”的指导精神，探索试行中国特色的知识产权案例指导制度，逐步规范司法行为，深化司法公开，凝聚司法智慧，推进司法裁判尺度统一，提升司法公信力，促进法律共同体的建设和交流。

按照最高人民法院的要求，案例基地的建设目标包括四方面：一是注重理论化建设，建成全国知识产权案例指导理论研究中心。二是注重规范化建设，建成知识产权指导案例发现识别中心。三是注重信息化建设，建成知识产权指导案例信息智能汇集中心。四是注重开放化建设，建成全国知识产权案例指导综合服务中心。

为保证上述目标的实现，案例基地制定并实施第一个五年工作规划：第一阶段，2015 年上半年完成案例基地的挂牌成立工作，下半年完成机构设置、人员选任、专家委员会组建、基地运行规则、案例生成机制、办公基建、信息化建设、人财物保障等各方面的设计、研究、论证、审批及立项等工作，并引导全市知识产权法官和律师率先形成案例思维并探索实践案例指导制度工作。第二阶段，2016 ~ 2017 年，完成数据库开发建设及上线试运行工作，深入实践案例指导制度，初步建成知识产权案例指导机制和软硬件系统，进一步丰富案例数据库，完善案例的查找、筛选和运用，建成案例发现识别中心和信息智能汇集中心。第三阶段，2018 ~ 2019 年，在全国知识产权审判中推广知识产权案例指导制度，与国际数据库对接合作，把基地建成案例指导理论研究中心和全国综合服务中心。

案例基地由北京知识产权法院院长宿迟担任主任，设立了最高人民法院、北京市高级法院、北京知识产权法院相关领导组成的建设领导小组，由北京知识产权法院承担案例基地的建设实施工作。根据工作需要，案例基地组建了专家咨询委员会，设立了专家自治管理委员会作为日常协调管理组织，具体负责研究咨询和案例评审工作。专家咨询委员会是社会各界参与案例指导工作的主要形式，也是开展典型案例评审工作的重要机构，具有法律学术性、技术专业性和广泛的民主性。依照司法审判和研究领域，专家咨询委员会内设商标竞争垄断、专利、著作权、综合程序和涉外五个专业部，分别负责各相关领域的研究和案例评审工作。目前，专家咨询委员会初步建立了章程和评审工作规范，接受各界报名组建了包括专家学者、政府官员、律师代理人在内的三百余人的专家队伍，开始了常态化案例评审工作。截至 2017 年 11 月，专家咨询委员会已经从全国近八年的知识产权裁判文书中评审产生五百多篇典型案例，进行了深度编辑加工并对外公布。

在各级领导的关心指导下，案例基地按照规划积极推进四项基础建设，经过近三年的探索和建设，各项工作均取得了实效。

一是开展理论化研究，探索核心业务思路。案例基地以中国特色案例指导制度研究为基础性工作，开展系统的理论研究，基本明确了案例指导制度的核心业务思路、配套制度设计和实现路径规划。组建了专家学者广泛参与的专家咨询委员会，先后多次组织召开了不同范围和内容的案例指导理论研讨活动和调研工作，委托相关机构开展知识产权法律词典的知识“码体系”编纂工作，在北京大学开办“中国案例指导探索研修班”，研究并翻译《美国法律引用的规范格式指南》，完成了《世界各主要国家和地区案例指导制度的调研报告》和《两大法系知识产权判例制度与法院建设调研报告》，开展了五百余件典型案例的裁判要旨编纂，系统性地研究了典型案例的生成、筛选、发布、评价、识别、援引、遵循、推翻等核心机制，并与中国实际相结合形成系统的、核心的业务思路，在专业权威媒体刊物发表专业文章十余篇，为案例基地相关工作奠定了坚实的理论基础。

二是注重规范化建设，完善各项工作制度。案例基地依托北京知识产权法院的司法实践，探索制定了系统化、规范化、可操作的工作规程，并在这些规则的指导下开展了系列试点工作，部分工作已经进入常态化。初步制定了指导法官与律师开展典型案例提交、识别、援引与参考等工作的《知识产权审判案例指导工作实施指南》，确保实现庭审实质化的《知识产权案件诉、审、判一致性工作规范》，规范案例评审工作的《典型案例评审办法》，保证专家咨询管理委员会自治的《专家自治管理委员会章程》，鼓励和保障法官创设高水平裁判的《法官考核评价工作机制》《裁判文书体例改革方案》等配套规范。

三是坚持开放性原则，积极争取各界支持。案例基地工作得到了北京市三级法院知识产权审判人员和广大诉讼代理人的积极响应，得到了国内外机关团体、研究机构和广大专家学者的大力支持，凝聚了智慧、凝聚了共识，为全面实现建设目标营造了良好的内外部环境。同时，案例基地的建设坚持“古今中外、博采众长”，采用公开、透明、多方参与的开放化建设理念。坚持需求来源的开放性，组织全国近三百人的专家咨询委员会听取建议，力求反映司法参与各方的现实需求；坚持服务对象的开放性，全面服务于司法和研究等领域；坚持建设参与主体的开放性，使大数据技术公司、科研院所和研究机构以及社会各界人士参与到各项建设中。

四是坚持需求导向，初步建成信息化平台。案例基地的信息化建设坚持业务主导、坚持开放建设、坚持面向全国的建设理念，以全国知识产权审判视野进行设计开发，努力建成全国知产案例指导理论研究中心、案例发现识别中心、案例信息智能汇集中心和案例指导综合服务中心，并为其他司法领域信息化提供可复制、可借鉴的模板。在最高人民法院信息中心及北京市高院有关单位的指导和帮助下，案例基地与国内知名专业院校、研究机构和数据技术公司合作开发的“出释入典”知识产权案例指导服务平台初期建设基本完成，目前处于试运行阶段。该案例服务平台是国内第一个知识产权案例服务平台，有机融合了“三库一系统”（基础案例库、典型案例库、知识库和专家评审系统），通过独特的知识产权“码体系”实现司法案例、法规、学术知识的智能关联，提供案例评审、查询、智推、指导等服务。案例服务平台还能够提供基于裁判文书的大数据分析，提示知识产权风险，提供纠纷解决指引。此外，借助300余位国内外专家的力量，案例服务平台未来可以通过线上线下形式的咨询、论证、调解等多种方式向北京市科技企业提供专家咨询、调解等延伸服务。由于理念和技术的先进性，该平台在第八届中国行业信息化奖项评选活动暨2016中国行业信息化发展高峰论坛上获得“2016年度司法大数据行业最佳解决方案奖”。

北京知识产权法院率先试行案例指导制度，审判质效显著提升，得到上级机关和社会公众的广泛认可，一定程度上推进了同案同判，增强裁判规则稳定性和司法可预期性，提高了司法透明度和公信力，同时为中国特色知识产权案例指导制度探索提供了宝贵的实践样本。建院三年来，北京知识产权法院审判工作更加专业，法官心态更加开放，司法活动更加透明，司法裁判更有说服力，司法保护水平更高，社会各界更加认可。同时，司法保护知识产权的主导作用开始凸显，在国际上也改善了中国知识产权司法保护的国际形象。2016 年 8 月，根据中央政法委的安排，北京知识产权法院参加了首次中美法治对话活动，专题介绍案例指导制度的探索情况。2016 年 10 月，最高人民法院周强院长作出重要批示，认为北京知识产权法院的做法值得总结和推广。2017 年 4 月，最高人民法院在《中国知识产权司法保护纲要（2016－2020）》中明确确立了案例基地案例地位，将其与最高人民法院指导性案例、公报案例和知识产权庭发布的典型案例并列成为中国知识产权司法案例群的重要部分。2017 年 9 月，周强院长代表最高人民法院向全国人大常委会汇报知识产权法院三年工作情况时，再次对案例基地对工作给予肯定。中央电视台《焦点访谈》《今日说法》《法制日报》《光明日报》等国内外权威媒体对案例基地和北京知识产权法院的工作进行了多次专题报道。

# 案例服务平台介绍

北京知识产权法院 陈栋 国双科技有限公司 王锰

按照最高人民法院对案例基地建设目标要求，信息化建设是四项基本建设的重要内容之一，目标是建成全国知识产权指导案例发现识别中心和全国知识产权案例信息智能汇集中心。在上级法院的指导下，案例基地联合高校、研究机构和律师代理人，将信息化和理论化、规范化、开放化建设同步推进，经过两年多的探索，初步建成了国内第一个专门服务知识产权审判的数据平台——“出释入典”知识产权案例指导服务平台（简称案例服务平台）。

## 一、平台的定位

案例基地对知识产权案例指导制度的新探索是在成文法框架内，切实发挥典型案例对审判业务的指导作用。要使该制度发挥实效，首先要解决典型案例的来源和查询问题，然后是典型案例的指导和应用问题，同时还要解决典型案例的发展和更新问题。这些都需要信息技术手段深入和全面支撑。

案例服务平台是知识产权案例指导制度的伴生信息系统，是以先进的数据技术为基础，搭建的一整套服务与应用的统称。该平台遵循知识产权司法的客观规律，按照典型案例的标准和要求，通过大数据、人工智能等新兴信息技术，支持典型案例的有序生成、智能查询、精准指导和发展更新。在此基础上，该平台与知识产权日常审判工作密切融合，真正推动实现统一裁判标准、增强司法裁判的可预期性和稳定性、实现司法权威的目标。

## 二、平台的组成

案例服务平台是一整套服务与应用的有机融合，由多个子系统组成，目前主要包括“三库一系统”。“三库”即基础案例库、典型案例库和知识库，“一系统”即专家评审系统。“三库一系统”功能互补、内容联通。

1. 基础案例库。基础案例库实现了基础案例与裁判文书网公布的全部知识产权裁判文书同步，及时全面收录全国知识产权裁判文书，目前收录知识产权裁判文书23万余篇。基础案例库的作用是为典型案例的发现、评审提供基础资源，通过专家评审系统与典型案例库实现双向连接。

2. 典型案例库。典型案例库发布专家评审系统通过的典型案例，并支持各种精准检索、智能推送、深度分析和指导应用，是整个平台的核心和精华。目前已收录典型案例550件，覆盖知产审判的全部领域不断增长。典型案例均有专家提取的案例要旨，是对典型案例中蕴含的裁判规则和标准的提炼和总结，方便读者全面准确理解典型案例的精髓，也有助于提高案例指导的准确性和权威性。

3. 知识库。知识库是关联和围绕典型案例的一系列知识的有机集成，包括法律法规、学术资源、行政裁文、知产资讯等精华知识，方便案例的论证和研究。目前，知识库已经收录了包含知识产权领域在内的全法域法律法规、港澳台地区法律及国际条约等总计23万余部，并计划收录中国内地与港澳台地区及一带一路相关国家知识产权方面法律法规，为用户提供更广泛的法律知识推送和比较研究。学术资源，包括观点、图书、期刊等，目前总文献数达2000万篇，总字数达100亿字，是目前中国容量最大的法律知识资源库。行政裁文，主要包括商标和专利确权授权行政程序作出的裁决，平台计划通过数据对接，将行政裁文尤其是涉诉裁文与对应裁判文书关联，方便查询和使用。知产资讯，是平台通过舆情抓取工具收集的知识产权法律领域的最新资讯，覆盖新闻网站10万家，采集全部微博及300万以上微信公众号数据，汇聚产业政策、行业新闻及最新法律动态，还可以提供重点当事人或重点案件的网络舆情数据，包括传播路径、情感分析及网民画像等。

4. 专家评审系统。专家评审系统是配合典型案例的评审制度建立的信息系统，主要目的是支持案例基地专家咨询委员会专家的案例评审工作，也是案例基地工作民主性、开放性的重要体现。专家评审系统与三个数据库位于同一平台，互相联通，目前仅对具有评审资格的实名制专家开放，专家可以在评审系统中推荐和评审基础案例，按照一定规则评审通过的基础案例，被纳入典型案例数据库中。同时，由于立法变更、推翻等原因，专家评审系统也可以通过一定程序标记或删除相关实效的典型案例，从而实现典型案例库的不断发展和更新。

## 三、平台目前功能

目前，平台主要有以下功能：

1. 典型案例评审。每个典型案例的产生都必须经过基地专家团队严格的评审程序，不但法官、律师等所有用户都可以推荐案例，系统也可以自动初筛和推荐，如果某个普通的案例被其他案例援引，那么这个被援引的案例，将被系统自动识别出来交给专家评审系统，通过严格的审核评审程序进行鉴别，审核通过则可成为新的典型案例。这套机制确保典型案例的质量和权威性。法官做出的裁判被收入基础案例库，并从中不断创造出新的典型案例，供法官后续援引，形成完整的循环链条，体现了案例指导与援引在实践中活跃的生命力。

2. 智能检索和效力提示。案例服务平台通过“码”体系将典型案例、知识、法律法规等资源进行立体式关联，保证了检索的精准性。检索功能另一个独特之处在于，按照案例指导制度中“上下前后左右”的效力原则设计，根据使用者所处法院的地域和级别属性，对检索结果自动标注和提示，明确告知其上级法院类案的观点和其他法院可供参考的观点。案例在全国被援引的情况，系统会自动识别出来，还可以通过可视化方式直观展示，一目了然的显示某一案例在全国范围内被援引的情况和效力状态，辅助案件审理和领导决策。

3. 智能推送及问答。除了通过关键词精准检索，平台还可以根据使用者的实际需求，自动匹配相应的案例和知识，实现智能推送。同时，平台也可以实现模糊问答，不需要准确的法言法语，仅仅口语化描述，平台自动识别和匹配，实现结果的推送。

## 四、平台的特点

案例服务平台实现了信息技术、司法业务和案例指导制度三者的深度融合，与现有其他数据库相比，具有以下特点和优势：

1. 各类案例全面精准权威。案例服务平台的案例全部分布在基础案例库和典型案例库中，基础案例库通过及时收录、系统整理，基本实现了全国知识产权生效裁判文书的全面覆盖。典型案例除了三百多位专家学者通过严格的评审程序产生的典型案例外，还包括最高人民法院发布的指导性案例、公报案例、年度案例等案例，所有典型案例均符合“公正、令人信服并具有指引意义”的要求，基本涵盖知识产权司法各主要领域，体现了最高人民法院和各地高级人民法院的成熟观点，具有较强的权威性和典型性。

2. 建立科学的案例指导规则。案例服务平台按照“遵循在先典型案例”的理念设计和开发，根据法院层级和地域定位不同，依据典型案例效力的层级体系逻辑，针对性提供典型案例推荐和效力提示，供法官遵循或参考。该平台智能地将特定法院的上级法院和该法院的典型案例作为应当遵循的典型案例进行提示，这些典型案例往往体现上级法院包括最高人民法院的裁判观点，如果在相同或类似事实情况下未遵循典型案例，有可能被上级法院二审或再审改判。这种规则一定程度上有助于解决典型案例之间直接矛盾或冲突的问题，有助于实现典型案例对类案的指导作用和事实上的约束力。

3. 案例编辑高度专业。案例服务平台的背后有一支专业案例编辑团队，对典型案例深度加工编辑，提取裁判要旨，总结司法规则，确保对典型案例理解和援引的准确性。案例基地目前与北京大学法学院、中国人民大学法学院和人民法院出版社合作，建立了专业的编辑团队，开展案例编辑工作，确保工作专业性和成果高标准。

4. 后台逻辑和技术领先。案例服务平台建立了科学的后台“码”体系，实现典型案例、基础案例、法律法规和学术文章间的智能关联，确保智能推送的准确性。目前案例服务平台使用人民法院出版社“法信”码和北京大学法学院开发的“国双”码，两套“码体系”互相独立且互相补充地将基础案例、典型案例、法律法规等资源智能关联。此外，该平台还广泛应用“知识图谱技术”，通过分析案件的争议焦点、裁判规则、案件要素、案件核心事件以及证据材料、法律概念、法律法规以及对应的司法解释，持续构建知产领域的知识图谱数据库。比如一个争议焦点出现，就可以根据这个案件所涉及的全部案件要素、核心事件、法律知识、法律法规司法解释以及证据材料等，找出最为类似的类案文书，并将连接到的全部内容打包推送出来；或者根据不同阶段不同主体的不同需求做对应的推送。一方面提升法官和当事人获得的类案推送的精准度，另一方面简化某一个法律概念或者某一法律条文规定的搜索过程。

5. 提供深度智能数据分析。案例服务平台建立在国双公司全栈式大数据平台之上。该大数据平台是首批通过工信部测试认证的四款真正的大数据平台之一，基于分布式运算架构建立，拥有强大的数据汇集和管理能力，可以整合文档、图片、音视频等多种类型的数据，采用微服务化的设计思想和容器化部署方式，为复杂的业务聚合提供技术保障。此外，不同于传统的人工“贴标签”的方式，案例服务平台可以对海量裁判文书全文预先碎片化解析并提取内容，平台的文书解析功能依托于国双公司沉淀多年的NLP自然语言处理技术和机器学习技术，其特点是对非结构化的文书进行解析并转化为结构化数据，具有覆盖维度广、解析精度高的优势。解析的粗细度已经达到无法继续分析的最小颗粒度。同时，借助并行数据仓库技术能够对解析结果进行无限维度的自由剖析，代表了世界领先的中文法律文本解析能力。基于技术优势，案例服务平台可以根据实际需要，利用先进的大数据分析提供专题专项案例分析。如可以自动整理生成网络著作权侵权案件中“服务器标准”和“用户感知标准”的产生和发展脉络及相关案例，可以根据需求整理得出某地区侵犯音乐作品著作权案件中每首歌的赔偿标准。这些大数据分析不仅可以实际指导个案审判，同时也有助于审判研究、领导决策、服务立法等工作。

6. 操作简便界面友好。案例服务平台应用“NLP自然语义解析技术”，对口语化的案情描述内容进行分析处理，从法律文本中自动抽取特定的信息，包括特定的实体、关系、事件等，如起诉状中的诉讼请求、事实和理由；在灵活应用NLP组件的基础上制作业务逻辑，采用多域搜索、逻辑组合、权重设计、智能搜索、自然语言查询等技术手段，实现强匹配、动态匹配和无限匹配方式相结合，不需要输入任何检索条件，实现对口语化案情描述及起诉状、答辩状、裁判文书等法律文书的同案、类案及关联知识的精准推送。此外，平台应用“用户行为分析技术”，在平台部署监测代码，收集访问者访问行为和系统信息数据，发送至数据仓库服务器，经过专业的数据处理和专业建模，支持对用户行为分析数据进行多维度自由组合的数据查询；从流量来源，用户分布，网站页面，用户事件触发等方面进行实时的数据监测，并持续地监控网站设计对用户体验的影响、以及用户的搜索热点、关注热点、喜好等，以此来进行平台的友好度、智能度、推荐度的不断优化和升级。

## 五、平台的发展

目前，案例服务平台已经在互联网端部署并向案例基地部分专家和部分机构开放试运行。自2017年初至2017年5月，案例服务平台的点击访问量突破一万次，登陆来源包括全国大部分省市自治区以及香港、日本、美国等国家和地区。通过广泛试用，案例服务平台正在收集各方意见，并进行反复测试和完善。

下一步，案例服务平台可以实现在法院内网的部署，并与法院内网办公办案系统对接，为法官提供文书生成、典型案例智推和大数据分析等服务。同时，案例服务平台也为其他领域设计预留了对接空间和路径，并根据实际需求开发更多实用功能，主要有以下几个方面：

1. 横向数据资源扩充。平台未来将继续整合法律法规、实践案例、案例要旨分析、核心刊物前沿观点、法律共同体点评、域外参考、民意舆情七大领域数据资源，并对接案件审判执行信息数据。

2. 纵向工具扩展。平台将进一步向工具层面扩展，比如已经研发完成的智能语音系统，基于平台知识资源库及法信知识库构建的司法语料库，可以显著提高在司法领域的语音识别准确率，并能够借助平台解析能力在庭审前自动解析案件材料并学习新词汇，识别准确率超过97%。智能问答技术还可以向知产之外的法律领域进行扩展，可以分析司法领域问题的基本种类和模式，建立庞大的知识库和知识图谱并从中获取到相应答案。

3. 单点个性化服务。案例基地已经建立起一支专家团队，平台未来可以通过在线咨询、论证、调解等多种方式向用户提供专家服务，比如发生知识产权纠纷的当事人，可以通过平台就法律适用，专业知识等提出咨询请求，由专家论证答复。还可以选择专家进行调解，为当事人化解纠纷。

**附件：案例服务平台部分页面截图**

（一）检索页面

## （二）典型案例内容

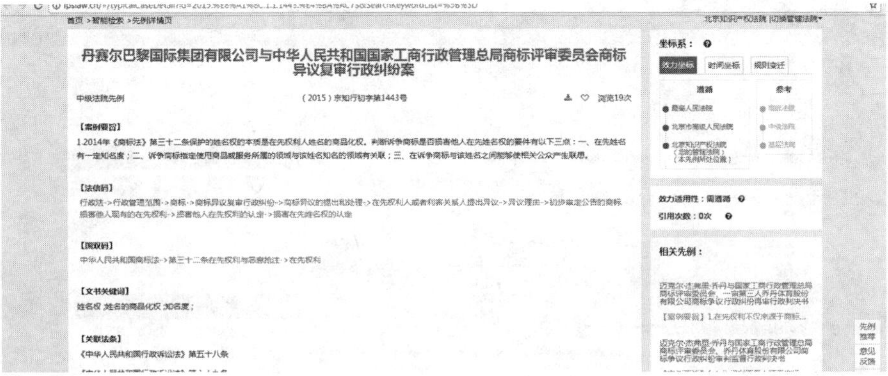


## （三）司法裁判标准的变迁

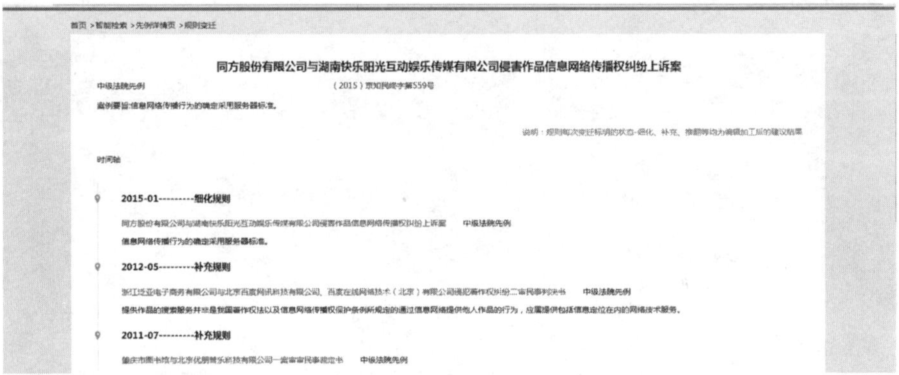


## （四）专家展示（部分）

## （五）资讯栏目

知识产权案例指导服务平台
智能检索
智能推送
使用帮助
个人管理
首页 >资讯
请输入关键词
搜索
周强在河南调研时强调：深入贯彻党的十九大精神为决胜全面建成小...
2017-12-19
全国法院加强党的建设专题研讨活动优秀论文评选结果揭晓
2017-12-19
发力知识产权保护 中国打造更优营商环境
2017-12-19
热门标签
新闻动态
商标
法院资讯
专利
其他
政务资讯
热点关注
热门文章
复审委传达学习全国两会精神
浙江省衢州市发放首笔专利质押贷款
遏制“恶意商标”须从源头抓起

# 案例基地大事记

1. 2015 年 4 月 2 日，最高人民法院批准在北京知产法院建立案例基地。

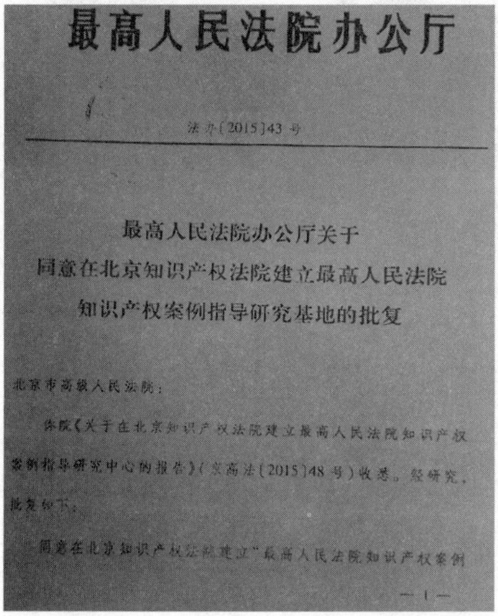

最高人民法院办公厅

法办〔2015〕43 号

最高人民法院办公厅关于
同意在北京知识产权法院建立最高人民法院
知识产权案例指导研究基地的批复

北京市高级人民法院：

你院《关于在北京知识产权法院建立最高人民法院知识产权案例指导研究中心的报告》（京高法〔2015〕48 号）收悉。经研究，批复如下：

同意在北京知识产权法院建立"最高人民法院知识产权案例

— 1 —

指导研究基地"，并依据《最高人民法院关于案例指导工作的规定》开展相关工作。

最高人民法院办公厅秘书一处　　2015 年 4 月 7 日印发

— 2 —

2. 2015 年 4 月 24 日上午，案例基地在北京知产法院挂牌成立。最高人民法院陶凯元副院长、北京市高院时任慕平院长共同为案例基地揭牌。

3. 2015 年 4 月 24 日上午，案例基地在北京知产法院召开知识产权案例指导制度研讨会，陶凯元副院长对案例基地提出四项建设目标：一是注重理论化建设，建成全国知识产权案例指导理论研究中心；二是注重规范化建设，建成知识产权指导案例发现识别中心；三是注重信息化建设，建成知识产权指导案例信息智能汇集中心；四是注重开放化建设，建成全国知识产权案例指导综合服务中心。

4. 2015 年 9 月 22 日下午，案例基地在北京知产法院举行知识产权案例指导制度运行机制及相关问题研讨会，全国知名知识产权法专家和实务界代表齐聚一堂，共同探讨中国特色知识产权案例指导制度的具体设计和配套措施。

5. 2015 年 12 月 7 日，案例基地、北京知识产权法研究会、北京知产法院、北京市中关村科技园区海淀园管委会共同签署合作备忘录。

6. 2016 年 5 月 12 日，案例基地举行专家咨询委员会专家聘任仪式，全国 200 余位专家受聘。

7. 2016 年 8 月，根据中央政法委的安排，北京知产法院参加了首届中美法治对话，在会上介绍的案例指导制度探索情况获得积极评价。

8. 2016 年 9 月 6 日至 15 日，案例基地出访考察美国、英国和德国知识产权判例制度，形成了《两大法系（美国、英国、德国）知识产权判例制度与法院建设情况调研报告》。

9. 2016 年 10 月，最高人民法院周强院长和陶凯元副院长对案例基地、北京知产法院知识产权案例指导制度探索和案例指导服务平台建设工作给予肯定，并要求总结和推广北京知产法院的做法。

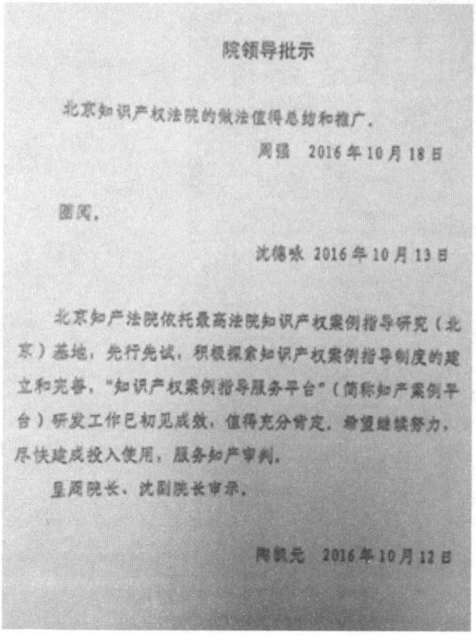

院领导批示

北京知识产权法院的做法值得总结和推广。

周强　2016年10月18日

圈阅。

沈德咏 2016年10月13日

北京知产法院依托最高法院知识产权案例指导研究（北京）基地，先行先试，积极探索知识产权案例指导制度的建立和完善，"知识产权案例指导服务平台"（简称知产案例平台）研发工作已初见成效，值得充分肯定，希望继续努力，尽快建成投入使用，服务知产审判。

呈周院长、沈副院长审示。

陶凯元　2016年10月12日

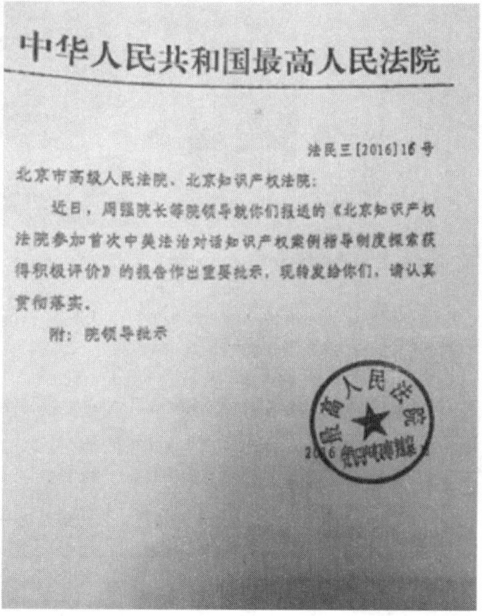

中华人民共和国最高人民法院

法民三[2016]16号

北京市高级人民法院、北京知识产权法院：

近日，周强院长等院领导就你们报送的《北京知识产权法院参加首次中美法治对话知识产权案例指导制度探索获得积极评价》的报告作出重要批示，现转发给你们，请认真贯彻落实。

附：院领导批示

最高人民法院

10. 2016 年 11 月 3 日，中央电视台《焦点访谈》节目报道案例基地和北京知产法院在案例指导、司法公开方面的相关工作。

11. 2016 年 11 月 24 日，案例基地向陶凯元副院长和最高人民法院相关部门汇报阶段性成果，陶凯元副院长对案例基地的工作给予了肯定并指明下一步工作方向。

12. 2017 年 1 月 24 日，专家咨询委员会年终大会暨专家自治管理委员会成立大会在北京知产法院召开，来自全国的 180 余位专家参加了大会。

13. 2017 年 3 月 20 日至 24 日，北京大学中国特色案例指导制度研修班（第一期）在北京大学举办，50 余名法官、学者和案例基地专家参加了培训。

14. 2017 年 8 月 7 日，案例基地专家咨询委员会年中工作会在北京知识产权法院国际会议中心召开。会议宣布成立域外案例研究专业委员会，开展域外的案例翻译和研究工作，决定由专利委员会和版权委员会开展 2017 年度相关调研课题研究。会上，案例基地与中国法学会案例法学研究会知识产权案例专业委员会签署战略合作协议，共同在理论研究、典型案例评选、专家推荐及管理、搭建交流平台等各个方面开展战略合作。

# [领导讲话]

# 在最高人民法院知识产权案例指导研究（北京）基地揭牌仪式上的讲话

最高人民法院副院长　陶凯元

（2015 年 4 月 24 日）

尊敬的慕院长、各位来宾、各位专家、同志们：

大家上午好！今天，最高人民法院知识产权案例指导研究（北京）基地在北京知识产权法院正式设立，这是全国法院首家知识产权案例指导研究基地，这也是我国知识产权司法保护的又一件大事和喜事。在此，我谨代表最高人民法院对案例指导研究（北京）基地的成立表示热烈的祝贺，对长期以来关心和支持人民法院知识产权审判工作的各有关部门、各位专家学者和社会各界，表示衷心的感谢！

在北京知识产权法院设立最高人民法院知识产权案例指导研究基地，对进一步统一知识产权司法标准、提高审判质量、提升司法公信力，具有重要的意义。第一，设立案例指导研究基地是贯彻全面推进依法治国部署的重要举措。《中共中央关于全面推进依法治国若干重大问题的决定》首次将“加强和规范司法解释和案例指导，统一法律适用标准”写入了全会的文件，为人民法院进一步完善案例指导制度指明了方向。知识产权案例指导研究基地的成立，为我们提供了落实中央部署的重要平台。第二，设立案例指导研究基地是知识产权司法改革的一项制度创新。案例指导研究基地的设立，可以充分发挥所在地法院的积极性和主动性，充分利用一线法官和专家学者的智慧和力量，加快建设具有中国特色知识产权案例指导制度。第三，设立案例指导研究基地是保证知识产权司法公正的有利抓手。案例指导研究基地通过汇集、编撰、整理指导性案例，及时总结审判经验，并以实践方式公开，有助于进一步规范司法行为，深化司法公开，凝聚司法智慧，以生动、喜闻乐见的方式推进法律适用的统一，提升司法公信力。

北京知识产权法院在全国地方法院知识产权审判中有着特殊的地位，其是知识产权授权确权一审行政案件唯一的专属管辖法院，也是全国知识产权案件数量最多的法院。这里知识产权案件类型最为齐全、数量最多，作为全国首家知识产权法院，这里汇聚了多位全国知名的知识产权领域的审判一流专家和优秀法官，具有很高的知识产权理论研究水平和很强的知识产权案例研究能力。同时，北京法院系统在知识产权案例研究方面也走在全国法院的前列。长期以来，北京法院系统高度重视知识产权典型案件的整理、筛选和发布工作，连续多年举办精品案例研讨会，出版了20多部案例实务书籍，积累了大量案例研究经验，这些决定了北京知识产权法院有条件、有能力在知识产权案例指导研究方面进行新探索，作出新贡献，这也是最高人民法院选择在北京知识产权法院设立全国首家知识产权案例指导研究基地的重要原因所在。

最高人民法院对北京知识产权法院能够办好这个基地充满信心、寄予厚望，并将大力支持，积极指导基地各项工作的开展。借此机会，我对知识产权案例指导研究（北京）基地提几点希望：

第一，要注重理论化建设，把案例指导研究基地建成全国知识产权案例指导理论研究中心。案例指导制度是一项正在探索和发展中的制度，是司法体制改革的重要内容。我国法院的案例指导制度虽已初步建立，但对一些重大理论和实践问题，如指导性案例的效力约束、发布主体、发布方式等尚未形成共识。案例指导研究基地要加强理论化建设，要以建立和完善具有中国特色的知识产权案例指导制度为目标，结合知识产权司法的实践需求，深入开展理论研究，进而为完善我国案例指导制度积累经验并作出贡献。要创新研究机制，善于借助外脑，充分利用各位专家学者的智慧，多出、快出研究成果。

第二，要注重规范化建设，把案件指导研究基地建成知识产权指导案例发现、识别中心。知识产权案例指导工作是一项系统性工程，涉及指导性案例的发现、培育、遴选、推荐、审查、论证、编发等一系列工作。最高人民法院高度重视案例指导的制度建设，出台了多项规范化文件，近期即将提交审委会讨论通过《最高人民法院〈关于案例指导工作的规定〉实施细则》。案例指导研究基地要依据这些规范性文件和司法解释，做好指导性案例的发现和识别工作。同时，案例指导研究基地要加强自身的规范化建设，尽快建立和完善各项管理和工作制度，逐步形成运转顺畅、富有效率、充满活力的工作机制。特别是要建立案例收集机制、论证机制、审查机制等，通过制度完善和制度创新来保障工作的顺利开展。

第三，要注重信息化建设，把案例指导研究基地建成知识产权案例信息汇集中心。网络信息技术的发展和互联网战略的实施，为知识产权案例指导工作全面信息化提供了重大发展机遇，依托网络信息技术建成全国性的知识产权案例信息汇集中心是一项基础性的工作，是完善具有中国特色知识产权案例指导制度重要支撑。案例指导研究基地要把建成丰富齐全、安全可靠、智能友好的知识产权指导性案例信息数据库作为一项重要的基础性工作。要根据科学、高效、安全的原则，抓紧研究涉及和开发智能化案例信息管理系统，为指导性案件的汇集、整理、查询、检索等奠定基础。要充分利用建设三家知识产权法院纵向贯通、横向集成、共享共用、安全可靠的信息化综合平台的机会，将知识产权指导性案例信息数据库作为其中的重要内容，打造智慧型知识产权案例信息数据库，为将知识产权法院建设成为智慧型法院奠定基础。

第四，要注重开放化建设，把案例指导研究基地建成全国知识产权案例指导综合服务中心。案例指导研究基地虽依托北京知识产权法院建立，但其作用、效力和影响不应限于当地。案例指导研究基地要有开放意识和长远眼光，努力建成全国知识产权案例指导综合服务中心。要注重知识产权指导性案例信息数据库的开放共享，将来可考虑面向全国知识产权审判工作人员，甚至为广大社会公众提供查询、检索服务。要注重研究成果的分享和转化，方便广大法官和业界人士及时了解、掌握和运用研究成果。

今天，我们还同时召开了知识产权案例指导研讨会，各位专家学者对西方国家的判例制度作了精彩的介绍，并提出了许多有价值的建议和意见，这对于加强和完善具有中国特色的知识产权案例指导制度具有重要的指导和参考意义，仅此表示衷心的感谢！

最后，希望北京知识产权法院奋发有为，不负重托，以改革创新的精神做好案例指导研究基地工作，为推动建立和完善具有中国特色的知识产权案例指导制度，进一步提升我国知识产权司法的公正性与公信力作出积极的贡献。

# 在最高人民法院知识产权案例指导研究（北京）基地揭牌仪式上的讲话

北京市高级人民法院时任党组书记、院长　慕平

（2015 年 4 月 24 日）

尊敬的陶凯元副院长、各位专家学者、各位同志：

大家上午好。首先，我代表北京高院，对最高人民法院知识产权案例指导研究（北京）基地的成立表示热烈的祝贺。

知识产权案例指导研究基地的成立是知识产权界的一件大事，也是人民法院推进司法改革的一项重要举措。中央领导提出知识产权法院既要服务创新型国家建设、探索知识产权审判的中国经验和中国模式，又要发挥司法改革试验田作用，为司法改革积累经验、树立标杆。北京知识产权法院成立后，认真贯彻中央领导同志的指示精神，在全面开展审判工作的同时，不断深化改革，在司法人员分类管理、审判责任制等改革的关键问题上进行了探索。最高人民法院探索建立案例指导制度，并选择将北京知识产权法院作为首个研究基地，既是对北京知识产权法院建院以来工作的肯定，也为进一步结合知识产权审判实践开展司法改革工作指出了方向。

北京市知识产权审判具有案件量大、类型多以及审判和研究资源丰富的特点。最高人民法院在探索案例指导制度的初期实践中决定以北京市各级法院为依托，开展我国司法案例指导制度的基础性研究，并开展知识产权司法案例指导制度的先行先试工作，意义重大。北京市各级法院要充分重视、密切配合、积极实践，努力做好各项工作：一是充分认识建立知识产权案例指导研究基地的积极意义。探索创建知识产权案例指导研究基地，将有助于统一司法标准，提高知识产权审判水平，创新知识产权司法保护机制与审判模式，发挥司法保护知识产权的主导作用，也是在司法改革的实践中探索建立具有中国特色的案例指导制度的重要举措。二是要从指导案例的形成，研究工作的顺利开展，软、硬件的支持等方面全方位配合。知识产权案例体系的建立和运行将是一项长期而又艰难和复杂的工程，它有赖于最高人民法院的坚强领导和科学谋划，有赖于一整套科学的案例生

成机制和筛选机制，也有赖于知识产权审判人员和法律界的专家学者以及律师界的共同探索和积极实践，需要全市各级法院多部门的配合协调。尤其是北京知识产权法院，在案例的初选、推荐，案例在判决中使用方式的探索，相关检索系统的开发等工作上，要在最高人民法院的指导下，积极组织、深入研究。三是以建立案例指导研究基地为契机，进一步推进知识产权司法尺度的统一。成立知识产权法院的一个重要目的，就是统一司法尺度、树立司法权威。知识产权案例指导制度将使法律适用产生争议时有据可循，在探索知识产权案例指导制度的过程中，也必然会就相关法律的适用问题进行更加深入的研究，从而达成更多的共识。全市各级法院知识产权审判部门不仅要为案例指导研究基地的建设贡献自己的智慧，也要随时关注基地的研究成果，并积极在审判实务中加以运用，力争以此为契机，为建立知识产权保护的中国模式贡献力量。

接下来进行的研讨会，将对国外判例制度的借鉴意义和我国案例指导制度的发展进行深入探讨，请各位专家多提宝贵建议，帮助我们的基地更好地开展工作，预祝研讨会取得圆满成功。

# 兼收并蓄　立足实际
# 探索我国知识产权案例指导制度建设

——在中央政法委、最高人民法院“知识产权司法保护研讨会”上的发言

北京知识产权法院院长　宿迟

（2016 年 4 月 22 日）

各位领导、各位来宾：

大家好！

在第十六个世界知识产权日来临之际，很高兴能与诸位专家齐聚一堂，共商中国知识产权司法保护与知识产权法院建设议题。今天，我想向大家主要汇报北京知识产权法院在探索中国特色知识产权案例指导制度过程中的一些思路和做法，请大家不吝赐教。

近些年来，最高人民法院始终高度重视司法解释和指导性案例对司法实践的指导作用，颁布了《关于案例指导工作的规定》，在我国正式确立案例指导制度。十八届四中全会首次将“加强和规范司法解释和案例指导，统一法律适用标准”写入党的中央委员会文件，周强院长也明确要求：“必须以改革创新精神进一步加强案例指导工作，为审判实践提供更多可资借鉴的指导性案例。”以此为指引，最高人民法院于 2015 年颁布《〈最高人民法院关于案例指导工作的规定〉实施细则》，进一步丰富和完善了我国案例指导制度的内容。

为了进一步探索具有中国特色的知识产权案例指导制度，2015 年 4 月 24 日，在北京知识产权法院成立不久，最高人民法院知识产权案例指导研究（北京）基地（简称案例基地）在我院挂牌成立，标志着对中国特色知识产权案例指导制度的探索向前迈出了坚实的一步。今天，我想重点讲三方面问题。

## 一、探索知识产权案例指导制度的现实意义

从世界两大法系的发展情况看，互相借鉴、互相融合是大趋势，两大法系之间的界限已日趋模糊。在以德国、日本为代表的成文法国家，判例

法的精髓已在司法实践中被逐渐吸收和运用；在英美等判例法国家，成文立法也日益增多。具体到知识产权领域，成文立法与先例判决都是知识产权司法保护中必不可少的组成部分。我理解，在我国当前环境下探索知识产权案例指导制度具有五个方面的现实意义：

一是有利于弥补立法不足。再先进的立法也会随着时代发展在司法实践中遇到新情况，出现模糊甚至空白，尤其体现在知识产权领域，迫切需要通过及时有效、数量众多、细致入微的司法案例，实现司法对立法的补充。

二是有利于统一裁判标准。司法改革在强调法官主体地位，实现审判去行政化的同时，也面临着裁判尺度统一的难题，需要通过科学的制度设计，发挥在先案例判决事实上的拘束力，促进裁判标准的统一，实现类案同判。

三是有利于形成司法积累。立法是抽象的、静态的，案例是具体的、鲜活的。司法案例反映了社会发展的实际样态，体现了法律人的经验与智慧，使法律的内涵更加丰富，使司法积累更加快捷高效，为立法提供更多实践参照。

四是有利于促进争端解决。行之有效的案例指导制度可以为争端解决提供可资参考的在先案例判决，便于当事人对诉讼结果形成合理预期，推动争端通过调解、仲裁等非诉方式尽快解决，节约司法资源。

五是有利于限制不当裁判。伴随审判去行政化出现的法官自由裁量权扩张，对司法公正廉洁提出了新课题。案例指导制度的建立可以有效限制法官个体自由裁量权，有效抵御外界干扰，保障司法公正廉洁。

## 二、知识产权案例指导制度的定位

在我们开始探索中国特色知识产权案例指导制度以来，社会各界都给予高度关注，报以极大热忱。在此，我想着重点谈一下知识产权案例指导制度与三个方面的关系问题。

一是与立法的关系问题。毋庸置疑，中国是成文法国家，探索知识产权案例指导制度必须在成文法的框架下进行，司法案例仅是对成文法的补充，而不是要取而代之。虽然知识产权案例指导制度要求“遵循在先案例”，但这并不是照搬判例法的做法，因为在先案例在我国并非正式的法律渊源，我们所说的“在先案例”也不等同于判例法中的“判例”，我们只是将“遵循在先案例”这一判例法精髓为我所用，以确保法律适用的准确和统一，形成司法积累及对立法的补充。

二是与最高人民法院指导性案例的关系问题。最高人民法院认定和发布的指导性案例具有最高的权威性，对全国同类案件的审理都具有拘束力。通过知识产权案例指导制度产生的典型案例直接来源于审判一线，是法官在及时回应司法实践需求时所形成的具体裁判规则，对本院和辖区内下级法院具有参照意义，对同级法院具有参考意义，以此来促进裁判标准在动态发展中尽快达成统一，并最终为最高人民法院认定和发布指导性案例提供最鲜活、最丰富的司法一线的经验和智慧。

三是与司法改革的关系问题。司法改革的目标是让人民群众在每一个司法案件中感受到公平正义。法院作为公平正义的守护者，通过司法裁判实现社会治理，裁判水平直接决定着司法权威的建立和司法公信力的提高。知识产权案例指导制度通过遵循典型案例、创设典型案例，确保法官能够持续不断地向社会输出公正、令人信服和具有指引意义的判决，及时回应社会关切，倒逼审判权运行机制改革。在此基础上，我们还提出了“诉、审、判一致性”要求，切实推进庭审实质化。

## 三、知识产权案例指导制度探索取得阶段性进展

根据最高人民法院陶凯元副院长将案例基地建设成为全国知识产权案例指导理论研究中心、知识产权指导案例发现识别中心、知识产权指导案例信息智能汇集中心和全国知识产权案例指导综合服务中心的要求，我们制定了基地建设的五年工作规划，同步推进制度落地和基地建设，目前已取得阶段性成果。

### （一）培养案例意识，鼓励大胆探索

在先案例不是被制定的，而是逐步“形成”的；在先案例的权威也不是被赋予的，而是因为被“遵从”而确立的。这都需要法律共同体的共同努力、长期积累。我们注重培养法律共同体形成案例意识，鼓励法官和律师在审判实务中大胆探索，鼓励当事人援引在先案例支持其诉讼主张，要求法官对在先案例进行针对性的审理和裁判，改革裁判文书体例和说理方式，鼓励法官在法律模糊或空白之处积极创设具有标杆指引意义的在先案例判决。

经过一年的实践，当事人的诉讼能力和法官的司法能力均得到了显著提升。2015 年，北京知识产权法院共在 60 余起案件审理中通过“遵循在先案例”，有效实现了类案同判。在此过程中，法官与律师的关系也正发生着

微妙的变化。法官希望律师积极提供在先案例，庭审中更加尊重律师陈述意见，裁判时更加注重充分说理，整体诉讼环境和诉讼水平有了明显改善。

（二）依靠法律共同体共同推进制度构建和完善

知识产权案例指导制度是一个多方参与的系统化工程，不是法院一家的独角戏，需要整个法律共同体积极参与。一年来，我们组织召开了多次专题研讨会，与各界专家、学者、律师和公众共同探讨我国知识产权案例指导制度的构建思路和具体规则。组建起有200余位专家学者参与的专家咨询委员会，开展常态化的理论研究，并对我院及其他法院作出的可能具有指导意义的生效裁判进行筛选和点评。在此过程中，我们切身体会到，司法水平和公信力的提升，离不开法律共同体的共同努力和阳光司法机制的建立。

（三）借助科技手段推进案例指导信息化建设

依托现代科技进步，建成丰富齐全、安全可靠、智能友好的知识产权案例信息数据库是确保案例指导制度有效实施的关键性工作。最高人民法院、北京市高级人民法院一直以来都对案例基地的信息化建设给予了充分关注和支持，指导完成了基地信息化建设的需求调研和前期筹建。下一步，案例基地将以服务法官、律师、学者和社会公众对知识产权司法案例的实际需求为目标，运用最新科技手段，建立起一整套内外结合、互联互通的知识产权案例指导信息化系统，同时实现知识产权审判全流程的信息化转型升级，推动司法从形式公开向实质公开转变。

（四）探索“诉、审、判一致”，落实庭审实质化要求

“诉、审、判一致”概指一整套运行于诉讼法框架之下、符合案例指导制度要求的庭审与裁判规则，旨在保障当事人的诉辩主张，特别是律师的代理意见在庭审与裁判中得到准确、完整、恰当的审理与回应，确保诉辩、庭审与裁判彼此呼应、相互一致，解决诉、审、判脱节问题。目前，我院初步形成了《诉、审、判一致性审理规范》，并与律师界等各界人士共同开展研究。对于“诉、审、判一致”的内涵，可以概括为三个主要方面：

一是“凡诉必审”。凡是当事人有争议的问题，都必须开庭进行审理，保障当事人充分陈述意见的权利。

二是“凡审必判”。凡是经过庭审的争议的问题，裁判时必须逐一予以回应并说明具体理由。

三是“未审勿判”。未经庭审的争议，法官不得写入判决。

下一步，我们将继续深入学习贯彻党的十八大、十八届三中、四中、五中全会精神和习近平总书记系列重要讲话精神，在“创新、协调、绿色、开放、共享”五大发展理念的指引下，围绕着“创造知识产权司法保护中国经验、中国模式”和“创造可复制、可推广改革经验”的两大历史使命，继续当好司法改革的试验田和排头兵，进一步发挥司法保护知识产权的主导作用，更好地服务于法治中国建设和国家创新驱动发展战略实施。

谢谢！

# 指导性案例在知识产权审判中的运用

## ——在中美知识产权法治对话会上的发言

北京知识产权法院院长　宿迟

（2016年8月3日）

尊敬的各位来宾：

我介绍的内容是中国司法指导案例制度的实施现状，以及北京知识产权法院在审判中运用和发展指导性案例制度的探索实践。

## 一、我国指导案例制度及现状

中国是成文法国家，司法案例并非正式法律渊源。但随着经济社会快速发展，中国的诉讼规模不断增加，诉讼需求与司法资源供给的矛盾逐步显现，司法实践中"同案不同判"问题也日益突出。为此，最高人民法院在《第二个五年纲要（2004～2008）》中明确提出建立案例指导制度，全国法院系统也进行了一定程度的探索。2010年，最高人民法院出台《关于案例指导工作的规定》，明确提出建立"指导性案例"制度，由最高人民法院确定并统一发布对全国法院审判、执行工作具有指导作用的"指导性案例"。2015年4月，最高人民法院公布《关于案例指导工作的规定实施细则》，对"指导性案例"的内涵、体例、推荐与审查发布程序以及在案件中如何查询、引述等具体内容做出了规定。建立"指导性案例"制度的目的在于"改革和完善审判指导制度与法律统一适用机制"，具体来说，就是要求各级法院在遇到与最高人民法院发布的"指导性案例"相似案件时应当参照这些案例办案，以实现"法律适用统一"。自2011年11月20日首次发布至今，[①] 最高人民法院先后发布13批64件"指导性案例"，其中涉及知识产权的有10件。

除了最高人民法院审判委员会通过并发布的"指导性案例"外，最高人民法院还陆续发布《最高人民法院公报案例》《人民法院案例选》等典型案例，作为各级人民法院的审判参考，初步形成了指导性案例和参考性案

① 截至2016年7月。

例并存的案例指导体系。最高人民法院各审判业务庭也会以年度案例或白皮书的形式发布本审判领域的典型案例，发挥具体审判领域的统一司法标准的职能。如最高人民法院知识产权庭近年来不断加强案例指导的制度化、规范化建设，形成了以知识产权十大案例、50 件典型知识产权案例、案件年度报告为主体的知识产权案例指导制度体系，并创新案例指导工作方式，创设最高人民法院知识产权案例指导研究（北京）基地，开展知识产权领域案例指导制度的探索和实践。在司法实践中，最高人民法院各审判业务庭做出的判决，也实际发挥了指导全国审判、统一裁判标准的效果。除了最高人民法院，各高级人民法院也根据实际情况，陆续发布了一些在本辖区适用的“参阅性案例”，有针对性地指导其管辖区域内的司法实践。

然而司法实践表明，中国特色的案例指导制度自建立至今，法官实际遵循引用先例的案件数量不多，运行效果并不理想，主要表现在以下几个方面：一是不想用。由于指导性案例不属于法律渊源，法官受制于成文法制度与思维，在办案中没有引用指导性案例的强制性要求，认为引用并评述先例可能会增加办案负担。二是不会用。指导性案例的引用识别与类比需要一定的司法技能和经验要求，法官缺乏使用案例习惯和方法；而且，各级法院发布的各类典型案例在使用范围、效力等级等方面缺乏体系性，实践中法官在遵循、参照、参考时容易出现混乱。三是不够用。最高人民法院发布的“指导性案例”数量少，远不能满足司法实践的需求，有些案件与基层司法实践中的问题契合度较低，不能起到杜绝“同案不同判”的设计初衷。

造成上述问题的主要原因有以下几方面：第一，指导性案例并无明确的拘束力。中国是成文法国家，司法裁判的依据是法律、法规或者司法解释，案例在中国并不能成为正式意义上的法源。虽然最高人民法院要求各级人民法院审判类似案例时应当参照指导性案例，但尚不具有法定约束力和明确的法律后果。第二，受产生机制制约，指导性案例不能满足实际需要。最高人民法院专门设立案例指导办公室，负责指导性案例的征集、遴选、审查、发布、研究和编纂工作，但工作人员数量不足，无法及时满足全国法院对指导性案例的司法需求。第三，除最高人民法院“指导性案例”明确“应当参照”外，其他各类案例的效力仅为“可以参考”，而且各类各级典型案例的效力体系不清，在司法实践中不便于操作。第四，国家对于案例指导制度的宣传不够，法律共同体对该制度尚未形成基本认知。虽然法院系统在《人民法院报》“最高人民法院网”“中国法院网”等各类媒体刊发各类典型案例，但广大法律人士特别是基层法官和律师并不清楚该制度如何具体实施，尚未形成主动提交、查询、获取和遵循相关案例的行为习惯，也不掌握相应的工作方法和技能。

## 二、知识产权指导案例制度探索及其作用

2015 年 4 月 24 日，最高人民法院在北京知识产权法院建立了知识产权指导案例研究（北京）基地（简称案例基地），主要任务是依托北京知识产权法院的基层实践，探索建立中国特色的知识产权指导案例制度基本含义是：以成文法为基础，对于法无明文规定且属于司法权限内的事项，法院在个案中以特定事实为基础作出有指引意义的终审裁判，其裁判规则在同一司法区域内对相同或相似的其他案件发生说服力。相对于既有制度，北京知识产权法院的探索有以下几方面特点：

第一，充分开展理论研究，明确案例的性质与效力。

北京知识产权法院经过调研发现，承认判例法的国家当然有司法先例制度，不承认判例法的国家也可以有司法案例制度。无论人们是否认知或承认，中国知识产权司法客观上既产生了典型案例，也需要典型案例指导，诸多伟大的知识产权司法典型案例客观上以某种形式在司法活动中实际发挥着作用。这里所说的司法典型案例是蕴含了法律规则的法院终审判决，但并非所有的判决都可以称为典型案例，只有经过一定司法及社会实际经验认可的、具有普遍指导意义的裁判才可以被认为是典型案例。

中国作为成文法国家，案例指导制度并不改变我国的法律制度、不动摇我国的法律根基。在设计具体制度时，将成文法作为司法的基础和前提，坚持法律法规作为裁判的依据。并在成文法的基础上，在尊重立法权的前提下，在司法权的范围内，积极发挥典型案例的各项作用。具体来说就是：当有法律明确规定时，严格遵守法律，确保实施法律；当法律规定不明时，依法解释法律；当法律规定有漏洞时，合法补充法律；当法律没有规定时，谨慎创设规则。要让法官在司法实践中形成考虑和遵守典型案例的思维和习惯，需要赋予典型案例具有“事实上的约束力”，这种拘束力就是：在被识别为“同类案件”的前提下，与前案判决明显冲突的后案判决可能成为当事人上诉的理由及上级法院改判的理由，或者成为提交审判委员会决定或提起再审的事由。

为防止典型案例间产生混乱或冲突，需要建立典型案例的效力等级体系。典型案例的效力等级体系可简单概括为“上下左右前后”原则，即每

个法院的裁判要遵循其上级法院和本院的先例，在后判决要遵循在前的先例，同级法院之间以及不同司法区域内的法院之间要互相尊重对方的典型案例，一旦认可并承认其他司法区域内的典型案例规则，则意味着在本司法区域内确立了该典型案例，后续裁判应予遵循。

第二，改变典型案例生成机制，发动社会力量评价典型案例。

最高人民法院发布的少数指导性案例不能及时满足司法需求，也不能及时反映和解决司法中面临的前沿、疑难、复杂问题，迫切需要通过及时创设有效、数量众多和细致入微的有指引意义的司法典型案例，实现司法补充解释制定法的作用。因此，案例基地的先例遴选、审查、编纂和发布工作不再依托于最高人民法院专门机构，发布的典型案例也不限于最高人民法院审理或审查通过的裁判，而是充分发动社会各界和专家学者的力量，从全国各级法院做出的所有生效裁判中予以挖掘生成。

具体来说，案例基地依靠最高人民法院信息技术部门以及法律数据库公司的支持，广泛收集国内外优秀的司法裁判，邀请北京大学、清华大学等一流法学院校一起开展合作研究，制定筛选典型案例的工作规则和方法。专门成立了由200余名志愿法律专家组成的咨询委员会，分别成立专利、商标、著作权和综合程序四个专业部门，开展典型案例的筛选与评价工作。邀请不同的专业出版社和法律研究团队开展裁判要旨的提炼和汇编工作，邀请专业出版机构和第三方信息平台承担典型案例的发布工作。目前，已经完成500余件有指导意义的知识产权典型案例的编纂和发布工作。总而言之，将所有专业的、可社会化的工作依靠社会力量共同完成，最大范围的挖掘和发布有指引意义的典型案例。

第三，广泛凝聚共识，在知识产权领域率先尝试。

最高人民法院选择以知识产权司法领域为试点，率先探索案例指导制度，具有较强的可行性，这是因为：其一，知识产权司法具有较强的国际性和专业性，国际通行的司法认知、司法标准和司法方法更容易被知识产权法律共同体所接受。其二，相对于科技创新的进展速度而言，知识产权立法的滞后性、疏漏性、模糊性和不周延性更为凸显。司法实践中创设典型案例、遵循典型案例的机会更多，需求更大，司法经验更为丰富。其三，北京知识产权法院具有探索案例指导制度的制度保障。北京知识产权法院率先完成了司法机制改革，建立了现代的审判权运行方式和司法人员科学配置与管理方式，确立了法官的主体地位，具有司法改革试点的良好政策环境和历史机遇。其四，知识产权审判专业化水平较高。知识产权司法领域在中国最早实现裁判文书公开，至今已经有 10 余年的经验，中国已经形成了一批具有国际诉讼能力和水平的知识产权律师。2014 年底知识产权专业法院的设立，使知识产权审判的专业化、职业化和精英化进一步增强，为案例指导制度探索提供了人才保障。

案例指导制度的运行有赖于包括法官、律师、专利代理人和其他知识产权从业人员在内的知识产权法律共同体的共同参与，必须依靠大量的司法实践去运用和检验。北京知识产权法院先后 30 余次召开不同规模的研讨活动，与案例基地专家咨询委员会、律师协会、代理人协会、国家工商行政管理总局商标评审委员会、国家知识产权局专利复审委员会等有关诉讼参与主体共同开展理论研究和业务探讨，广泛凝聚了法律共同体的共识，经过持续宣传，使参与到知识产权法院诉讼中的每一个法官、律师、专利代理人和其他知识产权从业人员都基本具有了主动遵循典型案例和创设典型案例的意识。

与此同时，北京知识产权法院鼓励当事人提交典型案例以支持其主张，允许律师引用典型案例，要求法官必须对典型案例予以审查、回应和阐释；专门制定了知识产权指导案例遵循与参照的程序指南，制定了约束法官、律师及专利代理人行为的《诉、审、判一致性审理规范》；同时积极推进符合案例指导制度的裁判文书改革，要求每份可能具有指导意义的裁判文书都要提炼裁判规则要旨，归纳实质性争议焦点，若有典型案例则要与典型案例进行类比分析，若无典型案例则要依法主动创设典型案例；修改了《法官业绩考评办法》，转变案件量和结案率为主要指标的考核导向，鼓励法官积极、谨慎地创设公正、令人信服和有指引意义的裁判。

至今，我院法官已在 380 余起案件中探索参考和援引典型案例，摸索出不同的援引和评价方法。例如，有的法官援引典型案例以支持其对法律的解释，有的法官援引典型案例做出或强化对事实的认定理由，有的法官援用典型案例中的法律观点，有的法官援引典型案例以论述司法规则的历史发展脉络等等，一定程度上推进了同案同判和司法实质公开。

第四，依托信息手段，实现先例便捷应用。

网络信息技术的发展和“互联网 +”战略的实施，为知识产权案例指导工作全面信息化提供了重大机遇和重要支撑。根据最高人民法院的要求，案例基地将依托网络信息技术和大数据分析手段，在五年之内建成“四个中心”，即知识产权案例指导理论研究中心、知识产权指导案例发现识别中心、知识产权指导案例信息智能汇集中心和知识产权案例指导综合服务中心。届时，案例基地将建成丰富齐全、安全可靠、智能友好的知识产权指导性案例信息数据库，为典型案例的汇集、整理、查询、检索等奠定基础。实现以三家知识产权法院为核心、覆盖全国法院的纵向贯通、横向集成、共享共用、安全可靠的信息化综合平台，促进知识产权法院智慧型法院建设。同时，保持案例信息数据库的开放共享，为国内外广大社会公众提供查询、检索服务，方便广大法官和业界人士及时了解、掌握和运用研究成果。

# 在最高人民法院知识产权案例指导研究（北京）基地阶段性成果汇报座谈会上的讲话

最高人民法院副院长　陶凯元

（2016年11月24日）

同志们：

大家下午好！

刚才，知识产权案例指导研究（北京）基地总结汇报了知识产权案例指导制度的探索情况，在短短一年多的时间里取得如此扎实的工作成果，实属不易。各位会议代表的讨论发言，对基地的建设提出了很好的意见和建议，很受启发。

去年4月，最高人民法院决定在北京知识产权法院设立知识产权案例指导研究（北京）基地，目的就是要发挥北京知识产权法院在全国知识产权审判中的独特优势，积极探索中国特色知识产权案例指导制度。这是知识产权领域司法改革的一项重要举措，对于进一步统一司法标准、提升司法公信力具有重要意义。基地建立一年多以来，紧紧围绕“四个中心”的建设目标，也就是全国知识产权案例指导理论研究中心、发现识别中心、信息智能汇集中心和综合服务中心，在理念、路径和具体操作上进行了大胆深入的探索，摸清了一些规律，收获了一定经验，初步研发的知识产权案例指导服务平台，将司法改革与审判业务、信息化建设相互融合、同步推进，成效显著，前不久周强院长的重要批示就是对北京基地工作的充分肯定。借此机会，我想就知识产权案例指导制度谈三点意见：

## 一、准确把握知识产权案例指导制度的定位

我国是成文法国家，案例不是法律渊源，如何在坚持成文法传统的前提下，发挥案例在调和成文法条刚性和局限性方面的独特作用，值得研究。知识产权审判实践植根于日新月异的科技创新和商业模式创新，新情况新问题层出不穷，案例的灵活性、针对性强的优势就更加凸显。与严格意义上的成文法系和判例法系都不同的是，最高人民法院制定的司法解释是法

律渊源之一，而每一条司法解释都源于鲜活的典型案例，换句话说，案例是通过转化为司法解释，间接地发挥了其独特作用。我想，这恰恰是我国法律体系的特色和优势所在。因此，知识产权案例指导制度的构建，必须以坚持中国特色社会主义法律体系为大前提，紧扣司法实践需求，坚持问题导向，探索符合我国国情的案例指导制度，不能照抄照搬英美法系的判例制度，更不能模仿西方司法体系。那么，我们建立知识产权案例指导制度的目的又是什么呢？我认为，案例指导制度不是创设一种新的法律渊源，典型案例对后案的裁判并不具有普遍意义上的法律拘束力，也就是说不是以“力”来规制，而是要以“理”来服人。“理”就体现在典型案例所承载的裁判思路、裁判规则、法律逻辑和自由裁量的尺度，通过典型案例的甄别、争辩、定型和沉淀，内化为法官的认知，汇聚成业界更为广泛的共识，引导法律适用规则进一步细化，为社会提供更好的法律预期，也为司法解释的起草奠定基础。

## 二、切实发挥案例指导制度促进裁判尺度统一的作用

党的十八大以来，依法治国理念的不断深入民心，司法在国家治理体系中的作用更加凸显。新一轮司法改革确立了“让审理者裁判，由裁判者负责”的司法责任制，取消案件审批制度，在把案件交由合议庭负责的同时，不同合议庭之间因信息不对称所导致的裁判不统一的问题也逐渐显现，这需要引起我们足够的重视。通过建立知识产权案例指导制度促进司法尺度的统一，增强司法裁判的可预见性，这正是案例指导制度的功用所在。对于法官、法官助理而言，无论是初入山门，或是修炼已久，每个人的阅历和学识都有其局限性，而案例指导制度是集体智慧的结晶，蕴含了丰富的司法经验。无论是法律争议、规则应用，还是实体裁判，均可在案例中找到规则的指引；对于新类型案件在法律框架内作出大胆的尝试和创新，同样可以通过案例指导平台，给后来者以指引，让社会以评论，促成法律共识的尽早达成。对于社会公众而言，通过知识产权案例平台，对自身较为类似的纠纷作出有针对性的判断，有助于当事人形成相对明晰的预期、避免不合理的诉求，也有助于实现社会和谐。

## 三、以知识产权案例指导制度为抓手，不断推动知识产权法律共同体建设

推动我国的依法治国进程，提升司法公信力，需要社会各界的共同努

力。发挥司法保护知识产权的主导作用，更好地服务于国家创新驱动发展战略，需要有统一、稳定、明确的司法标准，需要有司法经验、司法智慧的长期积累，同样需要整个法律共同体的共同参与。知识产权法律共同体是个较为宽泛的概念，可以涵盖知识产权领域的司法人员、行政人员、代理人、公证员、鉴定人、专家学者、公司法务人员等等。虽然各类主体对知识产权指导案例的诉求各不相同，但大家均围绕相同的知识产权专业、具有相通的专题，通过案例基地所搭建的案例专库、线上运行的案例专网，均可从中汲取不同的营养。不同法律群体之间形成更多的共鸣和更多的价值认同，共同推动我国知识产权事业的不断发展。

需要指出的是，北京基地正在创建的知识产权案例指导制度与最高人民法院发布的指导性案例，与《最高人民法院公报》和最高人民法院案例研究院刊登或发布的典型案例，并不矛盾，而是相辅相成，互为补充，互联互动的整体。知识产权案例指导制度立足案例的应用，围绕上述四个“专”，打造符合知识产权审判规律、适应知识产权审判实际需求的特色制度。

同志们，知识产权案例指导制度是个全新的事物，是法治中国建设在知识产权司法领域的具体探索。既然是先行先试，就应当允许有一定的试错空间。我们探索的时间毕竟还短，还有一些问题有待进一步发现、完善。希望北京基地在贯彻落实周强院长批示精神的过程中，全面总结存在的问题，充分听取各方面意见，进一步深化分析论证，尽快建成知产案例平台并投入使用，确保知识产权案例指导制度早日落地实施。

谢谢大家！

# 知识产权案例指导制度探索情况总结汇报

北京知识产权法院院长　宿迟

（2016 年 11 月 24 日）

尊敬的各位领导、各位来宾：

下午好！

2015 年 4 月 24 日，最高人民法院在北京知识产权法院设立知识产权案例指导研究（北京）基地（简称案例基地）。这是在贯彻中央全面推进依法治国决策部署过程中，知识产权司法改革领域的一项重要制度创新。按照十八届四中全会“加强和规范司法解释和案例指导，统一法律适用标准”的精神，陶凯元副院长要求案例基地注重理论化、规范化、信息化和开放化建设，建设成为全国知识产权案例指导理论研究中心、知识产权指导案例发现识别中心、知识产权指导案例信息智能汇集中心和全国知识产权案例指导综合服务中心。一年多来，案例基地、北京知识产权法院得到了最高人民法院领导、最高人民法院民三庭等许多部门以及北京市高级人民法院的大力支持和及时指导，也得到了许多专家学者的关心和帮助，现已取得了阶段性成果。我代表案例基地和北京知识产权法院表示衷心的感谢！现将一年多来探索建立知识产权案例指导制度的情况汇报如下。

## 一、探索知识产权案例指导制度的基本理念

在探索建立具有中国特色知识产权案例指导制度的过程中，我们始终坚持问题导向，明确六个基本理念，保证制度探索的正确方向。

### （一）坚持制定法的主体地位

我国是制定法国家，对知识产权案例指导制度的探索是贯彻十八届四中全会精神，在现有知识产权法和其他领域法律的框架内进行的制度创新，其目的是为了更加统一、准确、高水平地适用制定法，其功能是对制定法进行拾遗补缺，而不是要创造新的法源。具体而言就是：当法律有明确规定时，严格适用法律；当法律规定不明时，准确理解和解释法律；当法律规定有漏洞或者对新情况新问题缺乏规定时，依据法律基本原则和立法本

意，在司法实践中予以填补。

### （二）赋予典型案例“事实上的拘束力”

知识产权案例指导制度的核心是“遵循典型案例”。要让法官在司法实践中形成遵循典型案例的思维和习惯，就需要赋予典型案例“事实上的拘束力”。这种拘束力不是法律上的强制约束，不是将典型案例作为裁判的法律依据加以适用，而是要求法官在判理部分作为判决理由进行援引阐述，是基于司法行为规范化的制度约束和要求。因此，典型案例对于法官形成的是一种“实质上的说服力”。法官如果要推翻典型案例或者不遵循典型案例，就必须在裁判理由中充分说明理由，并按照一定的程序性规则进行。

为防止典型案例之间产生混乱或冲突，需要建立“上下前后左右”的典型案例效力体系。“上下”是指裁判案件时应当遵循上级法院的典型案例；“前后”是指裁判案件时应当遵循本院的典型案例；“左右”是指裁判案件时可以参考对本院没有拘束力的其他法院典型案例。法院一旦参考了其他司法辖区内的典型案例，则意味着将可能在本司法辖区范围内确立可供后案审理遵循的裁判规则。

另外，还需要对典型案例效力的等级作出区分。例如，最高人民法院发布的指导性案例属于最高等级的典型案例，对全国法院审判都具有指导意义；各地高级人民法院作出的典型案例则在其司法辖区范围内产生拘束力。这种对典型案例效力等级的区分，既能促使各地法院形成司法经验积累，也可以在不断探索中寻求改进。

### （三）树立国际一流裁判标准

实施以“遵循典型案例”为核心的知识产权案例指导制度，要求法院的裁判水平达到更高标准。为此，我们提出了“公正、令人信服和有指引意义”的国际一流裁判标准：所谓“公正”，是指法律有明确规定时，无需援引典型案例，正确适用法律即可作出裁判。所谓“令人信服”，又包括两种情形：一是在判理中通过援引典型案例来增强法律层面的说服力；二是通过伦理、道德方面的论述，弘扬社会主义核心价值观。所谓“有指引意义”，是指当现有法律规定无法具体适用于个案时，在审理中创设出对今后同案或类案情形具有指引意义的裁判规则和标准。

典型案例的核心价值体现为判决理由中所包含的裁判规则。由于裁判规则具有说服力，能够解决同类案件中有争议的法律问题，所以要对裁判文书的结构进行改进，并大幅加强裁判说理，这样提炼出的裁判规则才能为审理后案的法官所参考，但这也对法官的能力水平提出了更高的要求。我院率先通过员额制改革实现了法官高度的职业化和专业化，这为我们探索建立知识产权案例指导制度打下了基础。

（四）“遵循典型案例”是一个系统工程

要在司法实践中真正做到“遵循典型案例”，需要按照十八届四中全会有关司法改革的要求，对整个审判权力运行机制进行改革，建立起符合司法规律的司法责任制。司法改革的目标是要构建“开放、动态、透明、便民”的阳光司法机制，建立起公正、高效、权威的司法制度，在此基础上才可能“遵循典型案例”和“创设典型案例”。

（五）需要整个法律共同体的共同参与

探索建立知识产权案例指导制度不是法院的独角戏。不仅所有法官要参与其中，制度探索还有赖相关政府部门、律师、代理人、专家学者、企业等社会各界人士的全面参与，整个法律共同体共同努力，才能促使知识产权案例指导制度形成并不断发展、完善、成熟。

（六）在中国特色社会主义法治理念下探索实践

在制度探索过程中要坚持的最重要理念在于，我们是在中国共产党的领导下，探索建立具有中国特色的知识产权案例指导制度，完全不同于西方的判例法。当然，西方判例法的成熟经验和做法可以参考和借鉴，但具有中国特色的知识产权案例指导制度是以制定法为主、以典型案例为辅的有机融合体系，其中也包含了中华法系传统的混合法基因。

## 二、知识产权案例指导制度的探索情况

按照周强院长关于司法改革和信息化建设是人民司法事业发展“车之两轮、鸟之两翼”的指示精神，我们一方面通过司法改革推进知识产权案例指导制度探索，另一方面同步开发支持制度实施的知识产权案例指导服务平台（简称知产案例平台）。

（一）深化司法改革保障制度探索

以国际一流裁判为目标，我们在审判权力运行机制、司法责任制、阳光司法机制等方面采取了一系列的改革措施。具体而言，取消个案汇报制，建立专业咨询制，通过专业法官会议、调研小组等院内咨询机制，以及“智慧之友”等院外咨询机制，为法官审理案件提供专业咨询意见；改革审判委员会职能，由审判委员会对重大法律问题进行直接审理；推进诉、审、

判一致审理方式，开展焦点式审判，强化裁判说理，在判决中尝试公开少数意见等等。这些司法改革措施与知识产权案例指导制度密不可分，是制度探索的基础保障和前提条件。

### （二）围绕建设目标创新制度设计

以建立具有中国特色的知识产权案例指导制度为目标，我们立足我国司法实际，制定了一系列确保制度运行的规范性文件：一是《知识产权审判案例指导工作程序指南》，对典型案例提交、识别、援引、遵循、参考、推翻等程序性事项提供明确指引。二是《知识产权案件诉、审、判一致性审理规范》，确保诉辩、庭审、裁判在同一标准、同一规则下进行。全国律协和北京市律协对此也积极响应，目前正在起草相应的律师代理行为规范，届时将与法院规范进行对接，共同推动整体诉讼水平的提升。三是《典型案例评审办法》，对案例基地专家咨询委员会开展典型案例评审工作的方式予以规范。四是《裁判文书体例改革方案》，改进裁判文书样式，突出案件争议焦点，强化裁判说理，提炼裁判规则。五是《法官、法官助理工作业绩考评办法》，转变以案件量和结案率为主要指标的考核导向，将法官、法官助理探索知识产权案例指导制度的情况纳入考核范围，鼓励法官源源不断地作出“公正、令人信服和有指引意义”的国际一流裁判。

### （三）多方共同参与输出实践样本

开始制度探索以来到今年10月31日，我院共有489起案件审理中涉及到先例。其中，当事人提交典型案例的案件共有442件，法官主动援引典型案例的案件共有47件。我院法官现已在168起案件审理中对典型案例进行了援引、阐述和遵循。当然，部分案件中还存在着未对当事人提交的典型案例进行回应的情况，这也是下一阶段我们通过推行诉、审、判一致性审理规范要重点予以解决的问题。

案例基地组建起了由240余名专家学者为成员的专家咨询委员会，并具体分为专利、商标、著作权和综合程序四个专业部，分别进行典型案例的筛选和评审工作。目前，案例基地已经评审出500余件具有指引意义的典型案例。

### （四）加强理论研讨夯实制度根基

先后组织30余次不同规模的研讨活动，邀请专家、学者、律师等各界人士与法官共同开展常态化、课题制的理论研究；完成了建设知识产权案例指导制度的可行性论证报告；在对美国、英国、德国、日本等国家司法制度进行考察和比较研究的基础上，形成了4万余字的域外判例制度调研报告；翻译了《美国法律引用的规范格式指南》（俗称蓝皮书）并进行专门研究；委托相关单位开展知识产权法律词典的编纂工作；邀请知名学者对我国古代的混合法体系进行专题介绍。

（五）运用技术手段确保制度实施

目前，知产案例平台已经初步开发成型，具有以下几个方面的特点：

一是以业务为主导，服务于司法改革后一线法官的办案需求。平台紧贴制度和理论探索，将一线法官的实际审判需求、各项司改措施以信息技术手段予以归纳，在实际操作层面上搭建平台，确保信息技术与司法改革融为一体、共生共存，保证审判活动和司改措施在平台上顺利运行。

二是以全国知识产权审判视野进行设计开发，服务于最高人民法院对全国法院知识产权审判的动态化、常态化、制度性监督指导。司法是中央事权，确保全国法院执法统一是最高人民法院的职责。平台开发中运用大数据分析、人工智能等高科技手段，为最高人民法院今后统一全国法院知识产权司法标准提供技术支持，实现陶凯元副院长提出的四个中心要求。

三是以开放化建设理念，服务于社会各界的司法需求。基于公开、透明、多方参与的开放化建设理念，平台既能全面服务于法官、律师、代理人、专家学者、企业等各方面广泛的司法需求，也能使社会各界人士参与到平台的建设之中，帮助平台更好地发展、完善。

四是以典型案例为核心，全面集成基础案例、法律法规、法学理论、学术观点、社会评价等各方面信息数据资源。

五是以自发生长为目标，确保平台“实践中的生命力”。平台以典型案例的生成为起点，借助信息技术手段全面记录后续诉讼活动中对典型案例的援引、遵循情况，以及典型案例裁判规则的发展变迁过程，不断丰富司法数据资源，使平台对知识产权案例指导制度的支撑通过使用而日益智能。

## 三、知识产权案例指导制度的运行效果

一是法官的司法理念发生转变，从效率优先转变为质量优先，更加追求专业、精细的司法“工匠精神”。二是司法裁判的论理更加充分，说服力显著加强，受到各界好评。三是法官的心态更加开放，更加欢迎律师、当事人提交典型案例和发表高水平的诉辩意见。四是我院知识产权司法保护水平明显提高，司法保护知识产权的主导作用开始凸显，逐渐成为国内外知识产权诉讼的优选地。五是司法活动透明度得到全方位、大幅度提升，

使得司法公信力大为增强，司法权威也得到了提升。六是律师界、高科技企业、文化企业等创新主体给予大力支持，热切期待参与到制度探索中来，分享制度成果。七是专家学者、研究机构对制度探索给予高度关注，认为将对今后的法学研究和教育产生重要影响。八是在国际上也得到了业界、学界、司法界的尊重和赞赏，改善了中国知识产权司法保护的国际形象。

## 四、探索知识产权案例指导制度的体会

一是要始终坚持党的领导，与党中央保持高度一致。探索建立知识产权案例指导制度要以十八届四中全会精神为指导，在这过程中要坚持中国特色，牢固树立政治意识、大局意识、核心意识、看齐意识，确保正确的政治方向。通过制度探索，我们也更加充分地认识到，社会主义法治体系的特色和优越性就在于有党的领导，特别是有以习近平同志为核心的党中央。社会主义法治是在中国共产党领导下的法治，知识产权案例指导制度是根据社会主义法治的实际需要来设计和建设的。虽然我们会借鉴、参考国外的一些具体经验和做法，但主要还是结合中国知识产权审判的实际情况和中国法治建设的现实需要进行探索和实践，同时借助最新高科技手段，努力实现对西方法治文明的“弯道超车”。在这方面，我们应当有充分的道路自信、理论自信、制度自信和文化自信。

二是要坚决维护司法中央事权属性，通过有力抓手在全国范围内实现执法统一。最高人民法院代表中央行使最高司法权，促进法律统一正确实施。司法统一就是在捍卫国家法治统一和法治尊严，也是在维护中央权威。知识产权案例指导制度和案例基地建设对于统一全国知识产权司法标准具有重要意义，能够将各地法院好的经验和做法及时、全面地汇集起来，并使最高人民法院能够实时了解、监督、指导各地法院知识产权审判，统一裁判尺度、提升裁判水平，防止和纠正对司法的不当干预，以及个别法官对自由裁量权的滥用。

三是要通过制度创新，形成健康的司法生态。对知识产权案例指导制度的探索，可以带动许多司法改革措施的深化落实，可以解决司法工作中存在的许多弊端，有助于建立公正、高效、权威的司法制度，也有利于实现习近平总书记“让人民群众在每一个司法案件中感受到公平正义”的要求。

四是要通过在知识产权领域的先行先试，为最高人民法院案例指导制度探索和司法案例研究提供实践素材和试验样本。

谢谢大家！

# [会议综述]

# 探索完善具有中国特色的知识产权案例指导制度

## ——最高人民法院知识产权案例指导研究（北京）基地揭牌暨知识产权案例指导研讨会综述

北京知识产权法院　陈栋

最高人民法院副院长陶凯元为最高人民法院知识产权案例指导研究（北京）基地揭牌，并出席知识产权案例指导研讨会

2015 年 4 月 24 日上午，最高人民法院知识产权案例指导研究（北京）基地在北京知识产权法院揭牌成立。最高人民法院副院长陶凯元、北京市高级人民法院时任院长慕平共同为基地揭牌。最高人民法院知识产权庭庭长宋晓明、北京市高级人民法院副院长王明达、北京知识产权法院院长宿迟、中国知识产权法学研究会会长刘春田出席。最高人民法院、北京市高级人民法院、上海市高级人民法院、广东省高级人民法院，北京、上海、广州知识产权法院的法官代表，北京市人民检察院、北京市人民检察院第四分院的代表，国家知识产权局、专利复审委、国家工商行政管理总局商标局、商标评审委员会、国家版权局、北京市知识产权局、中共北京市海淀区委、北京市海淀区人民政府的代表，以及中华全国律师协会、中华全国专利代理人协会、中华商标协会、北京市律师协会等的代表，中国知识

产权法学研究会、北京大学、中国人民大学、中国社会科学院等专家学者代表参加了参加了揭牌仪式及随后举行的知识产权案例指导研讨会。

在知识产权案例指导研讨会上，北京市高级人民法院时任院长慕平首先致辞。慕平院长指出，最高人民法院将北京知识产权法院作为首个案例指导研究基地，是对北京知识产权法院工作的肯定，也为知识产权审判实践开展司法改革工作指出了方向。北京市各级法院要充分重视、密切配合、积极实践，努力做好各项工作：一是充分认识建立知识产权案例指导研究基地的积极意义；二是要从指导案例的形成，研究工作的顺利开展，软、硬件的支持等方面全方位配合；三是以建立案例指导研究基地为契机，进一步推进知识产权司法尺度的统一。全市各级法院知识产权审判部门要贡献自己的智慧，也要关注基地的研究成果，并积极在审判实务中加以运用，为建立知识产权保护的中国模式贡献力量。

最高人民法院研究室司法解释协调和案例指导处吴光侠处长就我国案例指导制度的主要内容和运行的实践进行专题发言。吴光侠处长认为，我国的案例指导制度是为统一司法制度和裁判标准、规范司法人员的自由裁判权，充分发挥案例在司法工作中指导和参考作用的一项具有中国特色的司法制度，其主要内容和特点表现在：一是编选标准统一规范，体现案例的指导价值；二是遴选机制集思广益，充分体现了公开民主；三是确认发布主体统一，发布渠道灵活多样；四是在效力上类似案件予以参照，法律文书不作为依据直接援引。我国案例指导制度也具有中国的特色和优势：一是在地位效力上，它不是正式的法律渊源，没有明确的法律效力，但是它具有事实上的约束力，在本质上实际上是一种法律的解释适用活动；二是在产生的依据上，我国以明确的规范性文件确立了案例指导制度，可以快速进行制度化建设；三是在运行程序上，我国案例指导制度有专门的、特定的确认发布程序；四是在功能作用上，我国案例指导制度源于司法实践，反映了法律实施的状态和趋向，具有统一裁判标准和宏观业务指导的功能和优势。随后，吴光侠处长介绍了案例指导制度的运行实践情况。目前，案例指导制度处于初步建立阶段，运行状况良好，呈现出制度化、规范化、常态化、信息化发展的趋势，自 2011 年以来，最高人民法院已陆续发布了十批 52 件指导性的案例，案例指导成为一项常态性的基础工作。

最高人民法院知识产权庭王闯副庭长就我国知识产权案例指导制度的发展经验作了主题发言。十大、十大创新、五十典型和我们最高人民法院的年度报告制度，初步形成了我国知识产权案例指导制度一个制度体系的主要内容，王闯副庭长着重介绍了上述案例的筛选思路、环节和内容结构，并总结出目前发展的经验：一是我们比较注重改革创新，指导方式不断规划；二是我们更加注重制度建设，案例指导性更加规范；三是更加注重体系化。

北京大学知识产权学院张平教授就“我国知识产权司法审判案例的指导的实践思考”进行主题发言。她认为，知识产权审判具有特殊性，表现在立法的开放性、司法的前沿性和案例的开拓性；随后，张平教授结合华为案、王蒙案、3B 案、荣华案等典型案例就案例的指导性进行分析，并提出了案例形成中法院层级的作用、其他法院借鉴方式和推翻程序等问题。

中国人民大学何家弘教授就“判例制度和判例生成”进行了主题发言。他认为，目前大陆法系国家有一个发展趋势，完全依靠立法者制定出尽善尽美的法律是不可行的，也应依赖于司法的判例，为此，何家弘教授详细介绍了大陆法系国家尤其是德国在上述问题上的体现。此外，何家弘教授认为，两大法系国家司法判例制度的发展其实有融合的趋势，司法判例的主要功能不是法官造法，而是对制定法规则进行解释和补充；另外一个趋势是判例效力从过去的刚性界定转向弹性界定。最后，何家弘教授认为，四中全会强调司法改革的主题是以审判为中心的诉讼制度的改革，完善我们的案例指导制度对该主题具有重要意义。

中国社会科学院李明德教授就“美国的判例制度以及判例的生成”进行了发言。李明德教授首先介绍了美国的法院系统和判例法的情况，随后介绍了美国判例法法典化的情况，制定法将判例所确定的某些规则法典化，国会可以通过制定法改变判例规则，法院通过判例解释相关的法律术语，应对技术发展和商业发展的挑战。最后，李明德教授认为，就知识产权的保护而言，制定法与判例法发挥了同等重要的，甚至是更为重要的作用。

北京知识产权法院院长宿迟围绕“我国知识产权判例指导制度必要性及可行性”主题进行了发言。宿迟院长从认知语言学和语义学的角度、从自身从事司法审判的实践工作经验角度和四中全会提出的建立以审判为中心的诉讼制度目标角度分析指出，立法不可能解决所有的问题，不可能对所有问题规定的很细致，只有在司法的长期积累过程中达成共识，才能形成在立法层面的结果，所以司法的典型案例的积累是对立法的补充，也是立法发展的基础；尤其是在知识产权的领域，司法永远是走在立法的前面。在谈到具体工作的开展时，宿迟院长指出：首先，相对于大陆法系和英美法系的判例制度，中国的案例指导制度拥有更新的、更高的基础，在分析两家经验教训的基础上，依照中国特色的社会主义的法制的原则和精神，按照四中全会的精神，建立中国特色的案例指导制度；其次，中国特色案例指导制度的建立需要依靠整个知识产权共同体，由律师、学者、专家和各个相关知识产权部门都应该共同参与、共同建设；再次，最高人民法院将探索知识产权案例指导制度的任务交给北京知识产权法院来做实验，指导案例如何发挥作用，技术支持和制度安排方面均需要各方包括三级法院的支持。

中国人民大学知识产权学院院长、中国知识产权法学研究会刘春田会长围绕“我国知识产权案例指导制度的意义和对基地工作的建议”主题进行了发言。刘春田认为，司法改革要在宪法框架内进行，中国是一个制定法国家，建立案例指导制度更为合适；法官的司法过程、解释法律其实就是一个相当复杂的创造过程，不是操作过程，是面临新的实践，面对已有的法律，作出新的解释，给社会的矛盾提供一个解决方案，是对立法的补充。另外，知识产权审判是新的事物，需要学者、法官更加关注知识产权基本问题和独特的司法规律。

最后，陶凯元副院长作了重要讲话。陶凯元指出，设立案例指导研究基地是贯彻全面推进依法治国部署的重要举措。《中共中央关于全面推进依法治国若干重大问题的决定》首次将“加强和规范司法解释和案例指导，统一法律适用标准”写入党的中央委员会文件，为人民法院进一步完善案例指导制度指明了方向。设立案例指导研究基地，也是知识产权司法改革的一项制度创新，是保证知识产权司法公正的有力抓手。北京知识产权法院作为全国首家知识产权法院，知识产权案件类型最为齐全、数量最多。同时，北京法院系统在知识产权案例研究方面也走在全国法院前列，有条件、有能力在知识产权案例指导研究方面进行新探索，作出新贡献。这也是最高人民法院选择在北京知识产权法院设立全国首家知识产权案例指导研究基地的重要原因。陶凯元对基地的案例指导研究提出四点希望：第一，要注重理论化建设，要以建立和完善具有中国特色的知识产权案例指导制度为目标，结合知识产权司法的实践需求，为完善我国案例指导制度积累经验并作出贡献；第二，要注重规范化建设，最高人民法院高度重视案例指导的制度建设，出台了多项规范性文件，案例指导研究基地要做好（典型案例）的发现和识别工作，特别是要建立案例收集机制、论证机制、审查机制等；第三，要注重信息化建设，案例指导研究基地要依托网络信息技术，建成丰富齐全、安全可靠、智能友好的知识产权（典型案例）信息数据库作为一项重要的基础性工作；第四，要注重开放化建设，案例指导研究基地要有开放意识和长远眼光，努力建成全国知识产权案例指导综合服务中心，要注重知识产权指导性案例信息数据库的开放共享，注重研究成果的方向转化。

# 全国知识产权法学界专家齐聚北京知识产权法院，共商中国特色知识产权案例指导制度建设

——案例指导制度运行机制研讨会综述

为贯彻落实党的十八届四中全会精神，按照最高人民法院第二次全国法院案例指导工作会议有关要求，2015 年 9 月 22 日下午，最高人民法院知识产权案例指导研究（北京）基地（以下简称基地）在北京知识产权法院举行知识产权案例指导制度运行机制及相关问题研讨会，研究探讨中国特色知识产权案例指导制度的具体设计和措施。

会议由北京知识产权法院副院长陈锦川主持，中国政法大学终身教授江平、北京知识产权法院院长兼基地主任宿迟、中国知识产权法学研究会会长刘春田等著名专家学者进行了主题发言，参会代表涵盖了中国知识产权法理论研究和司法实务领域，包括最高人民法院知识产权司法保护中心的领导及专家、法院系统代表、高校知名学者、律师及行业协会代表等共计 50 余人。

## 一、案例指导研究基地成立的目的和意义

案例指导制度是中国特色司法制度的重要组成部分，按照党的十八届四中全会《中共中央关于全面推进依法治国若干重大问题的决定》关于“加强和规范司法解释和案例指导，统一法律适用标准”的要求，积极探索具有中国特色的知识产权案例指导制度，推动案例指导工作朝着制度化、规范化和常态化发展，2015 年 4 月 24 日，最高人民法院在北京知识产权法院设立基地，最高人民法院副院长陶凯元和北京市高级人民法院时任院长慕平共同为基地揭牌。

基地的设立是贯彻全面推进依法治国部署的重要举措，也是知识产权司法改革的一项制度创新，是保证知识产权司法公正的有力抓手，对进一步推进知识产权司法尺度的统一具有重要意义。

北京知识产权法院作为全国首家知识产权法院，知识产权案件类型最为齐全、数量最多。同时，北京法院系统在知识产权案例研究方面也走在全国法院前列，有条件、有能力在知识产权案例指导研究方面进行新探索，

作出新贡献。设立基地的主要目的是为完善我国案例指导制度积累经验并作出贡献，基地未来将建设成为全国知识产权案例指导理论研究中心、知识产权指导案例发现识别中心、知识产权指导案例信息智能汇集中心和全国知识产权案例指导综合服务中心。

## 二、案例指导研究基地目前运行情况

基地成立后，在最高人民法院的引领和支持下，基地充分利用各级法院知识产权司法实践资源和国内外著名高校及研究机构的学术理论资源，深入研究世界范围内各类型案例指导制度的经验和做法，以我国司法体制及知识产权审判实际为根本立足点，积极探索中国特色的案例指导制度的具体设计和运行规律。经过近半年的努力，中国特色知识产权案例指导制度的理念、机制和规则已现雏形。

一是明确基地的建设规划方向。根据最高人民法院相关规定，制定了《最高人民法院知识产权案例指导研究（北京）基地建设规划草案》，对基地的性质、工作宗旨、工作目标、组织机构及近五年发展规划作出了明确的规定。

二是建立基地建设工作小组，逐步推进基地建设。为保障基地建设顺利开展，基地制订《最高人民法院知识产权案例指导研究（北京）基地建设工作小组工作方案（草案）》，成立了由最高人民法院民三庭、最高人民法院信息技术服务中心、北京市高级人民法院民三庭、北京市高级人民法院信息技术处和北京知识产权法院工作人员组成的建设工作小组，研究案例指导工作运行模式与机制，提出相关业务标准和技术标准，明确案例指导制度的内涵与外延，在此基础上制定知识产权案例指导研究服务平台（以下简称平台）建设具体技术方案，并推动将其纳入最高人民法院“十三五”规划。

三是确定基地工作的具体业务流程。在借鉴国外先进经验的基础上，结合我国实际制定了《北京知识产权法院案例指导工作试行办法（草案）》，对案例指导工作的宗旨和依据、基本原则以及先例的等级、发现、推翻、不予遵循、认定与发布等具体流程进行了规范。同时，对因案例指导工作引起的审理方式、裁判文书的调整进行了明确的解释。

四是筹划建立基地专家咨询委员会。北京知识产权法院强调法官主体地位，成立了专利、商标、著作权和综合四个专业调研小组，由资深法官担任组长，组织小组成员独立就各领域内案件及相关法律问题开展调研并出具专业咨询意见。基地专家咨询委员会将在此基础上设置四个专业研究部，即专利研究部、著作权研究部、商标与竞争研究部和综合程序研究部，负责指导性案例的发现、遴选、推荐、审查、论证、编发等一系列问题的调查研究工作。

## 三、研讨会内容及基地未来的发展与完善

为使中国特色知识产权案例指导制度的具体设计和措施更具科学性和可行性，推进基地的发展和完善，本次研讨会具体设置了三个议题，邀请知识产权业界的专家学者、实务界权威人士共同进行探讨。

议题一：中国特色知识产权案例指导制度的基本理论问题及运行思路。

该议题主要邀请中国政法大学终身教授江平、中国知识产权法学研究会会长刘春田、中国应用法学研究所所长蒋惠岭、华东政法大学教授黄武双等人发言。发言的主要观点摘录如下：

江平：中国特色案例指导制度是新生事物，相对于大陆法系传统的“有法律依照法律，没有法律依照法理”“没有法律依照习惯”和中国过去“没有法律依照政策”相比是很好的途径。民法典编纂时应当考虑讨论“有法律依法律，没有法律依判例/案例”。

刘春田：司法改革背景下的案例指导制度涉及司法领域很多问题，是影响全局的问题。案例指导制度本身是防止脱离法治轨道的有效手段，不能局限于是否是成文法国家或判例法国家，成文法同样需要案例的支持。

蒋惠岭：案例是正义的产品，是法治的基因，是动态的法典，是智识的结晶。案例的运行需要高素质的法官、公平公正的程序、健康的社会氛围、改革发展的精神。应当建立起效力机制、研讨机制、激励机制、编纂机制。

黄武双：相对于自然科学是理论 + 实验模式，法律的路径是逻辑 + 经验，判例即是经验的体现，案例制度的意义在于防止“同案不同判”、推动司法公平。

吴光侠：案例指导制度的探索体现了敢为人先精神，务实精神和创新精神。根据第二次全国法院案例工作会议精神，要坚持正确的政治方向，坚持正确的法治标准，坚持问题导向，推进建章立制，集思广益确保案例质量。

此外，冯晓青认为案例工作细则要逐步前进，不能一蹴而就。徐家力认为，案例指导制度应该在超出知识产权领域外发挥更大的作用，另外，

互联网时代的案例库应当具有大数据分析的能力。董葆霖认为案例制度应当具备错案公布制度。管育鹰认为，案例指导制度承担了司法改革的试验点的重任，也是建立法律共同体的契机。朱谢群认为，案例形成的专门程序应当向更多的法院征求意见以形成广泛共识。

议题二：讨论《北京知识产权法院案例指导工作试行办法（草案）》

该议题主要邀请华中科技大学教授韦之、清华大学副教授崔国斌、国家法官学院科研部副主任刘畅、西南政法大学知识产权研究中心主任李雨峰发言。发言的主要观点摘录如下：

韦之：案例制度设计时应当考虑一些细节问题，包括案例制度是否加重了法官的负担，对判决书资源的使用是否包含公平问题。

刘畅：案例制度应当引入学术理论的研究支持，基地应当将基础理论的研究作为重要工作内容。

崔国斌：判决生效自然具有先例效力是不可行的，应该由专门机构发布。而且，为提高法官积极性，应当建立案例撰写的机制。

李雨峰：裁判文书的公开是案例工作的基础性工作，公开应当更加注重互联网的作用。

议题三：基地专家委员会的设立及运行机制

该议题主要邀请中国政法大学教授费安玲、北京市律师协会副会长庞正忠发言。发言的主要观点摘录如下：

费安玲：专家在知识产权司法中的作用十分重要，专家委员会应当定位于专业性和辅助性，要求具有法律事务工作背景，包括固定式和聘任制专家，完善聘任和解聘等制度。关于研究部的设立，建议设立知识产权责任部门进行包括民事、行政和刑事责任的研究。

庞正忠：案例指导制度对于知识产权律师具有重要意义，应当在操作性层面，深入讨论案例的效力层级、案例价值部分等问题。专家咨询委员会中的律师应当具有一定的比例，应当更多参与案例工作。

本次研讨会参会单位包括最高人民法院民三庭、最高人民法院研究室、最高人民法院司法改革办公室、中国应用法学研究所、最高人民法院信息技术服务中心、北京市高级人民法院民三庭、北京知识产权法院等司法系统单位，国家知识产权局专利复审委员会、国家工商行政管理总局商标评审委员会、北京市知识产权局、北京市海淀区知识产权局、中关村科技园区海淀园管理委员会等行政事业机关，中国社会科学院、北京大学、清华大学、中国人民大学、中国政法大学、北京理工大学、西南政法大学、中南财经政法大学、华中科技大学、华东政法大学等高校，中国知识产权法学研究会、中华全国律师协会、中华全国专利代理人协会、中华商标协会、北京市法学会知识产权法研究会等研究机构及行业协会。

在司法体制改革日益深入的大背景下，为推进中国特色知识产权案例指导制度建设提供实质性发展，本次研讨会紧扣司法改革的核心精神，贯彻周强院长在第二次全国法院案例指导工作会议上关于“使指导性案例成为公正司法的重要参照”的重要指示，具有涵盖面广、参与度高、观点权威、反响强烈的特点，使更多专家参与到中国特色知识产权案例指导工作中来，为实质性推进中国特色知识产权案例指导制度建设提供强有力的支持，同时也为构建阳光司法体制和打造知识产权法律共同体迈出了坚实的步伐。

# 专家咨询委员会专家聘任仪式综述

北京知识产权法院　陈栋

2016年5月12日，最高人民法院知识产权案例指导（北京）基地（简称案例基地）在“第二届中国知识产权法院论坛暨司法审判与知识产权价值实现高端研讨会”上举行了案例基地的专家咨询委员会专家聘任仪式。仪式上，案例基地通报了建立至今的建设情况，公布了200余位专家咨询委员会专家名单，案例基地主任宿迟向专家代表颁发了聘书，北京君策知识产权发展中心副主任许超先生作为专家代表进行了发言。

为贯彻落实党的十八届四中全会提出的“加强和规范司法解释和案例指导，统一法律适用标准”的会议精神，案例基地于2015年4月24日在北京知识产权法院挂牌成立。案例基地通过探索并试行中国特色的知识产权案例指导制度，逐步规范司法行为，深化司法公开，凝聚司法智慧，推进司法统一，提升司法公信力，促进法律共同体的交流。按照最高人民法院的要求，案例基地将重点开展中国特色知识产权案例指导制度的理论化、规范化、信息化和开放化建设，并计划在五年内建设成为全国知识产权案例指导理论研究中心、知识产权指导案例发现识别中心、知识产权指导案例信息智能汇集中心和全国知识产权案例指导综合服务中心。一年来，在各级领导的关心指导下，在各位专家和同仁的大力支持下，案例基地各项工作顺利开展，在理论化、规范化、信息化和开放化方面均取得实效。

案例基地专家咨询委员会是各界参与案例指导工作的主要形式，也是开展典型案例评审工作的重要机构，具有法律学术性、技术专业性和广泛的民主性。按照司法审判和研究领域，专家咨询委员会分为商标、专利、著作权和综合四个专业部，分别负责商标竞争及垄断、专利、著作权和诉讼程序等领域的研究和评审工作。经过近一年的探索和筹备，案例基地已经初步建立了专家咨询委员会的工作制度，接受各界报名，组建了包括专家学者、政府官员、律师代理人在内的200余人的专家队伍，并开始逐步开展典型案例评审等相关工作。除本次参会的专家代表外，案例基地将陆续向其他专家发送确认函并发放聘书。今后，专家咨询委员会将采取专家志愿服务方式，参与到案例基地各项建设和具体的案件评审工作中。同时，专家委员会将继续坚持开放性、专业性原则，欢迎更多领域的专家加入，共同为中国特色知识产权案例指导制度的探索和实践贡献力量。

“第二届中国知识产权法院论坛”由中国知识产权法学研究会、北京知识产权法研究会主办，北京知识产权法院、北京市知识产权局、北京政法职业学院协办。此次论坛以“司法审判与知识产权价值实现”为主题，并专设包括“案例指导制度建设”在内的八个分议题。来自最高人民法院、中国应用法学研究所、北京市高级人民法院、北京市知识产权局、上海市知识产权法院、广州市知识产权法院、中国法学会、中国知识产权法学研究会、北京市法学会、北京知识产权法研究会、中华全国律师协会、中华商标协会等全国法院、高校、研究机构、行业协会、企业、媒体的400余位知识产权法学研究和实务工作者参加了论坛。

# 北京知识产权法院参加首次中美法治对话活动综述

北京知识产权法院　杨静

“首次中美法治对话——支持改革和经济发展”于2016年8月3日至4日在北京举行。根据中央政法委的安排，北京知产法院参加了此次对话活动，知识产权案例指导制度的探索获得了积极评价。

## 一、参加中美法治对话活动的相关情况

8月4日上午，在最高人民法院陶凯元副院长的主持下，来自美国司法部、商务部、联邦最高法院以及我国中央政法委、最高人民法院等单位的双方代表一行30余人，到北京知识产权法院旁听涉美专利案件并参观座谈，北京知识产权法院宿迟院长介绍了知识产权审判与改革情况。在下午的座谈活动中，最高人民法院民三庭王闯副庭长介绍了中国案例指导制度的整体情况，宿迟院长介绍了案例基地探索中国特色知识产权案例指导制度的情况。美方对中国司法改革和知识产权专业化审判所取得的成效给予了积极评价，对北京知识产权法院的审判专业水准、开放透明程度表示赞赏，对案例基地的实践探索予以高度关注。

## 二、探索知识产权案例指导制度的基本内容与意义

当前我国社会经济高速发展与知识产权立法相对滞后的矛盾日益突出，知识产权司法存在着法律供给不足、裁判确定性不够、保护水平不高、主导作用不强等亟待解决的问题，制约了司法治理能力和知识产权保护国际影响力的提升。

根据十八届四中全会关于“加强和规范司法解释和案例指导，统一法律适用标准”的要求，北京知识产权法院经充分调研，提出借鉴世界上普遍共识的判例法经验，挖掘和传承中华律例文化精华，探索建立中国特色的知识产权案例指导制度，从根本上解决知识产权司法保护的稳定性与权威性不足的问题，实现司法在国家法治建设中的基础和枢纽作用。其基本内涵是：法官在处理相同或类似案件时，对法律的理解应当与上级法院及本院在先生效判决保持一致和连贯。在法无明文规定或法律规定不明时，

法官依据习惯、法理和良知作出具有指引意义的司法裁判，其规则对同一司法区域内相同或类似案件产生说服效力。与现有案例指导制度相比，该探索有以下特点：一是明确了尝试在案件审理和裁判文书中援引典型案例、遵循典型案例，赋予典型案例“事实上的约束力”。建立“上下前后左右”的效力等级体系，即个案裁判要遵循其上级法院和本院的典型案例，同级法院及不同司法区域内的法院之间要互相尊重典型案例，“同案不同判”可能成为上诉、改判以及启动法官会议或审委会审议的理由。二是改变典型案例生成机制，以“专家评审” + “后案遵循”的方式促进典型案例供给。一方面组织和动员广大法律专业人士按照专业规范遴选、评审和编纂典型案例，保证典型案例的供给数量与质量，另一方面鼓励法官和律师在司法实践中主动发现和援引典型案例，使优秀案例能够自然生成典型案例。

## 三、案例基地各项工作进展情况

2015 年 4 月 24 日，最高人民法院在北京知识产权法院设立案例基地。陶凯元副院长指出，这是贯彻全面推进依法治国部署的重要举措，是知识产权司法改革的一项制度创新，要求案例基地注重理论化、规范化、信息化和开放化建设，建设成为全国知识产权案例指导理论研究中心、知识产权指导案例发现识别中心、知识产权指导案例信息智能汇集中心和全国知识产权案例指导综合服务中心。

按照周强院长关于司法改革和信息化建设是人民司法工作发展“车之两轮、鸟之两翼”的指示精神，北京知识产权法院在案例基地建设过程中，以司法改革和信息化建设为双轮驱动，坚持业务主导、理论先行、开放共建、内外互联，扎实开展工作，努力实现对西方判例制度的“弯道超车”。

### （一）坚持业务主导，广泛凝聚共识

以审判方式和机制改革为驱动，基本完成了案例指导制度所需的司法理念、司法机制和人才准备：一是建立了符合职业特点的司法人员分类管理制度，实现了法官员额制基础上的审判专业化。二是健全了审判权力运行机制。以专业咨询制取代个案汇报制，落实审委会审判职能，建立了各类法官会议。三是深化司法公开，多渠道、最大程度的公开审判实质内容，发布了司法数据分析报告等审判情况。四是组建了由 240 余名专家学者为成员的专家咨询委员会，对全国 500 余件知识产权典型案件进行了编辑和评审。五是改革审判方式，开展焦点式审判，强化程序对抗，发挥律师监督

制约作用，引导律师和当事人提交典型案例，充分保障其诉讼权利。要求法官凡争必审、凡审必判、未审勿判。强化裁判文书说理，对遵循典型案例充分论述，撰写裁判要旨，总结裁判规则，目前北京知识产权法院法官已在400余份裁判文书中尝试援引先例。

（二）坚持理论先行，打好规范化基础

立足审判实际，制定了一系列工作规范，包括指导法官和诉讼参与人开展先例提交、识别、援引、遵循、参考等工作的《知识产权案例指导工作实施指南》，确保诉、辩、审在同一标准、同步推进的《知识产权案件诉、审、判一致性工作规范》，规范专家咨询委员会开展典型案例评审工作的《案例基地典型案例评审办法》，以及鼓励和保障法官创设高水平裁判的《法官、法官助理工作业绩考评办法》《裁判文书体例改革方案》等配套改革措施。

（三）依托先进技术，实现弯道超车

在最高人民法院民三庭、信息中心等部门的指导下，北京国双科技有限公司、人民法院出版社等单位共同参与了“知识产权案例指导服务平台”（简称知产案例平台）研发工作。争取2016年4月26日“世界知识产权日”开始向社会提供服务。

知产案例平台具有以下特点：一是全面融入并支持理论创新与制度创新。支持成文法体系下“遵循典型案例”的知识产权司法制度探索实践，为理论研究和审判业务开展提供信息、技术支撑。二是全面呈现知识产权司法活动的动态历史进程。以典型案例的生成为起点，全面记录、支持并展现后续诉讼活动中对典型案例的援引、评述与发展的司法进程，展现案例“实践中的生命”。三是全面呈现知识产权法律活动经验的整体积累。司法审判活动对典型案例的使用必然会带动行政活动、法学教研活动以及其他替代性纠纷化解活动对案例的关注和遵循，进而推动法学各领域同步发展。该平台利用大数据技术支持各类活动对案例的使用，为司法解释、司法政策的制定乃至立法活动提供第一手实证资料。

一年多来，案例基地各项探索得到了中央政法委、最高人民法院、市委政法委和市高级法院等的大力支持，也受到了各界广泛关注。2016年4月，《法制日报》刊发了北京知识产权法院《以先例判决指导审判工作制度的创新实践》的文章；2016年9月，知产案例平台获得第八届中国行业信息化奖项——“2016年度司法大数据行业最佳解决方案奖”，中国知识产权报刊发了《为知识产权司法审判插上智慧翅膀》的文章，获得了人民网、光明网、凤凰网等近 50 家媒体转载；同期，美国纳斯达克旗下新闻分发机构 Globe Newswire 以《大数据技术在司法领域的深度应用》（Service Platform Represents Application of Big Date to Judicial System）为题对知产案例平台进行了报道，受到美国、德国、加拿大等国 600 多家媒体转载，覆盖人群接近四亿。

# 准确定位　注重实效　促进裁判尺度的统一

## ——2016年11月24日案例基地阶段性成果汇报座谈会综述

北京知识产权法院　陈志兴

为贯彻落实周强院长重要批示精神，2016年11月24日下午，最高人民法院知识产权案例指导研究（北京）基地（简称案例基地）阶段性工作成果汇报座谈会在北京知识产权法院召开。最高人民法院副院长陶凯元、市高级法院党组副书记、副院长王明达出席会议，并做重要讲话。

会上，北京知识产权法院党组书记、院长、案例基地主任宿迟汇报了知识产权案例指导制度探索情况。宿迟指出，案例基地的设立是在贯彻中央全面推进依法治国决策部署过程中，知识产权司法改革领域的一项重要制度创新。自去年5月案例基地设立以来，案例基地和北京知识产权法院始终坚持问题导向，明确六个基本理念，保证制度探索的正确方向。按照周强院长关于司法改革和信息化建设是人民司法事业发展“车之两轮、鸟之两翼”的指示精神，一方面通过司法改革推进知识产权案例指导制度探索，另一方面同步开发支持制度实施的知识产权案例指导服务平台。案例基地运行一年多来，效果显著，促进了法官司法理念和裁判心态的“两个转变”，推动了裁判文书质量、司法保护水平和司法活动透明度的“三个提高”，实现了创新主体大力支持、专家学者高度关注和国际上充分肯定的“三重效果”。宿迟表示，探索知识产权案例指导制度有四点深刻体会：一要始终坚持党的领导，与党中央保持高度一致；二要坚决维护司法中央事权属性，通过有力抓手在全国范围内实现执法统一；三是要通过制度创新，形成健康的司法生态；四是要通过知识产权领域的先行先试，为最高人民法院案例指导制度探索和司法案例研究提供实践素材和试验样本。

在观看案例基地探索建立中国特色的知识产权案例指导制度的宣传片，听取工作人员关于探索使用知识产权案例指导制度的情况及案例基地信息化建设的初步成果汇报之后，与会领导、专家学者围绕案例指导制度的定位、功能、未来的发展以及需要注意的问题等进行了充分的讨论。大家对案例基地取得的成绩予以充分肯定，一致认为案例基地在知产案例指导制度方面的探索实践打破了现有案例指导制度发展的瓶颈，具有前瞻性、典型性和示范性，建议进一步解放思想，古今中外，择善而用，尽早形成中国特色知识产权案例指导制度。

最高人民法院民三庭宋晓明庭长指出，案例指导制度建设是解决统一裁判尺度问题的一个路径、抓手。在案例指导制度探索上，案例基地已经形成了比较规范的制度，下一步还应该进一步研究案例指导制度的一些关键性理论问题，解决法官适用知产案例指导制度的动力问题。

北京市高级法院王明达副院长指出，北京知识产权法院勇于探索大胆实践，通过援引在先生效案件，制定知识产权案例指导工作实施指南等一系列规定，为典型案例创设和援引奠定了坚实的基础。他表示，北京法院也将针对案例基地业务实践和信息化建设中遇到的困难和问题，尽快拿出具体的工作方案，全力支持案例基地和北京知识产权法院把制度探索引向深入。

最高人民法院陶凯元副院长在讲话中，充分肯定了北京案例基地的工作成绩。陶凯元表示，在短短一年半的时间，北京案例基地建设取得这么扎实的成果，实属不易。知识产权案例指导制度的运行效果，归纳起来就是两个改变、三个提高和三重效果，利用这个机会对北京案例基地取得的成果表示祝贺，感谢各方面对北京案例基地建设的支持。陶凯元指出，有关各方面对案例基地的重要性和必要性高度认可，已经达成共识。北京案例基地发挥知识产权在全国的独特的优势，是知识产权领域司法改革的重要举措，最高人民法院和各方面的认识是高度统一的。最高人民法院高度重视和关心北京案例基地的建设。周强院长对北京案例基地的工作非常关心。北京案例基地建立一年多以来，紧紧围绕最高人民法院提出的“四个中心”建设，在理念路径和具体操作上进行了大胆的探索，初步研发了知识产权案例指导服务平台，将司法改革与审判业务信息化建设相互融合，同步推进，取得了良好的成效。

陶凯元副院长要求，要进一步推进知识产权指导案例的建设。她强调，一要准确把握知识产权案例指导制度的定位。知识产权案例指导制度的构建必须以坚持中国特色社会主义法律体系为大前提，紧扣司法实践需求，坚持问题导向，探索符合我国国情的案例指导制度。构建案例指导制度不是要创设一种新的法律渊源，而是将典型案例内化为法官的认知，凝聚业界更为广泛的共识，引导法律适用规则进一步细化，为社会提供更好的法律预期，也为司法解释的起草奠定基础。二要切实发挥案例指导制度，推进裁判尺度的统一。司法改革确立了“让审理者裁判，由裁判者负责”，取消了案件审批制度，交由合议庭负责的同时，不同的主审法官、不同的合议庭裁判不统一的问题逐渐显现。促进裁判的统一，是案例指导制度建立的重要目的。三要以知识产权案例指导制度为抓手，推动知识产权法律共同体建设。发挥司法保护知识产权的主导作用，需要有统一、稳定、明确的司法标准，需要有司法经验、司法智慧的长期积累，更需要整个法律共同体的共同参与。

陶凯元副院长指出，案例基地正在创建的案例指导制度与最高人民法院发布的指导性案例，与《最高人民法院公报》和最高人民法院案例研究院刊登或发布的典型案例，是相辅相成、互为补充、互联互动的整体。要通过知识产权领域的先行先试为知识产权指导制度提供实践素材和试验样本。知识产权案例指导制度是全新的事物，先行先试允许有一定的试错空间，有一些问题需要进一步研究和完善，希望案例基地贯彻落实周强院长的批示，全面总结问题，充分听取各方面的意见，进一步分析论证，尽快建设知识产权案例指导服务平台，早日投入使用，服务审判，服务公众。

座谈会由案例基地副主任、最高人民法院民三庭副庭长王闯主持。最高人民法院民三庭庭长宋晓明、副庭长林广海，以及来自办公厅、政治部、刑一庭、研究室、司改办、法研所、案例研究院、人民法院出版社、信息中心、新闻局、人民法院报等部门的负责人，北京市高级法院审委会专职委员、民三庭庭长杨柏勇，案例基地副主任、北京知识产权法院副院长陈锦川，北京知识产权法院副院长宋鱼水、纪检组长吴久宏等领导同志和中南财经政法大学知识产权研究中心主任吴汉东教授、中国人民大学知识产权学院院长刘春田教授、北京大学法学院教授张平、张骐，以及北京知识产权法院的法官代表50余人参加了座谈会。

# [理论研究]

# 以先例判决指导审判工作制度的创新实践①

中国应用法学研究所　蒋惠岭　杨奕

为落实《中共中央关于全面推进依法治国若干重大问题的决定》关于“加强和规范司法解释和案例指导，统一法律适用标准”的要求，去年以来，北京知识产权法院借助最高人民法院知识产权案例指导研究（北京）基地，在北京推行以先例判决指导审判工作的制度，从而将北京知识产权审判中的案例指导工作带入了一个新的阶段。

## 缘起与平台

北京知识产权法院先例判决指导制度的建立，得到了最高人民法院的支持，并成为最高人民法院知识产权审判工作的研究基地。北京市三级法院的知识产权审判人员可以参与这项试点，科研院校、律师协会、研究机构及知识产权行政机关等单位及专业人士共同参与合作。这项改革试图通过探索并试行具有中国特色的知识产权案例指导制度，逐步规范知识产权司法行为，深化知识产权司法公开，凝聚知识产权司法智慧，推进知识产权法律适用统一，提升知识产权司法公信力，促进知识产权司法交流与研究。具体工作目标如下：

第一，注重理论化建设，把基地建成全国知识产权案例指导理论研究中心。结合知识产权司法的实践需求，创新研究机制，充分利用法官和专家学者的智慧和力量，深入开展理论研究，为完善我国案例指导制度积累经验并做出贡献。

第二，注重规范化建设，把基地建成知识产权指导案例发现识别中心。依据最高人民法院司法解释和规范性文件，通过建立案例收集机制、论证机制、审查机制等，做好指导性案例的发现和识别工作。同时，加强自身的规范化建设，通过制度完善和制度创新来保障工作的顺利开展。

第三，注重信息化建设，把基地建成知识产权指导案例信息智能汇集中心。依托信息网络技术，建设丰富齐全、安全可靠、智能友好的知识产权

① 原载于《法制日报》2016年4月6日第11版，题目有修改。

指导性案例信息数据库和信息管理系统。推动 3 家知识产权法院纵向贯通、横向集成、共享共用、安全可靠的信息化综合平台建设，为智慧型知识产权法院建设奠定基础。

第四，注重开放化建设，把基地建成全国知识产权案例指导综合服务中心。为全国知识产权审判工作人员及广大社会公众提供查询检索服务，方便广大法官和业界人士及时了解、掌握和运用研究成果。

## 改革方案与工作规划

按照在最高人民法院指导下制定的改革方案和工作计划，北京知识产权法院和该基地计划用 3 ~ 5 年时间，建成全国知识产权案例指导理论研究中心、案例发现识别中心、信息智能汇集中心和全国综合服务中心。

第一，2015 年上半年完成了案例指导研究基地的挂牌成立工作，下半年完成了机构设置、人员选任、专家委员会组建、基地运行规则、案例生成机制、办公基建、信息化建设、人财物保障等各方面的设计、研究、论证、审批及立项等工作，并引导全市知识产权法官和律师率先形成案例思维以及探索实践案例指导制度工作。

第二，2016 ~ 2017 年，北京知识产权法院将完成数据库开发建设及上线试运行工作，探索实践案例思维的形成以及案例指导制度的构建，初步建成知识产权案例指导机制和软硬件系统，使案例数据库进一步丰富，案例查找、筛选、运用日趋完善，建成案例发现识别中心和信息智能汇集中心。

第三，2018 ~ 2019 年，在前期工作的基础上，借助最高人民法院的力量，在全国范围内推广实施知识产权案例指导制度，与国际数据库对接合作，把基地建成案例指导理论研究中心和全国综合服务中心。

## “先例判决”的创新性应用

北京知识产权法院作为全国首家知识产权法院，知识产权案件类型最为齐全、数量最多。同时，北京法院系统在知识产权案例研究方面也排在全国法院前列，这为北京知识产权法院实施和创新案例指导制度提供了基础和条件。在具体措辞方面，北京知识产权法院有时也使用“判例”一词，但这只是先例判决的简称，而不是普通法系“判例法”意义上的判例，因为我国目前并不承认判例法的效力。

第一，确定先例判决的地位。当前可行的先例判决指导制度，应当是在坚持成文法制度下的以“法律为主、判例为辅”为原则的制度，判例的作用在于当法律规定不明时，解释法律；当法律规定有漏洞时，补充法律；当法律规定有冲突时，协调法律；当法律没有规定时，创设规则。判例制度并不改变我国的法律制度、不动摇我国的法律根基。也就是说，法官完全依据法律进行裁判，可以不考虑先例，但事实上，法官不得不考虑和遵守先例，偏离先例只能成为例外，即判例具有“事实上的约束力”：在被识别为“同类案件”的前提下，与前案判决明显冲突的后案判决可能成为当事人上诉的理由及上级法院改判的理由，或者成为提交审判委员会决定或提起再审的事由。

第二，先例判决的效力。判例的效力可概括为“前后左右上下”原则，即法院判决要遵循上级法院和本院的先例，在后判决要遵循在前的先例，同级法院之间要互相尊重先例。具体而言，最高人民法院的裁判具有正式的法律拘束力，其他法院的裁判均不具有正式的法律效力。但在实践中，级别越高的法院，其作出的判例就越权威，拘束力也就越大。如果下级法院不遵循上级法院的判例，就会面临被推翻的风险。根据《北京知识产权法院案例指导工作实行办法（草案)》第七条的规定，将先例的效力等级从高到低分为以下九级：最高人民法院指导性案例、最高人民法院年度案例、最高人民法院的其他先例、高级法院典型案例、高级法院参阅案例、高级法院的其他先例、中级法院先例、基层法院先例和域外先例。

第三，具体机制要建立配套措施。一是改革裁判文书。与目前相对封闭的裁判文书撰写体例相比，判例指导制度要求在后案件需要对先例进行识别，识别案件的依据是裁判理由部分的“事实”，法官的事实认定与当事人的事实主张之间、法律事实与法律要件及法律规范适用之间、事实认定和法律适用与回应当事人诉讼请求的裁判结果之间，这些逻辑关系均须明晰。相应的，在制作文书时，需要改革文书说理方式，撰写判例要旨，并抽象出司法规则。二是培育判例思维。司法判例并不是被制定的，而是逐步“形成”的，是法律共同体按照逐渐形成的同质化的思维惯性或技术模型而形成的裁判理论；判例的权威或效力也不是被赋予或强加的，而是被“遵从”的，是那些已成为法律人共识的裁判理论在具体案件中被具体法官自觉地或惯性地服从。这样的理论、同质、思维惯性和相应的自觉服从，需要整个法律职业共同体的长期积累。因此，判例意识需要融入法官审判实务中，使每一个法官和律师都有遵循判例的意识和创设判例的意识，包括允许律师在庭审抗辩时引用判例，要求法官在判决书中引用和阐释判例等。三是建立先进的数据库系统。实现裁判文书及时更新，实现按照法条、法理、法院、法官、律师、判决时间、裁判要旨等多种方式的检索，以便于法官、学者、律师和公众使用。四是建立推翻先例的调节机制。为保持判例的稳定性和统一性，推翻先例不能时常发生，而应当表现出相当程度的谨慎。推翻先例实质是法院在相互冲突的诸多价值中进行选择的过程，必须适应时代进行自我变革时才可以推翻先例。因此，推翻先例时必须要依靠发达的甄别技术和足够充分的理由，辅之以特殊的调节机制。可根据实际情况设计，要求推翻先例前向上级法院请示，并由上级法院作出对社会公开的裁定，且裁定必须说明理由。

在新时期、新形势下，案例指导制度的确立和发展，不仅是加强审判业务指导、规范自由裁量权行使和确保司法公正的重要途径，也是沟通司法与社会、沟通法律与现实，拓展司法社会功能的重要载体。知识产权案例指导制度的确立，充分发挥了指导性案例的典型示范效应和指导作用，生动地向社会展现了人民法院加大知识产权司法保护力度、维护权利人合法利益和合理确定权利界限的职能作用，形象地传播了知识产权法治理念，提高了社会公众知识产权保护意识，促使知识产权法律界初步形成了重视案例、研究案例和运用案例的良好氛围。北京知识产权法院的案例指导制度改革还只是刚刚开始，很多方面还有待进一步完善。但在这一专业领域里率先建立系统的案例指导或先例判决指导制度，是探索建立中国特色案例指导制度的重要试验田，将进一步促进中国特色案例指导制度良好、有序的发展。

# 知识产权案例指导制度可行性研究[①]

北京知识产权法院　宿迟　杨静

最高人民法院近年来推行中国特色的案例指导制度，虽意在回避与普通法系中的判例制度进行类比，但学者与媒体仍称之为“中国式判例”制度。实践表明，目前的案例指导制度存在着效力定位紊乱、遴选机制不科学、案例内容不系统、指导作用不足等问题，并未达到统一司法的预期效果。

司法案例是蕴含了法律原理与规则的法院判决。所谓司法案例制度，就是一个国家或地区中涉及司法案例的选编、发布、内容、效力、引用、推翻之规则的总和。承认判例法的国家当然有司法判例制度，不承认判例法的国家也可以有司法案例制度，英美法系国家中的判例法及遵循先例原则只是司法案例制度的一种形式而已。我们认为，在当前两大法系融合、我国全面推进依法治国及司法改革的大背景下，业已成立的知识产权专业法院能够培育出有中国特色、符合中国司法实际的知识产权案例制度：透过对知识产权司法案例的选编、发布，在司法活动中探索建立知识产权司法案例指导制度。

## 一、建立知识产权司法案例指导制度的必要性

第一，通过案例发展知识产权法律，保护高速创新。

我国知识产权审判以制定法为依据，立法的滞后性、疏漏性、模糊性和不周延性在知识产权法领域最为凸显。孟建柱书记、郭金龙市长和周强院长在北京知识产权法院调研时，专门强调了知识产权保护力度不足、侵权赔偿数额不高的问题，并感慨在严格遵照成文法的司法体制下，立法滞后是导致法官不敢加大判罚力度的根本原因。

当前我国正在实施创新驱动发展战略，迫切需要知识产权案例的支撑。在新技术、新商业模式层出不穷的情况下，要克服立法的缺陷，迫切需要

① 原文载于《科技与法律》2015 年第 2 期，总第 114 期，原文题目为《建立知识产权司法案例指导制度》，本文题目及部分文字有修改。

赋予知识产权案例以弥补性法律渊源地位，鼓励法官通过及时有效、数量合理和细致入微的案例，实现司法补充解释制定法的作用。

丰富的案例也是最高人民法院制定知识产权司法解释和司法政策的必要支撑。当前科技创新迅猛发展，司法新问题层出不穷，最高人民法院制定司法解释和司法政策的任务异常繁重，只有依赖于全体知识产权法官经年累月的体系化的案例积累，才能够简化和优化调研工作，克服临时搜集整理案例、专项调研或依赖专家的种种弊端，代之以依靠详实、充分、鲜活的案例资料、社会整体的法治经验积累以及法官和公众对法律的理解和需求，唯有此，才能最大程度地增强司法解释和司法政策的科学性和权威性。

第二，统一司法尺度，避免“同案不同判”。

我国司法制度不承认遵循先例原则，法院裁判只对本案有效，不对未来的案件产生效力。但是，法确定性原则又要求法院裁判保持一致性和连贯性。基于此，下级法院当然会重视上级法院的裁判，将其作为审判案件的依据。探索知识产权案例指导制度，探索建立向最高人民法院征询意见的预防性程序和上级法院对下级法院释法错误的纠正性程序，可使最高人民法院、高级法院和专业法院作出的案例具有相当大的拘束力，发挥统一法律解释、保持司法裁决稳定性的作用。

释明“同案不同判”，必须建立案例指导制度。遵循先例原则得以实现的前提是“相似性”的案件识别和适用。由于只有很少的后案与先例恰好“完全一致”，因此诉讼中一方当事人会主张适用对自己有利的先例，而另一方当事人则会尽力证明两类案件不具有事实上的可比性。此时，法官有必要运用法律推理技术对案件的事实情况进行比较，并体现在裁判文书中，由此必然引起裁判文书说理模式改革，使法官对于是否“同案”、是否“同判”以及为何“不同判”作出有理有据令人信服的说理，这一部分技术分析是说清是否同案的关键，也是回应社会质疑的最有力方式。

案例指导制度可以调整和摒弃不合时宜的判决。遵循先例原则并非绝对，它会随着时代的变迁而作出相应的调整，有些先例需要推翻。我国有关媒体和公众不区分社会发展过程中的价值倾向、利益分配、公共政策等变化情况，一律要求“同案同判”，是不符合实际的。只有依靠案例指导，由法官在后案文书中具体分析先例已经不合时宜，使用先例可能严重损害司法公正，或由有案例创制权的法官来推翻先例，才能使“同案不同判”具有法理基础。

第三，纠正行政权与司法权失衡现象，建立司法权威。

在全面建设法治国家的总目标下，司法的功能和价值必将实质性增强，司法权威的重塑正面临承前启后、继往开来的重大历史机遇。多年来，相对于行政机关而言，司法机关长期处于附属地位，甚至一度成为维护和保障行政权力正常运行的工具。判例法国家法官地位之所以高，是因为法官具有造法和补充解释法律的权力，不仅自己的司法权不受干扰，还能保护公众不受不当行政权力的干预。可见，案例指导制度对加强司法权力，防止行政权对司法的干扰具有重要意义。

发挥司法权在依法治国中的枢纽作用，必须依靠案例指导制度。虽然公安和检察机关都在开展“案例指导工作”，但从法理上讲，其他机关发布的只能是指导性案例，唯有法院作出的生效判决才能称之为“案例”，即生产案例是司法权的专职。法院只有立足本职，输出公正说理、及时有效、数量合理和细致入微的案例，提供让人民群众看得见的活法律，才能使司法权在依法治国中发挥枢纽作用。

司法改革要想获得支持必须依靠案例指导制度。当前法院地位亟待提高，司法改革亟需各方面的支持，而提高地位和获取支持的根本途径必须也只能是依靠不断输出正义的个案司法裁判，同时高度重视和充分发挥司法解释的作用，增强其科学性和权威性。系统、鲜活的案例及由此形成的司法解释，必将是权威的，也必将是其他社会部门无法替代的，唯有在此基础上，司法改革才可能更大程度地获得民心和支持。

第四，确立法官主体地位，建立符合司法规律的审判管理机制。

实现法官主体地位必须使法官具备创设案例的权力和能力。司法就是通过实施法律，实现对社会关系的调整。因此，除了员额制等各种配套措施之外，强化司法者的职业尊荣，让他们真正成为法律的解释者、法律漏洞的填补者，才能从根本上树立法官权威，让法官擎起正义和智慧的大旗，不再疲于解决个案的纠纷，而是培育创设和引用案例的意识，在解决个案纠纷时思考对潜在纠纷的阻止和对社会道德的引导，使法官通过贡献案例实现自我价值和社会价值。这才是真正地还权于法官、重塑法官尊荣之根本所在。唯有此，中国的法官才有可能成为法学家，而不是“法律民工”。

建立符合司法规律的审判管理机制有赖于案例指导制度。近年来，法院对法官的管理走过了一些弯路。在取消指标约束的同时，通过案例指导制度赋予法官主体权力，不仅不会导致法官怠工和滥权，反而会激发法官的积极性、能动性和创造性。案例指导制度的主要职能是统一法律的司法解释和限制法官的自由裁量权。从表面上看，其似乎是扩大了法官的自由裁量权，但这只是对法官群体而言的。对审理个案的法官来说，反而限缩了其自由裁量权。自由裁量权一般包括事实认定和法律适用两方面，单凭法官的自我约束，极易出现法出多门、判决各异的现象，给滥权留有余地。引入知识产权案例指导制度的约束机制，使法官自由裁量权的行使除受制定法的制约外，还需接受本院或上级法院先前作出的案例指导的约束，极大压缩了法官自由裁量的空间，抑制了法官恣意与可能产生的司法腐败。尤其是在当今司法容易受到外界各种干扰的情况下，知识产权案例指导的适用还有助于法官抵御外来干扰，确保司法中立。

第五，提高审判质效，构建开放、动态、透明、便民的阳光司法机制。

提高审判质量需要输出高质量的案例。知识产权审判对法官的要求较高，案多人少问题严重制约了知识产权审判的良性发展。建立知识产权案例指导制度，通过其指导作用和指引功能，不仅有助于法官准确认定案件性质和法律适用问题，更重要的是有助于法官掌握处理同类案件的途径和方法，形成正确的心理定式和行为定向，强化文书说理和法学技术分析，提高审判质量。

构建开放、动态、透明、便民的阳光司法机制，有赖于案例指导制度。司法公开，使律师、检察官、当事人和社会公众能够方便地检索和获取裁判文书，是案例指导制度建立的前提。在此基础上，知识产权案例指导制度一旦建立，便可以方便社会公众通过先前案例的指引提前预测诉讼结果，并根据实际情况选择相对理性的纠纷解决途径和解决方法，以此尽早实现权益保护，从而减轻诉累。相较于硬件环境、服务设施等外围举措，提供鲜活的法律才是透明、便民的阳光司法机制之根本所在，也是人民群众真正关切的问题。

## 二、建立知识产权司法案例指导制度的可行性

第一，司法体制改革为建立案例指导制度创造了良好的政策环境和历史机遇。

从十八届三中全会提出建立知识产权法院，到四中全会提出全面依法治国，再到最高人民法院全面深化司法改革，这一系列决策从宏观上为知识产权案例指导制度的创建提供了政策支持和重大历史机遇。

知识产权司法遵循国际规则具有可行性。知识产权司法本身具有国际性，法官必须具有国际视野，遵从国际规则。中央建立知识产权法院的目的之一也是要与国际知识产权制度接轨，增加国际话语权和影响力。在当

前大陆法系国家亦形成援引先前判决之趋势的情况下，中国知识产权审判有理由作为中国案例指导制度的突破口，率先尝试建立案例指导制度。

知识产权司法体制改革使知识产权案例指导成为可能。案例指导制度的建立与审判方式改革、法官主体地位的确立以及法官司法水平的提高密不可分。目前我国已初步建成知识产权专业审判架构，知识产权法院实行法官员额制、突出法官主体地位、实现去行政化、采用法官遴选机制等等，都在围绕实现法官精英化努力，这为法官发现新规则，提供了制度保障。同时，知识产权法院将成建制地实行司法改革，其有条件同步推进案例指导制度的各项配套措施，这为建立科学系统的知识产权案例指导制度提供了人才基础和制度基础。

第二，知识产权审判领域率先实现案例指导制度具有各方面优势条件。

以知识产权案例指导制度作为基础，发展我国的司法案例指导制度，具有以下先天优势：

首先，知识产权法官具有裁判文书公开的丰富经验。相较其他专业和地区而言，知识产权裁判文书公开上网已经实施10年有余，其间北京知识产权法官积累了相当丰富的工作经验，也形成了数量可观的有益案例，可以说知识产权是中国法院文书公开最为充分、经验最为丰富的领域。

其次，知识产权法官具有创设和识别案例的技术能力。中国难以建立案例指导制度的一个重要原因在于，法官的司法能力和水平令人担忧。然而实践证明，知识产权法官有能力也有意愿去完成这一任务。例如实施了二十多年的《反不正当竞争法》，其中被称为“一般条款”的第2条，就因仅高度抽象了竞争原则而难以在个案中具体适用。在司法实践中，以最高人民法院法官为代表的各法院知识产权法官们，不断总结不正当竞争行为的特征及裁判规则，并通过一个个案例，丰富和充实了该条款的内容，客观上保证了法院裁判的稳定性和一致性。此外，新成立的知识产权法院，全体法官均系择优遴选产生，他们具有扎实的法律功底和丰富的社会经验与司法经验，还拥有专业而完备的审判辅助团队，经过培养和训练，我们有理由相信他们可以掌握创设和区分先例的司法技术。应当说，知识产权法官是当前中国法官队伍中最有能力和最有可能创设案例的法官群体。

再次，在知识产权领域明确案例的拘束力不存在审级权威秩序障碍。中国难以建立案例指导制度的另一个重要原因在于，要求下级法院遵循上级法院的“案例”，但是并不存在上级法院法官的司法能力比下级法院法官更强的现实条件，对司法案例的确认、引用、甄别、推翻等工作似乎也缺乏足够权威和令人信服的实施者。然而随着知识产权专业审判机构的建立，三家知识产权法院对知识产权案件实行集中管辖，“垄断”了绝大多数知识产权案件的裁判权，在一定程度上对知识产权司法规则具有一定的话语权和影响力。在此基础上要求其遵循本院、上级法院甚至其他同级知识产权法院的先例，顺理成章且整齐易行。

最后，可观的案件数量和较高的律师水平是产生案例的基础资源。近年来，全国知识产权案件迅猛增长。据预测，仅北京知识产权法院就将保持每年 1 万件左右的案件数量，且类型全面、新颖疑难、复杂典型案件多发，集中专属管辖的知识产权确权授权类行政案件本身就具有辐射全国的效力，这为产生案例提供了先天土壤。在北京知识产权法院受理的全部案件中，由专业律师代理的案件数量将占 95% 以上。经过多年专业化积淀，知识产权领域律师的执业水平和诉讼能力已经较为突出，实现了与国际水平的接轨。同时，知识产权法律界也是律师、学者、法官交流互动学术研讨最为活跃的领域。好的案子加上专业的律师，共同为法官创设和发现案例提供宝贵的基础资源，这是当前其他领域司法审判不具备的先决条件。

## 三、建立知识产权司法案例指导制度的意义

第一，为探索以审判为中心的诉讼制度改革积累经验。

党的十八届四中全会提出要推进以审判为中心的诉讼制度改革。以审判为中心，实际上是“审判中心主义”的体现。它在知识产权民事和行政审判中强调以下两方面：一是法院裁决的作出必须以审判的方式进行；二是强调审判程序完整规范。

知识产权法院的建立承担着探索知识产权审判中国模式和中国经验的使命。因此除了实体法以外，其还将探索知识产权诉讼程序改革，建立符合知识产权案件审判规律的专门化程序和审理规则。自收案以来，北京知识产权法院边探索、边调研、边总结、边实施，对于以审判为中心的知识产权诉讼制度建设正在形成方案，每一起案件的审理都贯彻着探索庭审程序的意图，并正在形成案例。因此，程序性案例完全吻合并可以直接推进以审判为中心的诉讼制度改革。

第二，推动审学研一体化的法学昌盛。

法学的强盛，与国家治理方式和法学教育模式有关，更与司法权力运行方式有关。在尊重案例的国家，法学教育的专业地位极高，法科学生具有良好的就业前景。从司法对法学的影响来看，一方面，案例制度为法学

教育提供了案例资源；另一方面，庭审对抗制度给律师和检察官提供了展现舞台，并形成了彼此尊重的职业环境，这些对于法学院的实务教学具有直接的引导作用。

与之相对应，我国法学教育正处于危机之中，法学院重视发表论文而不重视实务教学，即使有些零星的实务教学也实难形成气候，由此导致一方面法学院毕业生的就业率排名垫底，另一方面司法实务人才供给不足，这些都与司法体制和司法政策的错位有重要关系。21 世纪初，对于社会稳定的关注使得司法转变了方向，不再提倡法院裁判和司法职业化，转而强调法院调解，这些趋势集中导致对法学教育的误导。此外，法律职业群体特别是法官生存状态的窘迫，无疑给了法科学生更为直接的打击。

法律人经不起再耽误，司法经不起再折腾。我们当代的司法者有责任在推动司法改革的同时，旗帜鲜明地引导法学教育走上务实之路。建立知识产权案例指导制度，绝不是机械的、简单化的案情对比，而是需要经过复杂的分析和论证，这一过程若非经过专业训练的律师和法官，无法完成。从这一角度来说，案例指导制度既为法学教育提供案例富矿，又为法科学生勾勒出美好的职业前景，进而促进法学教育与法律职业的无缝对接，实现法学教育、法学研究和法律职业的共同发展。

第三，彰显司法功绩。

创建知识产权案例指导制度，是司法改革的重大基础性成果。对内可以扭转以空洞数据说话而公众不理解的被动局面，对外可以使我国知识产权保护与国际规则接轨，增强我国在国际司法中的地位。此外，以知识产权案例指导制度为先驱，可为其他审判领域提供范本，促进全面实施。一旦稳定有序的案例指导体系建成，将有助于司法资源优化配置，促进司法权可持续发展，保证司法改革落到实处、见到实绩，更能保证司法权不因政治动荡而改变，引导司法权本身有序地走向法治之路。

创建知识产权案例指导制度，将对整个法治生态建设起到引导作用。案例的创设和运用将从根本上激发律师队伍的活力，倒逼司法机关、检察机关和行政机关提高司法和行政水平，带动法学教育务实创新，引导社会道德发展，启发全民法治意识提升，对整个国家法治生态建设起引导作用。

当然，知识产权案例指导体系的建立和运行将是一项艰难和复杂的工程。它有赖于最高人民法院的坚强领导和科学谋划，有赖于一整套科学的案例生成机制和筛选机制，更有赖于一线广大法官团队和法律职业者的不懈努力，虽然任重道远，但功在当代，利在千秋。

# 知识产权案例指导制度实践样本

## ——北京知识产权法院庭审实质化诉讼改革①

北京知识产权法院　杨静

【摘　要】最高人民法院在北京知识产权法院设立基地，建立中国特色的知识产权案例指导制度，已经取得较高的学术共识。该制度的建立，需要解决外部社会条件或体制条件，以及司法案例制度本身建设两大基础性问题。北京知识产权法院在审判权运行机制改革基础上，推行以“诉、审、判一致性”为核心的诉讼制度改革，解决了以法官独立审判为核心的司法体制条件问题和案例指导制度自身建设的审判程序问题，探索了一条以形式正义约束和保障实质正义、矫正司法恣意的中国案例指导之路。

【关键词】知识产权案例指导制度　法定主义　遵循先例

## 一、引言

2015 年 4 月 24 日，最高人民法院在北京知识产权法院建立了知识产权指导案例研究（北京）基地（以下简称“案例基地”），该基地的主要任务是依托北京知识产权法院的基层实践，探索建立中国特色的知识产权案例指导制度—以成文法为背景，在个案中以特定事实为基础作出的终局裁判，该裁判规则在同一司法区域内对相同或相似的其他案件发生说服效力（或称事实上的拘束力，而非法定拘束效力）的制度。②

撇开概念上的分歧，③ 关于我国建立案例指导制度的必要性，程序法领

① 原文载于《科技与法律》2016 年第 2 期，内容有修改。

② 参见傅郁林：《建立判例制度的两个基础性问题——以民事司法的技术为视角》，载《华东政法大学学报》2009 年第 1 期，第 98 页。

③ 参见傅郁林：《建立判例制度的两个基础性问题——以民事司法的技术为视角》，载《华东政法大学学报》2009 年第 1 期，第 98 页。“判例制度”的概念可能产生望文生义的效果，故现在一般使用“案例指导制度”。但后者除了同样容易望文生义、将案例限定于上级法院乃至最高人民法院的案例之外，更重要的是“指导”的行政色彩太强，而且可以随时介入。

域的专家学者已具有较高共识，理论上也已进行了较为充分的论证。[①] 知识产权案例指导制度的提出得到了知识产权法学专家的广泛支持，少数学者担心知识产权法官利用民法或其他法律的原则条款，扩充知识产权的保护范围，破坏利益平衡机制，动摇知识产权法定原则的统治地位。[②]

笔者认为，法定主义具有过分依赖立法者理性认识能力、忽视司法过程的能动性和创造性、难以很好地适应社会发展的缺陷，“法定主义的司法统治地位”的观点不能成为否认案例指导制度的理由。没有一种哲学基础可以直接用作制度设计的准则，也没有一种哲学基础可以作为一种立法或者司法的抽象原则，法定主义是为交易安全和交易便捷而设，法官若将自然权利理论、工具主义理论等任何备选的理论作为证成具体的案件判决的说明性理由，这一运用方式正是抽象性原则典型的使用方式，都不具有可谴责性。不能借具体案件判决结论的妥当与否，否定司法运用抽象原则进行说理本身。法官在个案中不断扩张权利类型和内容等所谓“造法错误”，亦非控制司法权所能杜绝的，我国现行的成文法制度中出现这种问题，恰恰说明法官动态的、个体的释法与发展法律是不可避免的。关于知识产权领域率先探索案例指导制度的可行性和必要性，笔者另文已论述。[③] 总而言之，问题不在于知识产权是否引进案例指导制度，而在于如何正当、合理地建立和运用它。篇幅所限，本文仅对知识产权案例指导制度的民事程序问题进行研究。

## 二、建立知识产权案例指导制度的路径与条件

参与新一轮知识产权案例指导制度讨论的很多知识产权学者都认为，在中国建立案例指导制度是真正的法治之路，是个百年工程，要扎扎实实

① 参见李步云：《关于法系的几个问题——兼谈判例法在中国的运用》，载《中国法学》2000年第1期，第13～22页；张骐：《判例法的比较研究—兼论中国建立判例法的意义、基础与操作》，载《比较法研究》2002年第4期，第79～94页；刘作翔：《我国为什么要实行案例指导制度》，载《法律适用》2006年第8期，第5～8页；谢晖：《经验哲学之兴衰与中国判例法的命运》，载《法律科学》2000年第4期，第29～36页；王利明：《论中国判例制度的创建》，载《判解研究》2000年第1期，第23页；陈卫东、李训虎：《先例判决·判例制度·司法改革》，载《法律适用》2003年第Z1期，第20～24页。

② 参见崔国斌：《知识产权法官造法批判》，载《中国法学》2006年第1期，第144页。

③ 参见宿迟、杨静：《建立知识产权司法判例制度》，载《科技与法律》2015年第2期，第211～217页。

潜下心来做好基础研究，打好根基。[①] 张骐教授指出，这种重要的制度不会完全自发地形成，它需要经过人们有意识地发展和建设。[②] 傅郁林教授指出，当前我国案例指导制度的建立不再是传统或观念问题，更应该说是一个技术问题，这个技术依赖于若干制度的支撑。张平教授则提出了更为具体可行的建议，知识产权法官可以率先将少数意见写入裁判文书，逐步推进法官判理和心证的公开，这对于知识产权法治发展的历史演进，以及创造案例指导制度所需要的、真正公平竞争的学术研讨环境，具有重要意义。[③]

案例指导制度的运行依赖于若干制度的支撑，美国法学家卢埃林认为，职业法官、职业律师、书面判决和现代工业化国家是案例指导制度的必要条件。[④] 英国法学家认为，有三个条件使得英国普通法得以产生：高水准的案例汇编、明晰的法院等级制度、由杰出法律家来行使上议院的司法功能。[⑤] 张琪教授总结提出建立案例指导制度的条件有二：一是来自案例指导制度之外的社会条件或体制条件；二是来自案例指导制度本身。北京知识产权法院的试行实际也印证了这一观点，其以民事审判制度为主要视点，探索了当前建立知识产权案例指导制度迫切需要的两大基础和实现路径。

## 三、以法官独立审判为核心的司法体制条件

北京知识产权法院用一年的时间，基本完成了案例指导制运行所需的初期基础配套制度准备，其核心是创造法官独立司法的体制机制环境，主要内容如下：第一，审判权运行机制的改革。遴选的主审法官全部具有知识产权相关的审判工作经验和较高的学历水平与法学专业背景，具备了学习和研究能力，实现了知识产权审判专业化的人才基础；组成了“1名法官+1名助理+1名书记员”的相对固定的审判团队，实现了人员分类基础上的法官自主权，保障法官主要精力投入审判和研究，而且有了学术研究的助手。组建相对固定的合议庭，不设固定审判长，谁承办案件谁任审判长，减少了审判系统的行政层级。全面废除个案汇报制，建立专业咨询制。院、

① 2015年6月刘春田教授在考察案例基地时的讲话内容。

② 参见张骐：《建立中国先例制度的意义与路径：兼答〈“判例法”质疑〉——一个比较法的视角》，载《法制与社会发展》2004年第6期，第98页、第106页。

③ 2015年4月张平教授在案例基地成立时的讲话内容。

④ See Karl Llewellyn, The Case Law System in America 5 (1989).

⑤ See Ruper T. Cross and J. w. Harris, Precednt in Engish Law 24 - 25 (1988).

庭长不再听取本院和下级法院知识产权个案汇报，裁判结果直接由合议庭多数意见决定，实现了合议庭独立判案和审级间独立，消除了行政权力对审判的干扰。

第二，转变了法官的考核与评价思路。尊重法官自觉自律自治，用对待教授的态度和方式对待和评价法官，转变计件工人式的管理模式，不苛求工作方式、结案数量，将评价体系的核心从案件数转换为评价裁判是否公正、令人信服和有指引意义。要求包括院、庭长在内的全体法官回归司法办案本职，专心于公正地解决个案纠纷和维系司法统一，不使法官感到动辄得咎。

第三，建立知识产权法律共同体。建立专业咨询制，由外部专家组成的咨询委员会，建立公开咨询和智力服务采购工作办法，法官审判中遇到的专业问题可咨询专业人士解决。建立起律师、专家学者参与监督司法工作的常态化工作机制和质效评价方法，初步调动起知识产权律师的积极性，知识产权法律共同体形成了一同努力构建案例指导制度的初步共识。

第四，司法公开从形式公开向实质公开转变。正在建立基于互联网络的知识产权案例指导指导服务系统，从诉状、答辩状，到审判中的程序性裁决定、庭审笔录、裁判文书（即使一审未生效）等，探索第三方大数据分析方式，将凡是能够公开的一律向社会公开。根据最高人民法院要求，坚持理论化、规范化、信息化和开放化建设，努力把基地建成“全国知识产权案例指导理论研究中心”“知识产权指导案例发现识别中心”“知识产权案例信息智能汇集中心”及“全国知识产权案例指导综合服务中心”。

第五，改革审委会职能和决策方式，开了审委会直接开庭审案之先河，使之成为真正意义上的审判组织而非幕后决策者。限定审委会的职能范围清单，根据需要调阅庭审视频或查阅案卷，必要时审委会直接开庭审理案件中涉及的重大疑难法律问题。审委会决定由委员签名确认，尝试将决定内容及理由在裁判文书中公开。下设四个专业法官会议，作为前置咨询和过滤机构，增强审委会审议决策的科学性和专业性。审委会研究具体案件时，践行亲历性和公开透明原则。解决审委会职能模糊、权责不清、公开度不足等问题。

第六，建立了符合知识产权审判特点、紧扣程序节点的当事人诉权保障与妨害诉讼行为惩处机制，一手抓法官对当事人的尊重与权益保障，一手严惩不尊重法官、不尊重对手、不尊重法律的作伪证、不诚信等妨害诉讼行为，内外兼修，建立当前条件下的最佳诉讼环境和秩序。

当然，除此之外，成熟的案例指导制度还要求司法者无论是在宪法、法律、文化以及法律共同体关系层面上，都能具有较强的独立性和权威性，同时要求上级法官和上级审判程序具有更高的权威性，这些条件还需要在长期的制度调整和司法文化培育中逐步实现。

## 四、以“诉、审、判一致性”为核心的诉讼制度要求

在完成上述法院事权范围内的基础制度准备基础上，北京知识产权法院开始实质性的着手建立案例指导机制，将“以审判为中心的诉审判一致性”作为切入点，首先破解我国特有的诉审判脱节的低层次问题，进而设计成文法思维下中国知识产权判例制度的诉讼制度指南，以示范程序的方式推动庞大的知识产权法律共同体培育案例指导思维和诉讼习惯，渐进地发展法律，节省立法成本，减少法律秩序振荡，避免“水土不服”，稳妥地启动“弯道超车”。

### （一）判例制对审与判的要求

在大陆法系国家，法官往往要通过“三段论”的推理方式将具体的案件情节中一些值得法律所关注的事实抽象出来，然后用成文法中具体的法条规定对于这种事实加以法律的评价。而在英美法系国家，法官往往首先寻求的是在历史上是否存在着类似的先例，如果存在则适用尊崇先例的原则；如果在先前的案例中找不到类似的案件，那么他们将有可能主动地“造法”，即创制某种先例。这种先例在法律的随后运作中对与之类似的案件具有某种形式上（Formal Constraints）或实质上（Substantive Constraints）的约束力。① 由于司法的本质和基本规律是一致的，纵使我们意图构建的案例指导制与英美法不同，但域外经验仍值得借鉴。

#### 1. 裁判文书的结构及其案件识别功能

判例制度的核心是遵循先例，其技术操作的核心是对先例的识别，即识别先例与后案之间的类似性，当为同案时，法官须得同判。② 对于先例的获取，应当而且只能来源于裁判文书。判例法国家裁判文书并无严格统一格式，以美国为例，常见的三类书面裁决分别是正式判决（Full - Dress O-

---

① 参见［美］迈尔文·艾隆·艾森伯格：《普通法的本质》，张曙光、张小平、张含光等译，法律出版社2004年版，第84页。

② 参见傅郁林：《建立判例制度的两个基础性问题——以民事司法的技术为视角》，载《华东政法大学学报》2009年第1期，第98～99页。

pinions)，备忘录判决（Memorandum Opinions）和即决命令（Summary Orders），[①] 其中正式判决一般遵循格式，并可作为先例援引，大致都包含：(1) 事实陈述；(2) 分析法理；(3) 案件裁判和指引。其各个部分各有判例法意义的功能，不同部分的判定对应着当事人的不同"主张"，产生不同效力。

(1) 裁判理由。只有裁判理由部分才可能产生司法先例。裁判理由是法官在个案中创设的具有法律拘束力的一般规则，既不仅限于本案当事人，又不是社会正义、公共政策等比较宽泛的一般原则，而是介于二者之间，具有法的规范形式和效力的法律规则，是判例发展为法，从而形成判例法的根本表现，也是被后案所识别和遵从的内容，具有法的规定性、权威性和强制性。这需要法官在个案裁判时跳出本案，必要时须对法律发展的历史脉络以及相关产业政策以及社会整体利益平衡进行历史、社会和经济学分析。正是承担着创设先例的功能，美国的法官对于裁判理由部分的撰写和论述才充满激情，反过来，对于正义的激情和扮演立法者的动力使得法官会尽力使自己的判决更加的完美。概言之，裁判理由至少应符合说理性、抽象性和概括性及历史性等基本要求。

(2) 法律事实与客观事实。只有事实部分才能判断是否"同案"。为了让读者了解案件情况，作为先例的裁判文书需要充分介绍案件事实。识别与区分程序规则要求，用于比对的不是当事人双方主张和举证意图证明的客观事实，而是法庭经过庭审查明后认定的法律事实，它是作出法律裁判的对象，也是同案识别的对象。因为没有完全相同的两个案件，法官必须判断本案与先例事实相同部分和不同部分，分析哪一部分是重要的，进而判断是否按照重要部分相同的先例规则作出裁判。整个判断过程判断必然带有主观性，法官会受到当前社会环境、司法政策、科技发展、自身偏好等各种因素的影响，并且无法回避法律规则与事实相互交织的情况，法官在裁判过程中必须"要心中充满正义，目光往返于规范与事实之间"。相应的，裁判文书应当清楚完整介绍事实以及认定事实的依据，同时表明法官作出如此认定的逻辑推理方式和理由。

(3) 争议焦点。争议焦点对于判例的运行至关重要，它是法官对本案推理和判决以及后人寻找先例的指路标，只有清晰准确地界定一个案件要解

---

① 参见美国联邦司法中心编：《法官裁判文书写作指南》，何帆译，中国民主法制出版社 2015 年版，第 9 页。

决的问题，法官才基本上有一个裁决概念范围，确定判例所涉及的法规属于哪一类。判例法国家法官一般会在判决中明确指出争议焦点，如果法官没有明确指出，那么往往也在双方当事人所主张的内容中可以得知，这就要求对于双方当事人的主张及观点理由，有详细充分的描述。

2. 庭审对抗与庭审实质化的价值

司法判例是法院输出正义的产品，审理程序是产品的生产规则和工艺，它直接决定着裁判结果的水平，具有独立价值。判例法国家庭审制度采用对抗制度（即当事人主义），要求法官、律师、检察官、当事人和陪审团一起在法庭上集中进行诉讼活动，通过诉讼各方证据上的强弱、多寡以及律师在法庭上高度专业化的“决斗”，帮助法官认知和查明事实真相，法官必须严守中立性的要求虽然抵消掉纠问式诉讼中法官主动掌握信息的好处，但专业律师之间的对抗性客观上使得法官能够不失偏颇，兼听双方，从而保证裁判在形式与规则上的正义性。英美法系有效的庭审对抗，依托于庭前会议、专业和高水平的法官助理及律师、事实与法律分工的审理程序以及一系列庭审程序规则。

3. 普通法的类比推理

类比推理是判例制度下的一种重要推理形式，是法官和律师都需要经年培养并熟练掌握的司法技能，其基本内涵是，如果两个事物在某些方面相似，那他们在其他方面（或应视为）相似。① 虽然这种推理是概率性的（给定了某些相似性，其他的相似性的存在，仅具有可能性而非确定性），仍在普通法先例识别与比对中发挥了重要作用。类推思维的典型形式大致可以分为 5 个步骤：（1）某种实施模式 A（即“源”案例）有某些特征，我们可以把这些特征称作 X、Y 和 Z；（2）某种实施模式 B（即“目标”案例）有特征 X、Y 和 A，或者 X、Y、Z 和 A；（3）A 在法律中是以某种方式处理的；（4）在思考 A、B 及其之间相互关系的过程中建立或发现了一些能够解释为什么那样处理的原则；（5）因为 A、B 有共同之处，B 应当得到同样的处理。②

### （二）中国知识产权审判的问题与差距

反思当前我国知识产权审判实际，无论是裁判文书的识别功能，还是

---

① 参见［美］布莱恩·H·比克斯：《牛津法律理论词典》，邱昭继、马德华译，法律出版社 2007 年版，第 6 页。

② 参见［美］凯斯·R·孙斯坦：《法律推理与政治冲突》，金朝武、胡爱平、高建勋译，法律出版社 2004 年版，第 77 页。

庭审价值发挥方面，均难以满足案例指导制的要求。一方面，知识产权审判带有一些普遍性的问题，例如，（1）有时庭审“形式化”“仪式化”“虚置化”，缺少庭前会议和证据交换，不总结争议焦点，缺少必要的诉讼指导、焦点释明和心证开示，导致庭审焦点不集中，节奏冗长，法庭辩论与举证质证过程中具体细节事实的查明相脱节；（2）有时延续纠问式作风，在当事人发言时不予以注目，不当打断律师的发言；（3）有时庭审小结缺失，当庭认证率极低，法官庭上不对任何法律观点、证据以及能够认定的事实表明态度，使人产生庭后暗箱操作的合理怀疑；（4）有些裁判文书缺乏对证据和事实的分析与认定，拒绝表明当事人各方主张、证据与论辩和质证的过程，缺少法官对证据的采信理由以及推定事实的心证过程，直接作出对证据和事实认定的结论；（5）有时选择性裁判。将未经庭审争辩的内容写入裁判，有意无意地忽略或省略当事人关注和争辩的焦点问题；（6）有些裁判文书缺少说理，从“本院认为……”开始一直到判决主文，都是概括性说理，使读者犹如雾里看花，晦涩难懂；（7）有些法律适用不准确，或者在适用法律方面出现裁判突袭。

另一方面，知识产权审判还具有一些自身的问题，例如，（1）危险而随意的自然权观念。司法实践中确实存在着一些类似“电视节目表”①“互联网商业模式保护”② 等案件，法官在个案中根据当事人的劳动投入（包括资产投入甚至商业竞争手段）及商业损益，利用原则性条款等对于未构成法定知识产权的所谓“合法权益”予以保护。这种在个案中随意的以自然权利论来支持裁判“道德上的正义”，疏于站在更高的社会公共利益平衡角度思考问题，导致个案擅自创设的知识产权无法回应地域性、时间性、权利穷竭、权利保护期限、权利限制以及知识产权权利人的“圈地行为”③ 等种种挑战，对知识产权法的稳定性造成危害。（2）僵化适用法定主义，缺少适用产业政策论的智慧。以法无明文规定为由，对科技产业发展的需要坚持不予回应。例如，在美国、日本、韩国、欧盟等均已将 GUI 纳入专利保护客体的国际大趋势下，在我国专利审查指南作出删除图案中对于非固

① 参见崔国斌：《知识产权法官造法批判》，载《中国法学》2006 年第 1 期，第 144 页，第 146 页。

② 例如，在“优酷诉金山猎豹浏览器拦截广告不正当竞争案”中，法院明确保护商业模式，参见北京市第一中级人民法院民事判决书（2014）一中民终字第 3283 号。

③ 参见张平：《知识产权制度基本理论之讨论》，载《科技与法律》2011 年第 4 期，第 27 期。

定显示的电子图案的限制之修改以前，[①]司法对于当事人依据著作权法或专利权法提出的GUI保护请求，几乎没有作出有力的支持之裁判，未能对GUI予以保护，从而导致我国软件产业整体竞争不利。（3）缺乏灵活找法、释法的司法智慧。知识产权法官并非简单地套用法律就可以得出答案，科技进步带来知识产权司法永远面临的难题，有时法官面临在对与对、正义与正义以及不同的价值之间作出选择，此时需要法官解释和运用法律的智慧。我国法官在面临这种难题时，缺乏对科技进步相关的社会学分析与经济学分析训练，同时也缺乏对于特定历史时期国家产业政策以及世界产业博弈格局的透彻认识，容易被发达国家知识产权制度“万花筒”一般的演进历史所误导。例如，在“微信商标行政案”中，[②]法院似乎面临在两种正义之间做出选择的难题，一方面是商标申请人基于申请行为产生的对特定符号的先占利益和未来对特定符号的使用可能产生的期待利益；另一方面是庞大的微信用户已经形成的稳定认知和改变这种稳定认知可能形成的较大社会成本，此时法院援引“不良影响条款”作出有利于后者的选择，在裁判结果和法律适用上引发争议，有学者提出，《商标法》第8条关于注册商标实质要件的一般规定似乎更加顺理成章和彰显智慧。[③]（4）类比推理能力不足，受大陆法系“三段论”法律推理传统的影响，大多数知识产权法官缺少类比推理的训练，缺少对在先案例识别与区分的技术能力。（5）在理论深度和理性论辩的智慧方面仍需加以训练。或者是缺乏从全局利益平衡方面以及产业政策方面进行考虑，或者是缺乏续造法律规则的能力。还有不少法官还没有认识到法律和法官的局限性，不敢袒露自己在面临疑难问题时的困惑，不能光明正大地承认自己只是诸多可能的结果中选择了一个自认为还不错的方向。（6）法律共同体的作用发挥不足。知识产权法学教育

---

① 2014年3月17日，国知局发布了第68号令，决定对《专利审查指南》修改，新的审查指南于2014年5月1日施行。本次修改的重点在于增加了图形用户界面的产品外观设计专利。删除《专利审查指南》第一部分第三章第7.2节第三段最后一句“产品的图案应当是固定的、可见的，而不应是时有时无的或者需要在特定的条件下才能看见的。”学者对此解读认为：构成外观设计的是产品的外观设计要素或要素的结合，其中包括形状、图案或者其结合以及色彩与形状、图案的结合。本次修改将审查指南中图案中对于非固定显示的电子图案的限制进行了删除，从而使得电子图案可以作为外观设计的要素。

② 参见北京知识产权法院行政判决书（2014）京知行初字第67号。鉴于本案事实已被广泛援引，本文不再专门介绍案情。

③ 参见孔祥俊：《论商标法的体系性适用——在〈商标法〉第8条基础上的展开》，载《知识产权》2015年第6期，第3页、第6页。

与法律服务和司法审判职业关联度高，知识产权法律共同体具有有圈子小、学术交往频繁、知识更新快等特点，建立知识产权案例指导制度并非法院一家之事，当前制度设计缺乏知识产权法律共同体参与的机制，特别是缺少律师主动寻找先例的激励和约束机制，律师参与案例指导制度运行的工作职责和程序不清，律师在辅助法官寻找、解释、发展和续造法律方面的作用有待加强。

在通往案例指导制度的道路上存在种种障碍，有的来源于受大陆法系影响所形成的司法习惯与传统，有的来源于诉讼制度设计的功能定位本身的差异，还有的来源于司法裁判的整个生产流程出现了不应有的问题。概言之，当前中国知识产权司法审判情况复杂，低级问题与高级问题共存，低级问题是诉审判不一致的问题（由于种种原因，可能包括无奈的不一致、错误的不一致，和有意的不一致），高级问题是法官律师等法律共同体尚未做好方法论的准备。

## 五、通往案例指导制度的路径："以庭审为中心"的审判程序设计

既然新制度都不可能自发建立，面对复杂的情况，北京知识产权法院选择尊重法官的成文法思维和习惯，分别制定了《诉审判一致性审判规范》（以下简称《一致性规范》）和《指导案例遵循与参照程序指南》（以下简称《指南》），力图在纠正诉审判不一致的低层次问题的同时，建立起遵循在先案例的行为方式和程序规则，边"破"边"立"。

诉审判一致性规范，概指一整套位于诉讼法框架之下、符合案例指导制度要求的庭审与裁判规则，其目标是保障当事人诉与辩的主张和代理人的代理意见在庭审与裁判中得到准确、完整、恰当的审理与回应，确保诉辩、庭审与裁判相互匹配、相互一致、相互衔接，解决诉审判不一致的低层次问题，同时建立起约束司法肆意、发挥法律共同体智慧、倒逼裁判说理和程序对抗的刚性机制。其基本内容可以概括为六个方面：

第一，"无争议不庭审"。对于当事人无争议的事实，经过必要的实质审查后，可以不进入庭审，而直接在裁判文书中确认。该规范旨在突出庭审重点，还原庭审听讼的本意，节省诉讼成本、提高诉讼效率。其配套措施包括：（1）法院可根据案件需要，召开庭前会议，由法官或助理帮助当事人厘清并固定无争议的事实，经过必要的实质证据审查后，纳入庭前审查报告或记入笔录，由双方当事人确认。（2）当事人做出与已经初步固定的

事实相反或矛盾的表述，都必须纳入庭审程序查明确认。

第二，“凡诉必审”。凡是当事人有争议的问题、凡是裁判所依据的法律及所遵循的在先案例，都必须开庭审理，并保障当事人充分发表意见。该规范旨在保障当事人诉讼争议和论辩理由全部进入审理范围，不被遗漏，避免裁判突袭。其具体措施包括：（1）法官或助理指导当事人（庭前）总结、归纳、匹配诉辩焦点并（签字）确认，经过法院释明仍然存在分歧的，任何一方当事人所认为的争议焦点均应当确保纳入庭审。庭审中新出现的焦点问题，也应当及时固定并审理。（2）凡是有争议的事实和证据须在法庭上出示和审查，不必受限于诉讼程序先审证据后进行全案法律辩论的形式约束，可以根据案件情况，进行一焦点一质证一论辩的“焦点式审判”。（3）当事人按照规范格式提交在先案例支持其诉讼主张，法官不得拒绝，否则说明理由。（4）法官主动参照的在先案例或当事人提交的在先案例，都应在庭审中告知全体当事人，并保障各方当事人有针对在先案例发表意见的机会。（5）法官意图在裁判中适用的法律若与当事人主张或认可的法律不一致时，应在庭审中释明。

第三，“当判则判”。凡是能够在庭审上作出判断的事项，应及时当庭作出判断。旨在保证事实查明、诉辩交锋都在庭审中完成，保障审判的对抗性，确保法官认真听审，及时下判，避免暗箱操作和庭后干预。其具体措施包括：（1）凡是已经出示原件的证据，除非特别疑难，法官应当当庭对真实性、合法性和关联性作出判断。（2）凡是能够确认的部分事实和法律结论，应当当庭确认。（3）休庭或闭庭前应当进行法庭小结，小结中已经确定的事实在裁判文书中不得变更，否则须经过重新庭审。

第四，“凡争必判”。凡是当事人在庭审中争议的问题和提交的在先案例，在裁判文书中必须逐一予以回应并说明具体理由。该规范旨在避免法官选择性裁判或拒绝裁判。其配套措施包括：（1）裁判文书应当明确焦点，并围绕焦点阐明各方的主张、证据、事实和法律意见，并做出对事实的认定和法律的论述。（2）裁判文书不得省略庭审中争议的焦点。（3）有条件时，诉辩意见、证据事实等部分直接从律师代理词中引用，或由律师撰写。

第五，“非审勿判”，未经过庭审争辩的内容，不得写入判决，否则视为无效。其内涵在于，防止裁判突袭或裁判任性，鼓励法律适用的心证公开。其具体措施包括：（1）法官应当在双方当事人法律意见中，选择法律适用，否则应当告知当事人并听取意见。（2）未经过庭审或（其他方）当事人发表意见的证据和事实，不得作为判决。

第六，“遵循在先案例”。鼓励当事人提交在先案例支持自己的主张，对于当事人提交的在先案例，法官应当审查并在裁判文书中对是否遵循和参照说明理由。下级法院应当主动遵循上级法院的在先案例，本院在后裁判应当主动遵循在先案例，否则应当说明理由。对其他法院的在先案例也要保持必要的参考和尊重。关于遵循在先案例，知产法院专门制定了《指导案例遵循与参照程序指南》，其中指明了哪些案例应当遵循，哪些案例可以参考，法官在何时应当创设在先案例，当事人提交在先案例的程序和规则，法官撰写裁判文书以及识别和引证在先案例方法，以及在先案例摘要、汇编、整理与发布的规则和机制。《指南》意图提出创设在先案例、遵循在先案例、参考在先案例的司法行为与程序规范，帮助法官养成尊重在先案例、充分说理、主动创设在先案例的职业习惯和传统，提高知识产权法官法律推理、逻辑推理能力，确保案例指导制度的规范运行，同时形成全社会特别是律师、学者共同监督司法的制度机制，培育法律共同体对案例指导制度的主动探索和经验共识。

## 六、评价和余论

党的十八届四中全会要求“推进以审判为中心的诉讼制度改革，保证庭审在查明事实、认定证据、保护诉权、公正裁判中发挥决定性作用”。尽管该项改革多关注刑事审判，然而知识产权审判的庭审中心功能远未充分发挥。当前中国建立知识产权案例指导制度，目标不可谓不宏大，问题不可谓不复杂，此时更需充分关注制度设计正当性和可行性，否则非但不能达到预期效果，而且蕴藏着新制度无法承载的负面效应和风险。

北京知识产权法院在基础制度准备的基础上，推进以审判为中心的知识产权民、行诉讼制度改革，确保诉、审、判一致性，恢复庭审查明事实、裁判输出法律的本来面目，确保遵循在先案例得以实质性的程序依托，倒逼法官成为真正独立公正的司法者，减少改革推进的质疑和阻力，激励法官创设出高水平裁判。以程序正义为切入，方法和措施未必精准，但至少给这一法治中国语境下的百年大计工程，在认识论和方法论上提供了实证经验。

# 论我国案例指导制度的构建与完善

## ——以知识产权审判为视角

北京知识产权法院　许波

**【摘　要】**案例指导制度是最高人民法院在当前司法改革中构建的一项具有中国特色的司法制度。以知识产权审判为视角，指出案例指导制度在我国司法实践中尚未有效落地，指导性案例在数量、范围、援引情况、援引方式等方面还存在不足。各方面观念尚未达成共识、缺乏外部配套机制、裁判说理不足、缺乏专业技术平台、制度设计本身存在缺陷等均影响到案例指导制度的有效实施。目前要争取在更大范围内尽快形成共识，并以知识产权审判作为突破口进行先行先试，从外部配套机制和内在制度设计两方面入手，推动我国案例指导制度的不断发展和完善。

**【关键词】**案例指导制度　指导性案例　知识产权审判　北京知识产权法院

自 2011 年 12 月 20 日发布指导性案例以来至 2017 年 1 月，最高人民法院已发布指导性案例共计 15 批 77 件，其中包括 10 件知识产权案件，占比达 13%。在近两年发布的 6 批次 33 件指导性案例中，共有 7 件知识产权案件，占比高达 21%，最高人民法院在知识产权审判领域加强案例指导的意图可见一斑。司法实践中，部分知识产权法官也开始通过个案审理，深入探索案例指导制度的实际运用，产生了积极影响。基于此，本文以我国知识产权审判中的最新实践探索为基础展开研究，以期对完善我国案例指导制度有所裨益。

### 一、缘起：司法案例与案例指导制度

2005 年，《人民法院第二个五年改革纲要》首次提出要“建立和完善案例指导制度”。该制度是最高人民法院根据中央关于司法改革的决策部署，为总结审判经验、加强监督指导、统一法律适用、提高审判质量、维护司法公正而建立的一项具有中国特色的司法制度，旨在通过统一发布对全国法院审判、执行工作具有普遍指导意义的典型案例，规范法官自由裁量权，

着力解决类似案件或者案情基本相同的案件处理结果不相同的问题，同时通过典型案例发挥司法规范、指导、评价、引领社会价值的重要作用。[①]

事实上，在先司法案例对后案审判的影响在我国一直存在。1956 年，全国司法审判工作会议提出要分类分批汇编案例用以指导审判。1962 年，《关于人民法院工作若干问题的规定》明确要求“总结审判工作经验，选择案例，指导工作”。1985 年 5 月，《最高人民法院公报》开始向社会公布各类典型案例。[②] 2010 年 11 月 26 日，《最高人民法院关于案例指导工作的规定》（简称《案例指导规定》）发布实施，标志着我国案例指导制度正式确立。有学者指出，随着案例指导制度的建立，指导性案例成为我国具有特色的法律规则载体，并将在我国司法实践中发挥重要作用。[③] 2011 年底，指导性案例正式进入公众视野。2015 年 5 月 13 日，《〈最高人民法院关于案例指导工作的规定〉实施细则》（简称《案例指导实施细则》）发布实施，进一步完善了我国案例指导制度。

近些年，我国部分地方法院也以各种形式探索发挥在先司法案例的审判指导作用。例如，郑州市中原区人民法院从 2002 年开始探索“先例判决制度”。[④] 之后，天津市高级人民法院在民商事审判中实行“判例指导”，[⑤] 四川省高级人民法院在全省确定 10 个基层法院试点案例指导。[⑥] 作为整建制推行司法改革的专业化法院，北京知识产权法院更是自 2014 年 11 月建院起，即将知识产权案例指导制度作为提升裁判水平和推进司法改革的重要抓手，进行了一系列的探索和创新，为完善我国案例指导制度提供实践素材和试验样本。[⑦] 目前，在北京知识产权法院的诉讼活动中，检索、运用在先案例已经成为一种较为普遍的司法习惯。

---

① 周强：《充分发挥案例指导作用促进法律统一正确实施》，载中国法院网，http：//www. chinacourt. org/article/detail/2015/01/id/1527179. shtml，最后访问日期：2016 年 6 月 2 日。

② 《最高人民法院发布加强案例指导工作情况》，载中华人民共和国最高人民法院网站，http：//www. court. gov. cn/zixun – xiangqing – 14623. html，最后访问日期：2016 年 8 月 26 日。

③ 陈兴良：《案例指导制度的法理考察》，载《法制与社会发展（双月刊）》2012 年第 3 期，第 73 页。

④ 李广湖：《谈先例判决制度》，载《人民法院报》2002 年 9 月 20 日。

⑤ 田浩为：《〈关于在民商事审判中实行判例指导的若干意见〉的理解》，载《中国法学文档·第二辑》，中国政法大学出版社 2005 年版，第 43 页。

⑥ 四川省高级人民法院、四川大学联合课题组：《中国特色案例指导制度的发展与完善》，载《中国法学》2013 年第 3 期，第 37 页。

⑦ 北京知识产权法院在受理的第一起行政案件即（2014）京知行初字第 1 号案中即援引遵循了上级法院在先生效裁判中的相关裁判规则。

## 二、问题：案例指导制度有效落地了吗

一项全新制度（尤其是对传统行为方式带来巨大变革的制度）的真正落地并付诸实践通常并不容易。回望检视过去十余年司法实践，案例指导制度[①]在我国还难言有效落地，主要表现在三个方面：

### （一）指导性案例的数量不足、范围有限

2015 年，全国各级人民法院共受理案件 1952.7 万件，[②] 而现有指导性案例仅 77 件，二者在数量上反差巨大。具体到知识产权审判领域，2013～2015 年我国知识产权案件数量逐年快速上升，分别为 115 483 件、133 863 件和 149 238 件，[③] 与现有的 10 件知识产权指导性案例同样差异悬殊。

在知识产权案件审理中，立法与司法实际、社会发展之间的不协调也愈发突出，出现了标准必要专利、图形用户界面、深度链接、商品化权等立法时不曾预料、司法解释亦鲜有涉及的新情况，也出现了贴牌加工、体育赛事著作权保护、专利权利要求修改超范围等很多法律适用上的争议问题。另外，在知识产权案件中，行为保全、管辖异议、中止审理、司法鉴定、举证妨碍等程序性问题往往是后续实体裁判的关键，也多是审理中的难点和模糊地带。这些问题都亟需在立法和司法解释之外，以司法案例的形式及时补充更加具体、更具有指引意义的裁判规则。

然而，通过分析现有 10 件知识产权指导性案例[④]所确立的裁判规则可以发现，在专利方面仅包括临时保护期的保护和专利权保护范围明显不清时的侵权认定问题；在商标方面仅为具有地域性特点的商品通用名称的认定问题；在著作权方面仅涉及计算机软件著作权保护问题，具体为将软件运行的输出数据设定为特定文件格式以防其他竞争者读取的行为是否属于著作权法所规定的技术措施，以及举证妨碍和计算机软件实质性相同的认定；在不正当竞争方面所确立的规则相对较多，但也仅限于竞争关系对不正当竞争行为认定的影响、知名商品及其特有包装、装潢的认定、互联网

① 本文所探讨的案例指导制度不仅指最高人民法院发布的指导性案例对审判的指导，还包括在先案例对审判所产生的指引和影响。

② 参见最高人民法院院长周强 2016 年 3 月 13 日在第十二届全国人民代表大会第四次会议上所作的《最高人民法院工作报告》。

③ 分别参见最高人民法院 2013－2015 年发布的《中国法院知识产权司法保护状况》。

④ 分别为第 20、29、30、45、46、47、48、49、55、58 号指导案例，其中包括侵害专利权纠纷 2 件、侵害商标权及不正当竞争纠纷 6 件、侵害计算机软件著作权纠纷 2 件。

竞价排名下的企业名称保护、互联网服务经营者在搜索结果前强行弹出广告行为的不正当性认定以及涉及老字号的不正当竞争行为认定。同时，通过分析现有77件指导性案例可以发现，其更侧重于实体问题而对程序性问题重视不足，[①] 且其中无一涉及到与知识产权相关的程序问题。由此可知，现有指导性案例所确立的裁判规则与当前知识产权审判中所面临的新型、疑难、复杂问题存在着较大差距，所覆盖的案件范围及所能发挥的类案指导作用也均较为有限。而且，现有知识产权指导性案例所解决的均为民事纠纷，尚未出现知识产权行政和刑事方面的指导性案例。

（二）指导性案例被援引情况不详

有学者指出，案例指导制度的真正落地，是以已发布的指导性案例在后案审判中被实际援引为标志，明确地将指导性案例表达在后案的判决书里面。[②] 但现实情况却是，指导性案例在我国司法实践中被援引情况不详，其是否已被后案审判所实际援引并无权威的官方数据。有研究专门针对截至2015年11月25日发布的56个指导性案例，以"北大法宝－司法案例库"中的数据为基础，以2015年为时间区间进行了调研，发现该年全国共有241篇裁判文书共计援引了25个指导性案例（较2014年分别增加了85篇裁判文书和3个指导性案例）。但除第24号指导案例被援引103次外，其他指导性案例的援引次数均未超过20次，且有31个指导性案例自发布以来尚未被援引过。姑且不论该调研的权威性，也不考虑指导性案例可能存在被"隐性援引"[③] 的情况，但至少仍然能从一个侧面反映出指导性案例在我国司法实践中的运用情况并不理想。

在知识产权指导性案例方面，如前所述，由于现有的10件指导性案例覆盖范围有限，故上述调研报告载明仅第29号和第45号指导案例分别被援引了1次，[④] 涉及的都是与互联网相关的不正当竞争纠纷。值得关注的是，北京知识产权法院自建院以来到2016年10月底，共在168起案件审理中援

① 仅有11个指导性案例涉及程序问题，占比仅为17%。

② 刘作翔：《中国案例指导制度的最新进展及其问题》，载《东方法学》2015年第3期，第44页。

③ 即法官虽然在实质上系参照指导性案例作出裁判，但并不在裁判文书中明确指出相关指导性案例。

④ 《最高人民法院指导性案例司法应用年度报告2015》，载北大法律信息网，http://www.chinalawinfo.com/AdHtml/20151224/fulltext.html，最后访问日期：2016年7月26日。

引了各级人民法院作出的在先生效裁判279份,[①] 但其中并无指导性案例。[②] 该情况一方面表明现有指导性案例远远不能满足知识产权司法实践需求，另一方面也说明在指导性案例之外，其他的在先司法案例同样能够为司法实践提供有效指引。

（三）案例援引表述方式不规范

在指导性案例之外，司法实践中还存在着援引其他在先司法案例的情形，但现有援引方式并不规范，也未形成统一标准：

一是当事人和律师援引主张指导性案例和在先司法案例（以下合称先例）的方式不规范。仍以知识产权诉讼为例，部分当事人和律师虽然已较为习惯检索和提交先例，但就整体而言，由于缺乏明确的规则指引，当事人和律师在援引主张先例时还存在着不少问题。例如，部分当事人和律师提交大量与在审案件明显无关的先例，部分则习惯于或选择性地在开庭审理时提交先例，使得对方当事人难以进行有效答辩；部分提交的先例来源于非官方的互联网查询，难以确认其真实性及是否已经生效；部分仅提交先例而不说明先例与在审案件之间的关系，以及应当予以遵循的具体理由。

二是法官援引评述先例的方式不规范。一方面表现为部分法官以先例不属于我国法律渊源为由，对当事人和律师提交的先例不予置评，或仅对先例进行“隐性援引”；另一方面表现为援引评述方式各异。仍以北京知识产权法院2015年援引先例的83起案件为例，法官在援引先例时存在着“审理法院+裁判日期+案号”“审理法院+案号”“**年**诉**案”等多种形式，并以“在先判决”“已生效判决”“在先案例”等多种方式指称先例，且将先例的作用表述为“参照”“参考”或“借鉴”等。

这些不规范或不一致至少表明，当前对案例指导制度的相关概念及其具体运用方式尚不清晰，也缺乏有效操作指引，从而导致在实践探索中出现了一定程度的混乱。

## 三、成因：兼评《案例指导规定》和《案例指导实施细则》

《案例指导规定》和《案例指导实施细则》搭建起了我国案例指导制度

---

① 分别为最高人民法院31件、高级人民法院132件（其中北京市高级人民法院117件）、中级人民法院92件（其中北京市各中级人民法院75件）、基层人民法院24件（其中北京市各基层人民法院16件）。

② （2014）京知行初第23号行政判决中援引了之后被作为第55号指导案例发布的最高人民法院（2012）民申字第1544号民事裁定，但由于援引时尚不属于指导性案例，故此处统计时不计入。

的基本框架，但如前所述，案例指导制度在我国司法实践中并未有效落地，主要原因在于：

### （一）各方面观念尚存差距

目前，由最高人民法院推动建立的案例指导制度还没有得到立法部门等有关方面的明确认可，仍有观点认为案例指导制度实质上就是“法官造法”。还有学者指出，案例指导制度不是一个纯粹的司法问题，而是涉及司法权与立法权之间关系的政治问题，可能会产生司法权与立法权的权限重新划分。根据《宪法》《立法法》规定，司法制度属于全国人大及其常委会的专属立法权限。案例指导制度属于重大的司法制度，必须由法律规定，仅由最高人民法院发布指导意见，其合宪性和合法性值得质疑。① 即便在法院系统内部，也存在着一定分歧。北京市高级人民法院就曾明确指出，北京知识产权法院在判决中直接评述生效判决的做法存在不当。② 而对包括法官、律师在内的大部分司法从业者而言，即便对案例指导制度不持异议，但也未必真正了解该制度的内涵及其具体运行机制，或是认为案例指导制度、指导性案例等离司法实践尚远，没有给予充分重视。这些观念上的不一致、不清晰、不到位，直接影响到案例指导制度的落地实施。

### （二）缺乏配套约束机制

我国不是判例法国家，先例不是法律渊源，对后案审判不具有法律拘束力。因此，法官判案不受先例约束，同一法院甚至同一法官对相同或类似问题前后作出不一致的裁判在司法实践中并不鲜见。即便因为不遵循先例而在后续诉讼程序中被改判，法官也不会当然地承担相关责任，或者对其个人业绩考核或职业发展产生不利影响。

《案例指导规定》和《案例指导实施细则》尽管要求各级人民法院在审理类似案例时应当参照指导性案例，但并未规定不予参照的后果。指导性案例在拘束力方面尚且如此，其他先例所能发挥的实际效用将更加有限。正是由于先天不具有拘束力以及后天缺乏约束机制，使得法官往往对先例表现出较强的随意性、选择性，在诉讼活动中也缺乏对当事人、律师援引主张先例进行规范指引的动机，致使先例长期以来都难以有效发挥统一裁判标准的作用。

---

① 李仕春：《案例指导制度的另一条思路——司法能动主义在中国的有限适用》，载《法学》2009 年第 6 期，第 71 页。

② 参见北京市高级人民法院（2015）高行（知）终字第 3590 号行政判决书。

### （三）裁判说理存在不足

先例的审判指导作用并不取决于其作出时间或作出法院层级，而是其所确立的裁判规则及其对该规则的说理论证能够使在后裁判者信服。有学者指出，在简短的判决书基础上不可能形成先例制度，① 究其原因就在于简短的判决难以进行令人信服和有指引意义的充分说理。

在我国成文法体系下，先例对后案审判所形成的“事实上的拘束力”并非法律上的强制约束，不是将先例作为裁判的法律依据加以适用，而是基于司法行为规范化的考量，要求法官在判理部分将先例裁判规则作为判决理由进行援引阐述。法官可以不遵循先例，但必须在裁判理由中充分说明不予遵循的理由。从这个角度而言，先例“事实上的拘束力”本质上所形成的是一种对后案“实质上的说服力”，因此也对裁判说理提出了更高的要求。但在我国司法实践中，裁判说理不充分恰恰最广受诟病。对于当事人的诉辩意见，司法裁判经常给人以说理不透彻、说服力不强之感，甚至仅简单地以“缺乏事实和法律依据”为由驳回，同时也存在着选择性说理或说理游离于诉辩意见之外的情形。显然，裁判说理上的不足难以使后案法官产生内心认同感，无法起到审判指导作用，并损及司法权威。

### （四）缺乏支撑案例指导制度运行的专业技术平台

案例指导制度的有效运行必须确保恰当的先例被恰当发现。这一方面要求生效裁判文书的及时全面公开，另一方面也需要支撑制度运行的专业技术平台。2016 年 3 月 31 日，最高人民法院推动建设的“法信”平台正式上线，② 为案例指导制度提供了丰富的内容资源支持。但是，真正服务于案例指导制度的专业技术平台不能仅局限于司法数据资源，其整体设计架构应以服务司法审判全流程为目标，并与案例指导制度高度贴合。概言之，该平台应当最大限度地汇集先例，同时借助大数据、云计算、人工智能等高科技手段，使用户能够检索到特定司法辖区内具有指引意义的先例及其在时间和空间维度上被援引、遵循、参考、推翻等动态情况，反映法律规则的动态演进过程和相关司法积累，并为先例指引裁判提供技术支持，国内现有数据库尚不具备此方面功能。

---

① 张骐：《建立中国先例制度的意义与路径：兼答〈“判例法”质疑〉》，载《法制与社会发展（双月刊）》2004 年第 6 期，第 111 页。

② 周强：《加强智能化应用推进智慧法院建设》，载最高人民法院网，http://www.court.gov.cn/fabu-xiangqing-19052.html，最后访问日期：2016 年 7 月 20 日。

### （五）现有案例指导制度有待完善

1. 关于指导性案例的范围

《案例指导规定》第一条将确定和发布指导性案例的主体限定为最高人民法院，确保指导性案例效力能够辐射全国法院的审判、执行工作。如此设计的优势在于能够保证指导性案例的权威性和制度运行初期的妥适性，但弊端也显而易见，直接导致了指导性案例产出的严重不足，也使能够根据现有制度设计发挥审判指导作用的案例被局限在狭小的范围。一定程度上，目前的案例指导制度还只是最高人民法院的“独角戏”，大量由各高、中级人民法院作出的具有指导意义的裁判，或是在特定司法辖区范围内具有典型意义的裁判，或是已经在司法实践中被多次援引的先例，还无法通过有效途径进入现有制度框架之内，影响了案例指导制度作用的发挥。

2. 关于指导性案例的认定标准

《案例指导规定》第二条列举了能够被认定为指导性案例的情形，但其中还存在着不合理之处。例如，对于第（一）项“社会广泛关注的”情形，即有学者指出，案件在法律适用上没有争议的，即便公众广泛关注，似乎也不应成为指导性案例。社会关注度高的案件，只有同时符合法律适用问题突出的情形的，才能成为指导性案例。[①] 对于第（四）项“新类型的”案例，由于相关问题尚欠实践检验，是否适宜立即上升为指导性案例指导后案审判，也需慎重考虑。虽然《案例指导实施细则》第二条对指导性案例作出了更符合制度本意的定义，规定“指导性案例应当是裁判已经发生法律效力，认定事实清楚，适用法律正确，裁判说理充分，法律效果和社会效果良好，对审理类似案件具有普遍指导意义的案例”，但不足之处也在于缺乏更为具体的认定标准。

3. 关于指导性案例的拘束力部分

根据《案例指导实施细则》第三条的规定，指导性案例由标题、关键词、裁判要点、相关法条、基本案情、裁判结果、裁判理由以及包括生效裁判审判人员姓名的附注等组成。第九条要求“应当参照相关指导性案例的裁判要点作出裁判”，即裁判要点是指导性案例中具有拘束力的部分。

结合已发布的指导性案例可知，其已不再是原裁判本身，在关键词、裁判要点等方面均经过了后期加工。有学者指出，通过案例指导制度的组织化程序，最高人民法院将自己的意思注入到原裁判中，并集中表达于

---

① 周光权：《刑事案例指导制度——难题与前景》，载《中外法学》2013 年第 3 期，第 483 页。

"裁判要点"，使之"升格"发生先例拘束力。这就意味着"裁判要点"是最高人民法院从原裁判（个别规范）中提炼出来的一般规范，其意思主体是最高人民法院而非原裁判。① 但由于裁判要点可能并非由裁判者本人撰写，裁判原意存在转递丢失或曲解的风险，且为体现最高人民法院审判指导意志而归纳提炼得出的裁判要点在一定程度上脱离了案件本身，很可能使后案参照时仍不得不对抽象的裁判要点进行再解释，从而产生理解和适用上的偏差。因此，有学者建议作为指导性案例的原判决应当在各数据库公布，这对于案例事实抽取、参照等均有重要作用。② 还有观点认为，根据中国法官适用指导性案例的实践，对于法官在判决书中是否只能引用指导性案例的裁判要点而不是裁判理由，似乎不宜作出硬性规定。③

4. 关于指导性案例的引述方式

《案例指导实施细则》第十条和第十一条明确了引述指导性案例的具体方式，即只应将其作为裁判理由引述，且在引述时应当注明指导性案例的编号和裁判要点，这对规范案例指导的实践操作具有积极意义。但由于最高人民法院尚未就裁判理由中引述指导性案例的具体方式提供明确的示范性指引，未来司法实践中仍然可能衍生出多种引述表达样式，从而影响到对先例援引情况的统计。④ 相关调研表明，仅有18%的法官在引述指导性案例时会同时注明其编号和裁判要点，而仅引述裁判要点的只占6%，⑤ 即大多数法官在参照指导性案例裁判案件时，尚不习惯直接引述其裁判要点。另外还需考虑的是，《案例指导规定》第八条及《案例指导实施细则》第十二条规定了指导性案例的编撰和废止，未来是否会对指导性案例进行重新整理编序还未可知。如果仅根据案例编号和裁判要点锁定指导性案例，在未来对指导性案例进行重新编序后，将使引述了先前指导性案例的案件出现体系性混乱。而若为了预防该系统性风险而放弃必要的清理编撰，则又可能导致指导性案例体系的冗余。

---

① 王天华：《案例指导制度的行政法意义》，载《清华法学》2016年第4期，第37～38页。

② 王天凡：《"不能胜任工作"与"末位淘汰"规则的规范分析——指导性案例第18号评析》，载《清华法学》2016年第4期，第33页。

③ 张骐：《再论类似案件的判断与指导性案例的使用——以当代中国法官对指导性案例的使用经验为契口》，载《法制与社会发展》2015年第5期，第146页。

④ 先例被援引的情况是体现其生命力和典型意义的重要指标，也是案例指导制度有效落地的最直接证据，应予充分重视。规范引述方式能确保技术识别的精准，从而得到准确的司法统计数据。

⑤ 《最高人民法院指导性案例司法应用年度报告2015》，载北大法律信息网，http://www.chinalawinfo.com/AdHtml/20151224/fulltext.html，最后访问日期：2016年7月26日。

5. 关于指导性案例的参照

《案例指导规定》和《案例指导实施细则》均要求法官在审理类似案例时应当参照指导性案例作出裁判，《案例指导实施细则》第九条还进一步将所应参照的“类似”案件的情形限定在“基本案情和法律适用”上。根据该条的字面意思理解，只有同时满足基本案情类似和法律适用类似，才应参照指导性案例作出裁判。但在司法实践中，由于长期受到大陆法系“三段论”的演绎推理模式影响，我国法官在寻求审判指引时，往往更加青睐于抽象的法律规则而轻视具体的案件事实，这也在一定程度上解释了最高人民法院为什么要将指导性案例具有拘束力的部分限定在“裁判要点”上。而且，实践中也经常出现案情不同但因法律适用类似而遵循先例的情形，故《案例指导实施细则》第九条中“和”的表述方式似乎有所不妥。

另外，《案例指导实施细则》第十一条第二款规定“公诉机关、案件当事人及其辩护人、诉讼代理人引述指导性案例作为控（诉）辩理由的，案件承办人员应当在裁判理由中回应是否参照了该指导性案例并说明理由”。毫无疑问，“应当”予以回应的规定值得赞赏，但受长期思维模式和司法习惯的影响，在缺乏必要责任条款和制度约束的情形下，该条款很可能在实际运行大打折扣。

6. 关于指导性案例的废止

《案例指导实施细则》第十二条规定了指导性案例不再具有指导作用的两种情形，即“与新的法律、行政法规或者司法解释相冲突”和“为新的指导性案例所取代”。这意味着指导性案例也是能够进行新陈代谢的“生命体”，从而保证了案例指导制度的整体动态演进。然而上述规定首先在内容上存在缺陷。基于案例指导制度是在成文法框架下所进行的法律适用活动的基本属性，其至少还应包括指导性案例与“现行”法律、行政法规或者司法解释相冲突的情形。其次，相比于《案例指导实施细则》第四条至第八条有关指导性案例生成、发布的详细规定，关于指导性案例废止的规定未免太过粗略，没有涉及具体的操作程序及指导性案例被废止后的法律后果，需要着重予以完善。

还需充分关注的是，我国案例指导工作目前由最高人民法院案例指导工作办公室负责。据了解，该办公室设置于研究室之下，现仅有3名工作人员，① 无论是机构设置还是人员配备，显然都远远无法满足完善案例指导制度的要求。

## 四、对策：基于知识产权案例指导实践的建议

尽管我国案例指导制度在现阶段还存在不少问题，但深入推进案例指导制度是大势所趋。目前不应再纠结于案例指导是否应该做的问题，而是应该在怎么做上下足功夫，既要争取尽快在更广范围内达成共识，也要找到完善我国案例指导制度的突破口和发力点。

### （一）充分认识案例指导是必然出现的法律适用活动

从世界法律演进看，普通法系与大陆法系的相互融合借鉴已成大势所趋。虽然大陆法系将成文立法奉为圭臬，但相关学说发展正呈现出一种积极鼓励法官弥补法律漏洞、发现社会生活中的活的法律的趋向。② 从我国古代司法传统看，历朝历代也都非常重视案例或判例在适应社会经济发展、弥补立法不足、帮助司法官员准确理解和适用法律、维护法制统一方面的重要作用。③ 从国内政策环境看，全面深化改革和本轮司法改革为推进案例指导制度创造了前所未有的历史机遇。从经济社会发展看，我国目前正值经济体制转型期，历时漫长且经济生活活跃，法律的滞后性与超前性相互交织。正如萨维尼所言，"法律自制定公布之时起，即逐渐与社会脱节"，而通过个案判决调整因情势变更所产生的社会矛盾无疑是最佳的选择。④ 从科技与司法的结合看，大数据、人工智能等高科技手段在司法领域的广泛运用，⑤ 也为案例指导制度的有效落地实施提供了强有力的技术支撑。

可以说，案例指导制度是历史与当下结合的必然产物。同时也应清楚地认识到，我国案例指导制度并不等同于普通法系的判例法，因为案例发

---

① 在2016年5月12日召开的第二届中国知识产权法院论坛有关"案例指导制度建设"的分议题讨论中，最高人民法院研究室副主任郭锋对我国案例指导工作及案例指导工作办公室的相关情况进行了介绍。

② 刘作翔、徐景和：《案例指导制度的理论基础》，载《法学研究》2006年第3期，第26页。

③ 胡云腾、于同志：《案例指导制度若干重大疑难争议问题研究》，载《法学研究》2008年第6期，第3页。

④ 田浩为：《〈关于在民商事审判中实行判例指导的若干意见〉的理解》，载《中国法学文档·第二辑》，中国政法大学出版社2005年版，第48页。

⑤ 《为知识产权司法审判插上智慧翅膀》，载中国企业知识产权网，http://www.cneip.org.cn/newscontent.aspx? CateID=8&ArticleID=20906，最后访问日期：2016年9月7日。

挥指导作用的前提必须是“依法”，其实质是我国司法机关在既有制度框架下和现行的司法体制基础上所进行的一项体现中国特色并顺应世界两大法系相互融合发展大趋势的法律适用上的机制创新，[①] 仍然是在成文法框架下进行的一种法律适用活动，包括指导性案例在内的任何先例裁判都不能与现行法律规定相冲突。因此，案例指导制度不会造成司法权与立法权的冲突，更不会动摇我国政治体系。以历史视角观之，司法案例也不会影响到成文法的主体地位。正如有学者指出，我国古代因案生例，只是成文法的一种生成机制，而非判例的形成机制，案例只不过是为成文法提供规则来源而已。在这种情况下，立法与司法的关系严格地呈现出立法生产规则，司法消费规则这样一种规则的生产与消费的关系。[②]

### （二）以知识产权审判作为完善我国案例指导制度的突破口

案例指导制度是一个影响深远的系统工程。现阶段，完善案例指导制度的可行路径是选择合适的审判领域作为突破口进行先行先试，以期尽快形成可复制、可推广样本。知识产权审判领域无疑是当前的最佳选择，主要原因在于：首先，国家创新驱动发展战略迫切需要及时、有效、适应时代发展的知识产权司法保护；其次，创新高速发展与立法粗疏滞后间的矛盾在知识产权领域尤为突出，在个案审理中遵循先例、创设先例对于纠纷解决意义重大；再次，知识产权法官、律师、代理人的整体素质以及知识产权裁判文书的说理和公开程度普遍较高，已经初步具备实施案例指导制度的客观基础；最后，知识产权法律职业共同体间交流频繁，更容易在制度探索中形成共识与合力。

另外，继 2014 年底陆续成立北京、上海、广州三地知识产权法院后，2015 年 4 月 24 日，最高人民法院在北京知识产权法院设立了最高人民法院知识产权案例指导研究（北京）基地（简称案例基地），依托该院类型齐全、数量众多、辐射全国的知识产权案件，专门开展中国特色知识产权案例指导制度的理论化、规范化、信息化、开放化研究。由于其开创性和影响力，三地知识产权法院尤其是案例基地的任何改革探索都足以牵动全国并形成示范效应。目前，北京知识产权法院对知识产权案例指导制度的探

---

① 胡云腾、于同志：《案例指导制度若干重大疑难争议问题研究》，载《法学研究》2008 年第 6 期，第 8 页。

② 陈兴良：《案例指导制度的法理考察》，载《法制与社会发展（双月刊）》2012 年第 3 期，第 74 页。

索已经得到了最高人民法院院长周强、副院长陶凯元的充分肯定，为完善我国案例指导制度积累了宝贵的素材和经验。

（三）完善我国案例指导制度的建议

以北京知识产权法院的实践探索为样本，建议从外部配套机制和内在制度设计两方面入手，完善我国案例指导制度。

在外部配套机制方面，需要逐步实现诉辩、举证、质证、庭审、裁判等诉讼全流程的公开化、透明化，以有效方式不断增强裁判说理，探索引入社会评价监督司法行为的具体方式；建立以遵循先例、创设先例为重要内容的全新考核机制，并明确具体的奖惩措施；严格贯彻落实法官员额制和入额法官办案精神，确保优秀法官留在审判一线，为实施案例指导制度提供人力资源保障；构建科学合理的法官遴选机制，使上级法院法官主要从基层优秀法官中产生，确保审级权威来源于法官的高水平裁判，使下级法院自觉、自愿遵循上级法院裁判成为习惯；推动法律修改，将不遵循先例且不充分说明理由的情形，作为二审改判发回或决定再审的法定事由。上述外部配套机制内容丰富、牵涉广泛，本文暂不作讨论。

而在内在制度设计上，现有制度也还存在有待完善之处，主要体现在以下几个方面：

1. 应当逐步扩大指导性案例的范围

我国幅员辽阔、地情各异，由各高级人民法院结合本地实际针对性地发布指导性案例，有利于克服现有指导性案例在数量和范围上的不足，有利于及时统一辖区内的司法尺度。因此，建议在保持现行指导性案例生成和发布机制的基础上，逐步扩大指导性案例的范围，赋予各高级人民法院认定和发布指导性案例的权力，① 但应明确该指导性案例仅在各辖区范围内具有拘束力。事实上，根据《案例指导规定》和《案例指导实施细则》的相关规定，各高级人民法院负责辖区内指导性案例的推荐、调研、监督等工作，其向最高人民法院推荐的备选指导性案例也经过了各高级人民法院审判委员会的审查和决定，故在认定和发布指导性案例方面已具有一定经验。同时，为保障制度运行稳定，各高级人民法院发布的指导性案例应当及时向最高人民法院备案。最高人民法院既可从中选择适宜在全国发挥审判指导作用的指导性案例，也可针对冲突案例或不适宜案例建立专门处理机制予以解决。

① 相关认定和发布程序应当与《指导规定》和《实施细则》中的相关规定保持一致。

有学者指出，将由最高人民法院主导推进的“制度建构”和由专家、学者、律师等民间力量推动形成的“自发秩序”两种进路有效整合、并驾齐驱，是未来案例指导发展的基本思路。① 目前，案例基地认定和发布典型案例的做法恰恰就是这种“自发秩序”的体现：案例基地自行选择或根据法官、专家、学者、社会公众等推荐，将候选典型案例根据所属专业领域不同，随机交由案例基地下设的专家咨询委员会②中的9名专家进行背对背独立评审，并在6名以上专家通过的情况下，提交案例基地复核机构确认发布，并鼓励法官、律师、代理人等在司法实践中予以援引和参考。此种典型案例虽然没有被有权机关赋予更强效力，但由于其得到了法官、专家、学者、社会公众等方面的充分认同，并在实践中被反复援引、参考，实际上已经可以发挥对类似案件的“审判指导”作用。相比于部分发布后即被束之高阁的指导性案例，上述典型案例（尤其是已被实际援引达到一定数量的案例）无疑更具有实践中的“生命力”，其产生过程中所遵循的司法民主和司法公开精神，也是实践需求、法学研究与司法裁判良性互动的最佳体现，应当成为未来指导性案例的重要来源。

2. 应当明确指导性案例的效力层级和效力范围

现阶段，指导性案例并不会涉及效力层级和效力范围的问题，因为最高人民法院认定和发布的指导性案例对全国法院的审判、执行工作均具有指导作用。但若在未来赋予各高级人民法院认定和发布指导性案例的权力，甚至进一步扩充指导性案例的范围，③ 则明确各指导性案例的效力层级和效力范围就将成为必要。

具体而言，最高人民法院认定和发布的指导性案例的效力层级最高，且其效力覆盖全国。各高级人民法院认定和发布的指导性案例的效力层级低于最高人民法院的指导性案例，且效力范围仅限于其司法辖区，对该辖区内的法院具有“拘束力”。未来如果需要进一步扩充指导性案例的范围，则可类推适用上述效力体系。在此基础上，如果就同一法律问题出现效力不同的多个指导性案例，则应优先参照效力层级高且属本辖区的指导性案例。对于辖区外的指导性案例，也可作为审理案件的参考，促进司法资源共享和积累。此种效力体系可以被归纳为“上下前后左右”，即法官裁判案

① 周光权：《刑事案例指导制度——难题与前景》，载《中外法学》2013年第3期，第493页。

② 目前，案例基地专家咨询委员会已有专家240余名。

③ 例如，将案例基地认定发布的典型案例和司法实践中实际遵循的在先案例也纳入指导性案例的范围。

件应当参照辖区内上级法院和本院在先的指导性案例，同时可以参考辖区外法院的指导性案例。

3. 应当建立规范案例指导制度实施的内部约束机制

制约现行案例指导制度发挥作用的重要原因就在于缺乏有效的内部约束机制，这应当成为下一步制度完善的重中之重。该约束机制不仅要针对法官的司法行为，也应对当事人的诉讼行为加以规范：一方面，在鼓励当事人援引先例支持其诉讼主张的同时，也应明确其先例来源及提交先例的时间、方式、种类、数量等，要求当事人说明提交先例的理由及其与在审案件的关系，避免当事人滥用诉讼权利，确保诉讼行为规范化；另一方面，开庭审理时应当增加对先例的审查环节，要求法官引导各方当事人围绕先例与在审案件的关系以及是否应当在本案中援引遵循进行审理，避免庭审虚化。裁判时，应当紧密围绕当事人诉辩理由和庭审内容（包括与先例相关的审理情况）进行针对性评述，不得遗漏或超出。最终目标是要实现诉辩、审理、裁判之间相互匹配的“诉、审、判一致”。

在裁判文书的撰写上也需进行相应改革。对于应当参照指导性案例作出裁判的案件，应当根据《案例指导实施细则》的规定，在裁判理由部分规范引述指导性案例。对于应当参照而不参照的情形，法官应当在裁判文书中进行充分说理，给出不予参照的具体理由，否则将作为负面指标纳入业绩考评。而对于指导性案例之外的其他先例，法官也应基于当事人的诉辩理由和庭审内容进行必要回应，并应按照“审理法院 + 裁判日期 + 案号”的格式援引相关先例。①

4. 应当细化指导性案例的退出机制

要保证案例指导制度的生命力和自我修复能力，还需建立有效的案例退出机制：对于指导性案例而言，应当在《案例指导实施细则》第十二条规定的基础上，增加“与现行法律、行政法规或者司法解释相冲突”的情形，故建议删除第十二条第（一）项中“新的”限定。在具体退出程序方面，建议仍应由指导性案例的认定主体启动退出审查程序，其他主体可就此提出建议，相关退出审查程序应当与之前的认定发布程序保持基本一致。如果经审查认为不再适合作为指导性案例，则应予以公告并载明退出原因。如果系新指导性案例取代旧指导性案例的情形，则可在发布新指导性案例

① 此时并不要求法官必须参照先例作出裁判，允许法官作出不同裁判，但法官仍应基于“诉、审、判一致”的要求，在裁判理由中作必要回应。

的同时，一并指出其所取代的旧指导性案例。而对于指导性案例之外的其他先例，由于并未经过有权机关的认定发布程序，相应地也不存在专门的退出机制，其“审判指导”作用的有无和强弱，应当交由司法实践中的“自发秩序”予以调整。

另外，针对先例的发现、审理、识别、遵循、推翻、不予遵循等方面的具体规则，北京知识产权法院在其制定的《知识产权审判遵循先例程序指南》中也作了相关规定，有待通过司法实践进一步检验和修正。

# 两大法系（美国、英国、德国）知识产权案例制度与法院建设情况调研报告①

余俊　整理

## 目　录

一、考察的背景与目的
二、考察的重点与成果
（一）英美判例制度的理论基础和运行机制
（二）先例制度在欧盟各级法院的适用
（三）两大法系司法与行政的职能界分
（四）两大法系的法院组织与队伍建设
（五）两大法系的案例信息系统建设
三、考察的体会与心得
（一）准确把握成文法和判例法的关系
（二）细致区分立法、行政和司法的职能
（三）恰当定位法官和律师的作用
（四）积极探索中国特色司法制度
四、下一步的设想与建议
（一）继续加强与参访单位的紧密联系
（二）挖掘中华传统法律文化的资源
（三）全面梳理知识产权法院建设
（四）进一步探索指导性案例形成机制

应美国联邦专利商标局（United States Patent and Trademark Office）、联邦巡回法院律师协会（Federal Circuit Bar Association）、联邦巡回上诉法院（Court of Appeals for the Federal Circuit）、哈佛大学伯克曼互联网与社会研究

① 本报告为2016年9月中国知识产权法学研究会和北京法院联合考察团前往美国、德国和英国考察的报告。

中心（Berkman Center for Internet & Society at Harvard University）、英国知识产权企业法院（UK Intellectual Property Enterprise Court）、伦敦玛丽女王大学商法研究中心（Centre for Commercial Law Studies at Queen Mary University of London）、德国联邦专利法院（Germany Federal Patent Court）、马克斯－普朗克创新与竞争研究所（Max Planck Institute for Innovation and Competition）以及杜塞尔多夫地区高等法院（Higher Regional Court of Düsseldorf）的邀请，2016年9月6日至15日，北京法院代表团（团长：宿迟，团员：焦彦、姜颖、张晓津、张剑、杨静）和中国知识产权法学研究会代表团（团长：刘春田，团员：马一德、姚欢庆、张吉豫、刘劭君、余俊）分别在宿迟院长和刘春田会长的率领下，前往美国、英国和德国三国，就英美法系和大陆法系知识产权案例制度与法院建设的基本概况、理论基础、运行机制、实践经验等问题展开充分地考察、观摩、研讨和交流活动，以便为推进中国知识产权司法改革制度创新，探索案例指导理论和实践问题，建设具有中国特色的知识产权案例指导制度和知识产权法院积累经验、形成共识。此次出访有关情况报告如下：

## 一、考察的背景与目的

加强案例指导工作，是人民法院依法履行审判职责、保证法律统一正确实施、推进司法改革的一项重要内容。早在1985年5月，《最高人民法院公报》便已开始向社会公布各类典型案例。1999年《人民法院五年改革纲要》明确提出，要编选典型案例，供下级法院审判类似案件时参考。2005年《人民法院第二个五年改革纲要》第一次正式提出，要“建立和完善案例指导制度”。2008年12月，中央关于深化司法体制和工作机制改革若干问题的意见将案例指导制度作为国家司法改革的重要内容。2010年11月，最高人民法院颁布《关于案例指导工作的规定》，正式建立案例指导制度。2015年4月，最高人民法院又通过了《〈关于案例指导工作的规定〉实施细则》，进一步明确指导性案例的标准、指导性案例的推荐主体、程序以及如何参照适用指导性案例。

2014年10月23日，党的十八届四中全会通过了《中共中央关于全面推进依法治国若干重大问题的决定》，明确提出要“加强和规范司法解释和案例指导，统一法律适用标准”。根据《最高人民法院关于案例指导工作的规定》第二条的规定：“本规定所称指导性案例，是指裁判已经发生法律效力，并符合以下条件的案例：（1）社会广泛关注的；（2）法律规定比较原则的；（3）具有典型性的；（4）疑难复杂或者新类型的；（4）其他具有指导作用的案例。”建立和完善案例指导制度具有重要的意义：第一，有利于统一法律适用和裁判尺度。第二，有利于提升司法效率，促进司法公正。第三，有利于弘扬社会主义法治精神和社会主义核心价值观。

2013年11月12日，党的十八届三中全会做出《中共中央关于全面深化改革若干重大问题的决定》提出要“加强知识产权运用和保护，健全技术创新激励机制，探索建立知识产权法院”。2014年6月6日召开的中央全面深化改革领导小组第三次会议审议通过了《关于设立知识产权法院的方案》，第十二届全国人大常委会于同年8月31日以立法形式通过《全国人民代表大会常务委员会关于在北京、上海、广州设立知识产权法院的决定》。2014年底，北京、上海、广州等三家知识产权法院先后设立。设立知识产权法院是落实全面深化改革的重要举措，有利于统一知识产权司法审判标准，打造中国知识产权司法审判体系的升级版。

作为全国首家知识产权审判专业机构，2014年11月6日成立的北京知识产权法院承担着全面探索推进司法体制改革、系统总结中国知识产权司法经验和中国模式的重要使命。2015年4月24日，最高人民法院在北京知识产权法院设立了知识产权案例指导研究（北京）基地，要求北京知识产权法院按照《中共中央关于全面推进依法治国若干重大问题的决定》关于“加强和规范司法解释和案例指导，统一法律适用标准”的要求，探索建设具有中国特色的知识产权案例指导制度，吸收英美法系和大陆法系在适用判例法方面的成熟司法经验，全面推进知识产权司法统一和司法水平国际化，推进建成公正、阳光、透明的司法机制。案例指导制度引入知识产权司法裁判，有助于阐明重大法律适用问题，为审理在后案件的法官提供发现和适用规范的指引，防止标准不一、尺度有别的问题，将提升司法裁决的公正性、统一性与可预见性，因此具有重大的理论及实践意义。

与此同时，《最高人民法院关于案例指导工作的规定》第五条规定：“人大代表、政协委员、专家学者、律师，以及其他关心人民法院审判、执行工作的社会各界人士对人民法院已经发生法律效力的裁判，认为符合本规定第二条规定的，可以向作出生效裁判的原审人民法院推荐。”聘请专家学者作为委员，是人民法院总结审判经验、加强监督指导、统一法律适用、提高审判质量、维护司法公正的重要保障，也是深化司法公开、弘扬司法民主、提升司法公信力的重要举措。为此，2013年5月，最高人民法院设立了案例指导工作专家委员会，共60位法学专家担任委员。2013年11月，最高人民法院召开了案例指导工作专家委员会第一次工作会议。2015 年 9 月 22 日，最高人民法院知识产权案例指导研究（北京）基地在北京知识产权法院举行了知识产权案例指导制度运行机制及相关问题研讨会，研究探讨中国特色知识产权案例指导制度的具体设计和措施。

可以说，司法改革背景下的案例指导制度涉及司法领域很多问题，是影响全局的问题。案例指导制度本身是防止脱离法治轨道的有效手段，不能局限于是否是成文法国家或判例法国家，成文法同样需要案例的支持。因此，为了深入了解两大法系知识产权司法裁判中的案例或判例相关制度，使专家学者深入参与中国特色知识产权案例指导工作，为实质性推进中国特色知识产权案例指导制度建设提供强有力的支持，北京法院代表团、中国知识产权法学研究会代表团分别带队，前往美国、英国、德国三国的司法、行政、学术单位进行了深度考察。本次出访主要有五项任务：一是研究英美法系与大陆法系案例或判例制度的具体运行机制与经验；二是对各国知识产权司法审判程序和行政处理机制进行调研；三是学习借鉴司法改革及知识产权专业法院建设；四是借鉴案例或判例的数字化与信息化系统建设经验；五是建立中外知识产权司法交流培训渠道。

## 二、考察的重点与成果

### （一）英美判例制度的理论基础和运行机制

英国、美国属于典型的英美法系国家，也是现代知识产权法制的发源地，判例法制度在英美有着深厚的历史渊源和成熟的实践做法，在知识产权司法审判中也有一些独特的运行规则与先进经验，对于中国案例指导制度，特别是知识产权案例指导制度的探索有着重要借鉴意义。

代表团首先实地考察了美国联邦巡回上诉法院，旁听了由上诉法院院长普罗斯特法官（Sharon Prost）、纽曼法官（Pauline Newman）、迪克法官（Timothy Dyk）共同审理的一起药品专利案件和一起软件专利案件，现场感受了法庭审理过程中法官和律师之间的口审辩论、对先例的援引等庭审方式。随后，代表团与普罗斯特院长（Sharon Prost）、阿兰·洛里法官（Alan Lourie）、雷蒙德·陈法官（Raymond Chen）等法官就先例制度进行了座谈。普罗斯特院长介绍说，法官在审理案件时不一定引入全新的法律原则，但是合议庭在做出决定后，需要向全体法官传阅征求意见，以保证法律的稳定性和一致性。雷蒙德·陈法官强调说，法官都有责任遵循有效力的先例，这也是司法透明度的要求。此外，各位法官还就先例事实与本案事实的比较与解释、联邦法院与州法院的选择、法院与专利商标局的职责划分、各州之间先例的遵循等问题进行了解释。

在哈佛大学举行的“以判例为基础的司法裁判研讨会”上，哈佛大学法学院威廉·费舍尔教授（William Fisher）以“美国先例制度的概要”为题，介绍了普通法中遵循先例原则的本质、先例原则所引起的三大争议、法律形式主义（Formalism）及其批评、“机械法理学”（mechanical jurisprudence）、经典推理的基本结构、法律现实主义的缘起与挑战、法治的精义与质疑、司法程序的实质、原则与政策之间的区分等基本理论问题。美国联邦第二巡回上诉法院的强·纽曼法官（Jon Newman）以“先例与遵循先例原则”为题，结合其丰富的司法审判经验，分享了其寻找先例的具体做法、碰到疑难案件时的优先考虑、“直觉”（hunch）在法官断案中的作用与限制、法官与立法者的职能差异、原则与政策的具体适用，并以“合理使用”为例生动展示了相关阐述。哈佛大学伍人英教授（Mark Wu）围绕“先例在知识产权条约解释中的作用”，从实施性法律如何满足国际条约的要求、国际条约如何与现行法律保持一致、法律修订如何符合国际条约的规定三个维度阐述了个人的见解，并指出了潜在的三个问题，即国际条约不能在国内法律体系中直接适用、法院以现行国内法而非国际条约为依据进行裁判、法院可能不当地解释国际条约的规定进而引起国际层面的冲突，以及上述问题的解决方案。

波士顿大学法学院的迈克尔·米勒教授（Michael Meurer）以“专利法与美国联邦巡回上诉法院”为题，从联邦巡回上诉法院、专利例外主义的基本情况介绍开始，分析了法院在专利法演进中的作用以及专利审判与上诉委员会（The Patent Trial and Appeal Board）与法院之间的关系。原美国联邦首席政府律师（Solicitor General）、马塞诸塞州最高法院副大法官、哈佛大学法学院查尔斯·弗立德教授（Charles Fried）深刻地揭示了法典法系与安格鲁美国法系之间的互动、先例为基础的司法制度对透明度的考量、司法的独立性、先例在法律演进中的重要地位、先例制度对于加强美国各州法院之间的互鉴以及对于美国法律发展推动等问题。美国联邦巡回上诉法院理查德·塔兰托法官（Richard Taranto）详细阐述了事实问题与法律问题的区分、先例制度对于司法裁判活动的规制、约束和制度化推动、先例制度对效率的考量、先例制度对于社会公众做出自身决策的指引以及司法社会学的相关问题。马塞诸塞州地区法院南希·葛特纳法官（Nancy Gertner）首先从一名地区法院法官的角度，介绍了一下程序上的一些时间分配以及判决书的撰写等事项，她指出必须在案件事实的基础上理解先例，法官应当如何利用数据库查找先例，以及法官在理解法条文字时一定要理解当时起草法律的目的和国会的争论。

在英国伦敦，代表团与英国知识产权企业法院院长理查德·赫肯法官（Richard Hacon）、伦敦玛丽女王大学商法研究中心主任斯皮罗斯·马尼亚蒂斯教授（Spyros Maniatis）、邓肯·马修教授（Duncan Matthews）、唐冠虹教授、约奥尼斯·柯柯尼斯教授（Ioannis Kokkoris）围绕英国先例制度举行了会谈，系统了解了英国法院接“遵循先例”原则的历史渊源、遵循先例原则的价值追求、遵循先例原则的适用规则与具体要求以及先例判决中法律推理的基本步骤。

（二）先例制度在欧盟各级法院的适用

欧盟作为一个超大规模经济体，其存在和运行，皆有赖于欧盟内部系统而精巧的法律制度，它不仅将欧洲二战以后相对松散的格局从法治的高度重新规制成为一个整体，也让世界范围内其他相同法域内的国家看到了新的机会和新的可能。欧盟法可谓创设了人类历史上一套前所未有、十分独特而复杂的法律体系，构成了一个新兴的、具有独特价值和意义的“新的法律秩序”。德国作为欧盟最有影响力的成员国之一，是大陆法系的代表性国家，也是中国知识产权法制的重要借鉴国，其在成文法治传统的基础上，也在不断发展先例制度并取得了一定成就，对于同为大陆法系国家的中国而言，以德国为切入点，充分了解德国法院与欧盟法院之间的关系，特别是先例制度在其中所发挥的作用，无疑具有十分重要的参考价值。

在德国马普创新与竞争研究所举行的“欧盟法院的角色：发展法律及影响成员国法院之裁判研讨会”上，该所所长瑞托·赫尔提教授（Reto Hilty）首先介绍了作为欧盟基本法的《欧盟条约》与《欧盟运行条约》以及条例（regulations）、指令（directives）等派生法，条例与指令的区别在于，条例能被普遍适用，而指令必须基于成员国对国内法的修订才具有约束力。其次强调了欧盟法院（CJEU）不等于欧盟最高法院，“欧盟法院”也不等于“欧盟的法院”（courts of the EU）。在欧盟法律制度下，各成员国国内法院才是“欧盟的法院”，所以，裁决都是由成员国法院作出的，欧盟法院只对条约的解释以及欧盟机构行为的合法性论证及解释行使初步裁决管辖权。马普所高级研究员瓦伦蒂娜·莫斯孔（Valentina Moscon）从著作权法的角度作了相关介绍，她指出，在欧盟层面，由于没有统一的著作权法，而是通过几个不同的指令来协调各成员国的著作权法，因此导致有一些法律概念，虽然在每个国家都有，但具体理解上存在差异，并以两起涉及“滑稽模仿”和“向公众传播权”的实际案例进行了分析。马普所高级研究员罗纳德·纳克（Roland Knaak）介绍了商标法方面的欧盟判例，他以一起涉及反不正当竞争法的案子为例，揭示了“消费者形象”这一概念在欧盟层面和德国国内法上出现了判断标准不一致的情况，并以一起“气味商标”为例，介绍了在德国法院的推动下，欧盟指令修改了商标注册的标准从而允许一些非传统商标也可以注册。众达律师事务所彼得·斯洛文斯基（Peter slowinski）以“华为诉中兴案”为例，首先介绍了一下欧盟法院在专利一体化方面的情况，其次他揭示了欧盟委员会和德国最高法院在橘皮书中规定的标准必要专利的禁令救济标准存在不同。他认为欧盟法院在标准必要专利的案件审理上更倾向于保护使用者的利益，而德国国内法院则在向保护专利权人的方向移动。

在德国杜塞尔多夫的考察中，杜塞尔多夫地区高等法院院长波尔森法官（Anne－José Paulsen）介绍了杜塞尔多夫地区知识产权案件的审级制度。杜塞尔多夫地区高等法院里克特·弗里克法官（Richter Fricker）作了题为“上级法院对于下级法院约束力”的报告，他介绍道，从整体的原则来说，并不是上级法院的判决对下级法院有严格的约束力，但是对于个案来说，可能会有影响力和指导力。专利侵权之诉涉及州法院、地区高等法院、联邦最高法院。德国有分级原则，比如专利撤销之诉，是分开进行的，它是在联邦专利法院进行第一审级，联邦最高法院进行第二审级。杜塞尔多夫地区高等法院罗恩·温克尔法官（Ron Winkel）作了关于专利等同原则适用的报告，他介绍了德国法中等同原则的法律基础，欧盟条例中关于专利权保护范围的规定，他还指出，德国对于依据等同原则保护专利的请求权，并不是一个当然的做法，是法官根据经验作出的。北莱茵－威斯特法伦州法院汤姆法官（Thom）报告了标准必要专利的FRAND原则。他认为，在当今的电信、通信领域，一项专利的持有人做出声明以FRAND供第三方使用，对产品的连贯使用具有非常重要的意义。然后以“华为诉中兴案”为例，分析了FRAND原则的适用、滥用了市场支配地位的界定以及禁令救济的判断标准等关键问题。

（三）两大法系司法与行政的职能界分

现代社会，在市场经济和法治环境下，解决财产关系应当遵循法治的原则，非经正当的行政或司法程序，任何政府或个人均无权干涉公民的行为自由，非经当事人意思自治或司法程序，任何政府部门或个人都无权处置财产关系，力戒用行政办法解决财产纠纷。但在我国，保护知识产权手段的采用了所谓行政与司法并行的“双轨制”。理论界虽然对此有所诟病，但研究尚不深入。因此，到现代法治和知识产权制度的发源地英美两国以及大陆法系的核心国家德国就此问题进行实地调研，具有十分重要的意义。

代表团首先来到了美国专利商标局。米歇尔·李局长（Michelle Lee）介绍了中美之间关于知识产权个案管理、证据收集、判决中使用先例的情况的合作与对话，她对于中国选择有学识而且富有经验的法官来审理专利商标案件的做法很赞赏，同时也注意到中国法院把案例作为判决的依据之一。美国专利商标局政策和国际事务办公室资深法律顾问柯恒（Mark Cohen）与代表团分享了美国专利和商标无效的有关数据，包括美国联邦巡回上诉法院对来自于地区法院、美国专利商标局和美国国际贸易委员会上诉案件的推翻率的总结、美国联邦巡回上诉法院专利民事诉讼上诉的胜诉率、美国联邦巡回上诉法院维持原判率等。美国专利商标局1600技术中心主管丹尼尔·沙利文（Daniel Sullivan）报告了通过司法来鼓励创新的个例，并着重强调了法院和专利商标局之间的职能分工，他指出，在美国，法院（特别是美国联邦巡回上诉法院）在实质性规则上对美国专利商标局进行引导。美国专利商标局一般会根据需要，修改其审查指南以便和法院的判决保持一致。由于法院在直接面对科技的变化时可以比国会采取更加迅速的行动，也可以比国会更加灵活地通过个别案件的审理对美国专利商标局进行量身定制的指导，所以，法院比国会处于更加独特的位置，可以对美国专利商标局提供更加详细地政策决定和引导。美国专利商标局政策和国际事务办公室法律顾问辛西娅·亨德森（Cynthia Henderson）则介绍了先例在商标法中的如何适用，并分析了法院判决对专利商标局实施实践的影响，即商标审判及上诉委员会裁决必须遵循主审法院的先例；影响了商标局的实质性审查，使其遵循先例；对行政管理的影响则表现在为确保一致性和质量，某些审查员接受符合法院判决的培训。

在代表团与美国联邦巡回上诉法院法官座谈时，就法院是否有权质疑专利商标局的规则这一问题交换了意见。普罗斯特院长（Sharon Prost）介绍道，联邦巡回上诉法院在审理案件时，如果法律条文的规定模棱两可，则会与专利商标局进行协商，但是专利商标局有自身的权限范围。雷蒙德·陈法官（Raymond Chen）则进一步明确说，显而易见性这样的实体性规则是由专利法来规定的，专利局没有权限阐述专利权的范围，而是只能由法院来确定。专利局有权撰写程序性规则，但是不能与法院相冲突。

代表团还访问了德国联邦专利法院，该法院施密特院长（Beate Schmidt）全面介绍了德国专利法院的任务和地位、审理案件范围、授权确权案件审查程序及与侵权诉讼的关系等相关情况。尤为值得关注的是，一部德国联邦专利法院的发展史就是行政与司法的边界不断划清的历史：德国联邦专利法院作为联邦高级法院成立于1961年7月1日。在其成立之前，德国专利局的审查机构和部门所做出的有关工业产权登记或有效性的裁决只接受上诉庭的再审查，该上诉庭在组织上隶属于专利局，其成员皆为公务员。而根据当时的观点，没有任何法律救济手段可以对上诉庭所作出的裁决提起上诉。但随着《德国基本法》的生效，这一观点就不再被认为合理，因为《德国基本法》的第19条第4款第1句规定：无论何人，其权利受到公共权力侵害的，均可向独立法院提起诉讼。在一个以基本法为依据的行政诉讼案件中，联邦行政法院以1959年6月13日所作出的裁决明确指出：德国专利局不是基本法意义上的法院；其作出的裁决属于行政行为，行政法院可以将其撤销。在基本法经过一次修改后，联邦专利法院于1967年7月1日作为独立自主的联邦法院正式成立。法院归属于联邦法务部的业务范围。联邦专利法院是负责对工业产权的有效性进行裁决的专门法院。法院对是否应授予知识产权或者是否应对知识产权的注册登记予以拒绝甚至撤销作出裁决。针对已登记专利进行的无效诉讼，联邦专利法院作为一审法院进行判决，二审法院是联邦最高法院。

### （四）两大法系的法院组织与队伍建设

党的十八届三中全会通过的《中共中央关于全面深化改革若干重大问题的决定》明确指出要“建立符合职业特点的司法人员管理制度，健全法官、检察官、人民警察统一招录、有序交流、逐级遴选机制，完善司法人员分类管理制度，健全法官、检察官、人民警察职业保障制度”。北京法院系统已经全面推开了司法改革，北京知识产权法院也正处于司法改革的攻坚阶段。为此，代表团专门调研了作为两大法系代表的美国联邦巡回上诉法院和德国联邦专利法院在法官选任、审判庭设置、诉讼程序、人员构成等司法组织与队伍建设方面的经验。

美国联邦巡回上诉法院的设立背景是：20世纪的经济大萧条引起了人们对法律制度的反思，美国各界开始呼吁重组专利审判制度，希望通过高效且带有倾向性的专利制度来刺激经济的发展。为此，以重构专利司法制度为核心思想的法案层出不穷。1982年，美国国会通过《联邦法院改进法》（The Federal Courts Improvement Act of 1982）合并了关税与专利上诉法院

（Court of Customs and Patent Appeals）和联邦索赔法院上诉审部门（Appellate Division of the Court of Claims）。联邦巡回上诉法院（U. S. Court of Appeals for the Federal Circuit，CAFC）由此诞生。与原有的12个区域性巡回区法院不同，该法院是全国性的巡回区法院，对94个地区法院的专利诉讼案的上诉有排他性管辖权，是全美唯一的专属管辖法院。所以，联邦巡回上诉法院对于知识产权上诉案件的态度不但关键，其判决也会深刻影响知识产权理论的发展。

在代表团与美国联邦巡回上诉法院普罗斯特院长（Sharon Prost）、阿兰·洛里法官（Alan Lourie）、雷蒙德·陈法官（Raymond Chen）等法官座谈时。普罗斯特院长介绍道，联邦巡回上诉法院在任何时候都会有12位一线（Active）巡回法官。和其他联邦法官一样，联邦巡回上诉法院的法官也是由美国总统任命并由参议院确认来进行的。美国联邦巡回上诉法院一共有200多名职员。12位一线法官每人都配备有5名助手，其中包括1名法官助理和4名法律书记员。这5名助手的资质都很高，一般每过一两年就换人。联邦巡回上诉法院的法官具有不同的背景和资历，但都拥有丰富的专利法知识和经验。有些法官还拥有技术学科的学位，还有些法官聘请具有技术学科学位或拥有专利工作经验的法律事务助理，协助其进行专利案件的审理工作。

在德国联邦专利法院，施密特院长（Beate Schmidt）也就相关情况向代表团作了介绍。德国联邦专利法院目前共有约120名法官，法官是终身职位，原则上不可以被免职，也不可以违背其意愿对其进行职位调动。法官并不都是具有法律背景。事实上，半数以上的法官都是自然科学家或技术人员，即具有技术背景的法官。也就是说，审判庭的法官既包括法律法官，也包括技术法官。审判庭的法律法官必须具备德国法官法规定的担任法官须具备的能力，即必须接受过一般规定的职业培训。另外，他们还要有多年在其他司法部门或者是在专利局担任审查员的实际工作经验。而审判庭的技术法官要在一所德国高校完成自然科学或技术学科的学业之后再通过一项国家级或学术性的结业考试。他们还需具备多年的实际工作经验以及必要的法律知识，尤其是专利法方面的知识。技术法官也是终身制的职业法官，这在德国司法领域中是独一无二的，在世界范围内也是特例。

### （五）两大法系的案例信息系统建设

2013年7月1日，按照最高人民法院的工作部署，全国法院统一、权威的裁判文书公开平台——中国裁判文书网正式开通。同日，《最高人民法院裁判文书上网公布暂行办法》生效实施。2013 年 11 月 13 日，最高人民法院通过了《关于人民法院在互联网公布裁判文书的规定》。经过三年的发展，中国裁判文书网现已成为全球最大的裁判文书公开平台。党的十八届四中全会通过的《中共中央关于全面推进依法治国若干重大问题的决定》再次强调，要“构建开放、动态、透明、便民的阳光司法机制，推进审判公开、检务公开、警务公开、狱务公开，依法及时公开执法司法依据、程序、流程、结果和生效法律文书，杜绝暗箱操作。加强法律文书释法说理，建立生效法律文书统一上网和公开查询制度”。2016 年 7 月 25 日，最高人民法院通过了修订后的《最高人民法院关于人民法院在互联网公布裁判文书的规定》。此次修订，本着“公开为原则，不公开为例外”的精神，确立了“依法、全面、及时、规范”的裁判文书公开原则。

代表团在美国联邦巡回上诉法院的调研了解到，在美国司法实践中，判例公开不仅是司法透明度的常态化机制，而且已经发展成为社会公众对法官审理案件的监督机制。《美国判例法》由法院解释其判决的意见组成，汇编的判决在官方判决录上发表，或在全国汇编系统上发表，每年大约发表40 000个汇编案例。作为习惯法国家，美国的判决体例基本上沿袭了英国的传统：法官判决任何一个案子都采用判决书的形式。判决书的体例通常是：（1）首先对案件所涉及的重要事实做客观的描述与总结；（2）评价原告与被告（或其律师）的主要论点和论据；（3）根据有关法律、适用先例、立法部门的立法意图、对公众利益的考虑等等，对具体案情和法律条文进行推理、分析和论证，做出判决。在很多情况下，判决书就是一篇完整、严谨的论文，它把法官对一个案子的思考和推理完整地记录下来，从而使任何人都能据此对他的判决进行分析与评价，并感到信服。一件案子判决后，判决书通常马上公布。任何人都可以在图书馆查询、借阅。近期的案子和判决书更可以通过电子媒介，在互联网上检索和阅读。这种判决体例给司法活动带来了极大的透明度，成为对法官判案质量的一种有效监督和促进。

代表团还访问了美国哈佛大学法学院、德国马普研究所的图书馆及其数字化工程，了解了两大法系的判例和学术资源的信息化建设。哈佛大学法学院图书馆，不仅历史悠久、建筑精美，而且收藏极为丰富，目前藏书超过两百多万本，是世界上最大的法律图书馆，同时它还拥有数量众多、品质精美的法律古籍、雕塑、油画及文物，因而也是一座法律艺术馆和博物馆。除了普通的图书、期刊之外，哈佛法学院图书馆还收藏着与法律相关的近三千英尺长手稿、三十万册古籍善本及七万件视觉图像、照片、绘画，是世界上最全面的英美法律史研究基地。在图书馆三层阅览室南面的特藏室被称为“哈波特·罗宾逊英美法古籍珍本收藏”（The Herbert Robinson Anglo－American Rare Law Book Collection），这里保存有15到20世纪的法律书籍、法律人手稿和其他司法文献。读者可以在这里查阅到1900年以前的英美法律文献、1911年以前的国际法资料、1918年以前的俄罗斯法律文献以及1960年以前的中国法和苏联法资料，以及各类古老的律师业务记录、学生课堂笔记、法院的审判文书以及司法令状等等。为保证这里的稀有书籍、手迹和绘画不被岁月侵蚀，房间的温度、湿度和光线等都像艺术博物馆一样，采用特殊设备进行调控。图书馆的数字化建设一直在紧张而有序地展开，代表图深入图书馆内部，现场观看了管理员切割、复印、扫描、上网等全套数字化流程。

代表图也参观了马普创新与竞争研究所的图书馆。马普创新与竞争研究所是世界上最早专门从事知识产权研究的机构之一。经过几代所长的努力，他们建立了世界上最大的知识产权类图书馆，收藏有世界各国、各地区、各语言文本的文献资料，其中也包括大量中国学者的中文书籍。

## 三、考察的体会与心得

### （一）准确把握成文法和判例法的关系

成文法的优点是统一和集中，便于理解和运用，但他不能包揽无余，又难以随机应变，容易脱离底层，从而无法守住人类的常识和良知。判例法的优点是具体而接地气，永远不会违背常识和良知，但又过于繁复庞杂，难以理解和运用。所以，成文法和判例法各具优劣，不分伯仲。二者并不矛盾，而是相得益彰、共同出彩。成文法和判例法的混合，则既可避免成文法、判例法自身的缺陷，而又水乳交融、集采了二者长处，当成文法契合社会生活时，便运用成文法来裁决案件，当无成文法或现有成文法，不宜于社会生活时，便创制和适用判例，当立法时机成熟时，将判例加工上升为成文法条。

就中国而言，虽然在理论分类上，都把我国列为大陆法系国家。但如果细究起来，我国是否真的符合成文法的标准，在科技和哲学的层面，是否达到了大陆法系代表德国等国的高度，却是充满疑问的。从历史上看，中国近代只不过在原有中华法系面临变革、需要向西方寻求真理的背景下，情急之下学了日本、德国、苏俄。所以，中国的成文法也是外来的，是舶来品，它不是天生的或祖传的中国传统的内在之物。为此，亟需从法律技术层面对这些问题进行研究和论述。

### （二）细致区分立法、行政和司法的职能

立法是在一个更大范围内妥协的产物，而司法则直面具体的法律关系，所以，法官判案，其眼界、判断力、见识，与立法机关全局、整体的眼界的意义有所不同。另一方面，从立法的层面，成文法的制定应该是长期的、不停地、不间断地研究和修改完善，要修改完善，就需要汲取鲜活的、真实的、具体的经验资源，这些资源主要来自于司法实践，所以，立法的完善脱离不了判例，也就离不开司法的支持。

关于行政与司法。虽然，在我国目前的知识产权保护体系中，行政与司法的并存是一个事实，但是如果将时间拉长，则不难发现，这是改革开放之初应急的产物，缺少精致的理性思考与论证。不可否认，在特定的历史阶段，这套体系发挥了它的作用。但是，事实不能替代价值，经验不能否定逻辑。无论是从英美法系的实践经验，还是从大陆法系的具体做法来看，司法与行政的界限都是清楚地、分明地，也是合乎理性与价值的。就拿德国经验来看，德国专利法院历史上也是脱胎于专利局，但是随着德国基本法的生效，这种关系难以为继。联邦专利法院的成立，就是对过去扭曲关系的矫正。所以，德国的经验，对我国当前理解司法与行政的关系，对于解决循环诉讼、程序复杂等难题不无借鉴意义。

### （三）恰当定位法官和律师的作用

法官在庭审中的作用，也值得关注。法官的角色和法官的职能，值得重新思考。重新思考的前提，是厘清法官与律师的关系，以及正确理解律师的作用。例如，在美国的知识产权司法审判中，“法庭之友”制度很盛行，这套制度的适用实际上是在动员全社会的精英来解决问题，而法官在解决问题的过程中居于核心的地位。所以，法官和律师的关系问题，值得思考。无论是在美国联邦巡回上诉法院的现场旁听，还是与美国法官的交流，他们的做法和看法都是认为，律师是在帮法官梳理思路。所以，法官和律师的目的都是一样的，是理性的高手之间的合作。法官和律师都是在追求法治，心无旁骛，没有别的因素在起作用。司法就是要较真。律师就是要维权。在追求事实，追求真相，追求真理的过程中，只有分工不同，而无目的之异。

### （四）积极探索中国特色司法制度

中国作为一个超大规模经济体，目前的经济结构是农业社会、工业社会、后工业社会并存。无论是时间还是空间，原有的法律体系都已经没法匹配急剧的变革需求。从理论方面，制度方面和实践方面，都要结合中国实际深入研究。中国有自己独特的国情和发展经验，理想的选择是在成文法和判例法这两种文化的结合上下功夫，中国特色的司法制度应该是一种“混合法律制度”。也就是在成文法的基础上，有选择地吸收判例法的精华，改造不适合经济社会发展的固有的东西，使我们这个法律体系更加适合日新月异、逐渐转型的社会，更加适合创新驱动、法治和市场主导的现代社会。“混合法”是一个大的方向，是经济和社会发展的精髓、骨架、框架、原动力。这是经济建设中的精髓、骨架、框架、最初的原动力。采用这个先进的司法制度，有利于保障创新驱动发展战略的实施，从长远看，对建立创新型经济体，可以起到一个保障作用。

## 四、下一步的设想与建议

### （一）继续加强与参访单位的紧密联系

这次出访的有关接待单位均对代表团表示了热烈欢迎，对中国司法改革和知识产权法院建设给予了高度关注，对中国探索案例指导制度给予了高度评价。下一步，将以中国知识产权法学研究会为牵头单位，继续加强与美国哈佛大学、英国伦敦玛丽女王大学、德国马普创新与竞争研究所等学术机构以及美国联邦巡回上诉法院、美国专利商标局、美国联邦巡回上诉法院律师协会、英国知识产权企业法院、德国专利法院、德国杜塞尔多夫法院等行政机关和司法机关的交流与合作，实现双方人员的紧密往来。

### （二）挖掘中华传统法律文化的资源

从法律样式的角度来看，中国传统法律既不同于英美判例法，也不同于欧洲成文法，而是成文法和判例制度相结合的“混合法”。它的基本运行方式是：适时制定成文法典并加以颁布，随着社会生活的发展变化，成文法显现出自身缺点——它既不能包揽无余，又不能随机应变，从而产生创制和适用案例的司法方式。当案例积累到一定数量并经检验选择之后，案例所蕴含的成熟原则经过国家立法被成文法所吸收。经过一个多世纪的交融，原先西方两大法系之间迥然不同、针锋相向的法律观念和制度逐渐由对立转向趋同。人类法律实践活动的共同发展趋势正是“混合法”。我们正在着力建构的案例指导制度，其目的当是建立中国特色的案例指导制度，而要实现这一目的，亟需寻绎中华传统法律文化的深厚资源，重建中国古已有之的“混合法”。

（三）全面梳理知识产权法院建设

知识产权法院的建设，既要借鉴其他国家、地区的成功经验，也要从中国的基本国情、实际需求和客观条件出发，特别是要系统地梳理知识产权法院所需要解决的迫切问题，并以问题为中心设计具体的实施方案。从本国需求出发，摸清中国知识产权司法保护的国情，这是中国知识产权法院建立的基石。当前中国知识产权司法保护中存在司法尺度不统一、裁决可预见性差等问题，需设立高层级的知识产权法院来统一裁判尺度。中国知识产权审判不缺“地方队”，缺的是一支“国家队”。目前，北上广知识产权法院已经设立。这一决策虽然体现了中国对知识产权审判的重视，但止于量变，无关大局。知识产权法院的设置仍然有很大的改良空间，应当做好总体规划、顶层设计，以解决主要矛盾为目标，逐步由多家知识产权地方法院过渡到一家高级法院层级的知识产权上诉法院，盘活知识产权审判的全局。需要及时总结知识产权法院建设的经验，以系统化的思维、全球化的眼光、面向实践、面向未来，整合各方司法资源，使知识产权法院制度建设真正经得起历史和实践考验，能够服务于国家现代化大局。

（四）进一步探索指导性案例形成机制

美国的先例制度并不是筛选出来的，而是通过大家的不断援引、引用才会沉淀下来成为先例，再用不同颜色标注，它主要是客观因素在起作用。而推翻先例，大量的都是由最高法院来做。大陆法系国家的做法主要是筛选。我国目前正在推进的案例指导制度，并没有照搬某一特定国家的做法，在案例形成的方式上类似于两大法系的结合，是一种创新。但是由于我们目前采用的筛选机制，不是通过案例的使用来获得显著性，而是依赖专家个人的推荐，是人的主观因素在起作用，难免受专家个人学识、见识的制约，总体而言，主观性强于客观性，也会出现大家认识不一致的情况。因此，如何在筛选过程中通过机制和方法创新，以达致主客观因素的平衡，是需要进一步研究和尝试的问题。

# 自然语言处理技术在司法行业的应用

## ——以“知识产权案例指导服务平台”为例

北京国双科技有限公司首席科学家　刘激扬

近年来，信息技术的发展成为推动社会发展的最强驱动力。多种信息技术被广泛、不断地应用到各行各业，产生了划时代的变革。在法律领域，新的技术的应用也成为新的爆发点，尤其是最高人民法院在全面深化司法改革的新形势下，推行了审判流程公开、裁判文书公开、执行信息公开等重大举措，构建了开放、动态、透明、便民的阳光司法机制，加快了推进法院系统信息化建设的步伐，也推动了大数据、云计算、自然语言处理技术、知识图谱等新兴信息技术在法律领域的应用。其中，自然语言处理技术，作为机器学习的一部分，在中文文本信息领域得到了迅速的应用。是实现人工智能的重要技术支撑。

得益于司法文书相对工整的文本结构，自然语言处理技术在法律文书的处理中得到了有效的应用，为文书中信息的抽取提供了有力的工具，通过隐马尔科夫模型（HMM）、条件随机场（CRF）等模型能够抽取出文书中隐藏的人物、机构、涉事单位名称，基于关联规则挖掘、依存句法分析等模型能够抽取文书中涉事主体的依赖关系。基于机器学习模型，法律文书中的关键词、案由、审理法院级别、案例发生地域以及案例发生时间能够被自动获取，该项功能能够有效缩短人力成本，比如国双科技的司法案例分析系统。

在法律文书的智能问答实际应用系统中，不同的对象会提出不同的需求，比如法官希望面对案件时能够快速获取案件的发展脉络，并寻找以往的相似案例，以便为当前的判决提供案例支持；而参与案件的原告或者被告希望尽快获取作为原告或者被告将要面临的结果，从而需要参考以往案件。作为案件的审理方，法官提出的问题通常具有一定的客观性，比如“夫妻一方婚前通过按揭贷款购房，取得了房产证，婚后夫妻共同还贷的房屋，离婚后如何分割?”。而案件的参与方提出的问题具有一定的角色主观性，比如“我和我老公结婚前分期付款买了一套房子，拿了房产证，结婚以后我俩一起还的房贷，现在要离婚了，房子怎么分啊?”。实际上两者表达的语义相同，而表达形式不同，这一问题是司法文书检索中面临的一大挑战。为了解决该问题，词汇、短文案、长文案层次分别采用不同的技术进行处理。

词汇作为法律文书的基本单位，主要存在的问题可以总结为两个方面，第一个方面为相同语义的不同表达，比如“房屋纠纷案”与“房产纠纷案”；第二个方面为相同表达的不同语义，比如“母亲”与“妈妈”。由于法律文书严格格式要求，第二个方面的问题主要出现在当事人的描述中，在正规的文书中鲜有出现。为解决该两类问题，传统的方法有词汇权重计算（TFIDF），关联匹配法（Apriori），以及基于词典的相关算法。2001 年，Bengio 提出了基于神经网络的语言模型，该模型旨在通过训练词向量建立词汇之间共现的关联关系。2013 年，谷歌提出 Word2Vec 模型，该模型以相似词汇的相似表达为目标训练词汇的向量表达，具体的过程有 CBOW（continuous bag of word）与 Skim - Gram（Continuous Skip - Gram Model）两种。2014 年斯坦福大学自然语言处理课题组提出了 Glove 模型，该模型同样旨在训练词汇的向量表达。此后词向量的相关技术层出不穷，在一定程度上有效地解决了同一语义的不同表达的问题，即在实际的表达中，两个词汇的语义越接近、相关性越强，那么其对应词向量的相似度越高。

司法中的短文本作为词汇的有序集合，由于自然语言词汇表达的多样性，相同语义不同表达的问题更加严重。短文案、短问句作为多文本的一种，同样具有这一问题。针对这一现象传统的解决方案有建立文本的向量空间模型（VSM，vector space model），计算文本的相似度。建立 VSM 的方法包括 one - hot 方法与词汇权重（TFIDF）法，文本向量的长度取决于词汇表的长度，而由于短文案词汇数量有限，建立的 VSM 具有较强的稀疏性，为了解决稀疏性问题通常使用奇异值分解，该方法能够一定程度上解决短文案的表达多样化问题，但应用效果欠佳。得益于词向量的发展，短文案的表达可以通过词向量的线性或者非线性转换得到紧凑的向量表达。2011 年斯坦福大学自然语言处理课题组提出了动态池化的递归自动编码器，该方法首先使用自动编码器对短文案进行编码，进而使用动态池化分类过程计算不同短文案之间的相似程度，该模型在 2013 年又得到了新的发展。2014 年，Mikolov 提出了段落向量计算模型，该模型伴随词汇向量的训练过程，计算得到短文案向量，两种过程分别为 PV - CBOW 与 PV - DM。短文本向量的发展为司法文案中短文案的索引提供了解决方案。

长文案相对于短文案内容更加丰富，涉及案件更加复杂，通常会牵扯多个当事人或者当事单位，比如交通事故案件中除涉及事故发生过程，还会涉及保险理赔，医务护理等信息。PV - CBOW 与 PV - DM 方法同样适用于长文案的处理，此外主题模型为长文本的处理提供了有效的支持，比如混合多项式模型、PLSI、LDA、HDP 等。LDA 利用词袋方法，在指定主题数目的情况下能够计算得到长文案在各个主题上的分布。HDP 能自动计算文本所需的主题数量，关注的文本内容自动获取，因此在实际应用中 LDA 的效果优于 HDP。

除法律文书中的信息抽取与问答系统外，机器学习技术还能够被用来进行自动判决。特征的提取可以基于专业从业人员的先验知识或者自动编码器自动提取。先验知识可以通过关联规则的挖掘以及专家构建获取，比如前文提到的国双科技有限公司自主研发的法律知识图谱以及法律基础知识库。相应的判别模型包括逻辑回归（LR）、多项式回归（Softmax）、支持向量机（SVM）、k 近邻（KNN）、Adaboost、随机森林、贝叶斯方法以及多个模型计算结果的聚合等，实现在一定范围内将运算结果结构化展示给所需工作人员。

此外，当事人口头陈述案例的过程可以通过 end - to - end 的 RNN 模型转换为文字，经过与知识图谱技术的结合，在已有的案例文本中自动生成事件脉络并展示，通过自动获取原告被告的矛盾点，发掘已有文书中的处理方式，实现对当事人矛盾纠纷结果的预测。

一旦自然语言处理技术，结合知识图谱技术，在专业范围内建立模型，将可以实现基于一定素材的法律文书的自动撰写等工作。为高效的司法审判、探索性的司法实务提供决策支持。特别是在知识图谱构建的争议焦点与裁判规则的对应基础上，建立法律逻辑三段论，实现建立在完全人工智能基础上的、解决实质性法律专业问题的交互问答。

这些技术和应用已经开始在真实场景中探索支撑司法审判业务。据悉，国双公司作为技术合作方，与最高院知识产权案例指导研究（北京）基地一起，以北京知识产权法院为试点，为共同探索中国特色知识产权案例指导制度，已经初步研发出能够全面支撑我国案例指导制度运行的“知识产权案例指导服务平台”，实现了信息技术与知识产权案例指导制度及一线办案法官业务特质化需求的深度融合。机器学习成为平台实现精准搜索、知产码串联、智能推送、交互问答等方面的重要技术支撑。可以预测的是，随着技术的发展，一方面大规模语料样本数据数量不断积累以及自然语言处理、知识图谱在深度学习方面的不断深耕，信息技术应用将沿着致力于更加智能化、人性化的搜索推荐、语音交互、语义理解的道路继续前行；一方面，随着大规模语料样本数据的不断积累以及大数据挖掘技术、深度模型算法的不断发展，语义分析方法，知识图谱模型构建研究将会继续深化，在专业领域上实现质的飞跃。这将必然成为智慧型法院的信息技术内核。

如果说互联网改变了人们的生活，那么现在完全可以说，大数据、自然语言分析技术的进步和合理运用，已经对知识产权司法审判工作信息的融合、分析、应用产生了深远影响并将进一步深刻的改变旧有的司法活动方式。2016年，最高人民法院通过《人民法院信息化建设五年发展规划(2016～2020)》和《最高人民法院信息化建设五年发展规划（2016～2020)》。最高人民法院院长周强指出，要加强人民法院信息化建设发展规划，推动人民法院信息化建设转型升级，尽快建成以大数据分析为核心的人民法院信息化3.0版，促进审判体系和审判能力现代化。这为人民法院信息化建设和计算机技术在法律领域的应用提出了新的目标和更高的要求。技术的发展、专业的投入、方向的利好，我们完全可以相信，新的技术与新的理念将会为中国司法提供更好的助力。

# [实践探索]

# 知识产权审判案例指导工作实施指南（讨论稿）

二〇一七年三月二十七日

## 序 言

2015年4月，最高人民法院在北京知识产权法院设立知识产权案例指导研究（北京）基地（简称案例基地），探索建立具有中国特色的知识产权案例指导制度。设立案例基地是贯彻全面推进依法治国战略部署的重要举措，是知识产权司法改革的一项制度创新，也是保证知识产权司法公正的有力抓手。通过汇集、编撰、整理典型案例，及时总结知识产权审判规则和经验并以适当方式公开，进一步规范司法行为、深化司法公开、凝聚司法智慧，以生动鲜活的方式推进法律适用统一，提升司法公信力，促进法律共同体的交流。

为进一步总结知识产权案例指导制度探索的经验、促进案例指导制度在知识产权审判领域的推广适用，北京知识产权法院起草了《知识产权审判案例指导工作实施指南（征求意见稿）》（简称《指南》），在试点法院试行，供法官①、当事人及代理人在诉讼活动中参照试用。在《指南》的起草过程中，遵循了以下五个基本原则：

一是强调立足于我国基本国情，注重知识产权案例指导制度正确的政治方向和准确的制度定位；

二是强调结合知识产权司法实践，注重可操作性，解决实际问题；

三是强调在先案例“事实上的拘束力”，注重在现有制度体系内寻求创新发展；

四是强调在先案例的指引意义和稳定性，注重通过相关程序设计，贯彻落实案例指导的制度要求；

五是强调与信息化建设的密切配合、互相促进，注重通过信息化和大

① 本指南中的法官既包括员额制法官，也包括组成合议庭的人民陪审员。

数据手段解决制度运行难题。

## 第一章　总　则

第一条　【宗旨和依据】为依法履行审判职责、保证法律统一正确适用、切实提升诉讼预期、有效积累司法智慧、深入推进司法改革，探索建立中国特色知识产权案例指导制度，根据《中华人民共和国人民法院组织法》等法律及《最高人民法院关于案例指导工作的规定》《<最高人民法院关于案例指导工作的规定>实施细则》等规定，结合知识产权审判工作实际，制定本指南。

第二条　【遵循在先案例的内涵】遵循在先案例是指法官适用法律对具体案件事实进行裁判时，对法律的理解及自由裁量权的适用应遵循在先案例中的裁判规则和裁判标准。

第三条　【遵循在先案例的性质和意义】遵循在先案例是在我国现行法律框架和审判权限范围内进行的一种法律适用活动，是法官依法行使审判权过程中适用法律的一种司法技术，是规范法官对法律的理解和规范法官自由裁量权的一种方式、方法。

通过遵循在先案例，确保法官在相同或类似案件的裁判过程中统一、准确地理解和适用法律，实现裁判过程的公开透明，保障裁判结果的稳定性和可预期性。

第四条　【同案和类案的判断标准】在先案例与在审案件的关键事实相同的，属于相同案件。在先案例与在审案件的关键事实不完全相同但相类似的，属于类似案件。

第五条　关键事实不同于基本案情，是在先案例裁判规则或裁判标准得以确立以及解决后案相关法律问题所需依据的部分案件事实，是判断同案或类案的基本标准。

第六条　【案例基地的职责】案例基地对知识产权在先案例进行征集、遴选、审查、发布、研究和编纂，为知识产权案例指导工作的开展提供服务。

第七条　【适用范围】本指南仅供试点法院试行，供法官、当事人及代理人在诉讼活动中参照试用。

## 第二章 在先案例的概念、指引意义和层级

第八条 【在先案例的概念】本指南中的在先案例是指包含了对后案审理具有指引意义的裁判规则或裁判标准的各级人民法院的在先生效裁判。

第九条 案例基地组织专家委员会通过专门程序评审和发布司法典型案例，同时收录汇总司法实践中被后案遵循而实际发挥审判指引作用的案例，供司法审判活动参考援引。

第十条 【在先案例的定位】对案件争议涉及的相关法律问题缺乏明确具体的法律规定或者法律规定不明的，法官应当遵循在先案例作出裁判。

在先案例不属于证据，不是我国正式的法律渊源，不具有法律上的拘束力，不得作为裁判依据予以引用，但可以作为裁判理由进行援引阐述。

第十一条 【在先案例指引意义的具体体现】法官、当事人及代理人可以归纳、总结、提炼在先案例中具有指引意义的规则、标准以增强其说理。后案援引和评述在先案例应置于裁判文书的裁判理由部分。

第十二条 在先案例超越个案之外的效力，只是基于其裁判理由的说服能力，如果后案仅援引在先案例有误，不能直接等同为错案。

第十三条 【在先案例的层级】最高人民法院指导性案例是经最高人民法院审判委员会讨论通过并公布的在先案例，各级人民法院审判相同或类似案件时均应予以遵循。

第十四条 对于北京市高级人民法院审判委员会讨论通过的参阅案例，北京知识产权法院及各基层人民法院均应予以遵循。

第十五条 法官审理案件时，应当优先遵循级别最高的上级法院的在先案例。对于同一级别的上级法院不同时期的在先案例，应当优先遵循最新生效的在先案例。上级法院没有相关在先案例的，应当遵循本院的在先案例。

第十六条 本院司法辖区之外其他法院的在先案例可以作为相同或类似情形后案审理的参考，法官可以自行决定是否参照该在先案例作出裁判。

## 第三章 在先案例的发现与提交

第十七条 【检索在先案例的渠道】当事人、代理人和法官可以通过知识产权案例指导服务平台（简称案例服务平台，http：//ipslaw. cn/）、

中国裁判文书网等数据库检索在先案例。

第十八条　【告知提交在先案例】立案时，应当明确告知当事人可以提交在先案例。

第十九条　案件受理后，在向当事人送达的《受理通知书》《应诉通知书》及《参加诉讼通知书》中，应当明确告知当事人可以提交在先案例支持其诉辩主张，以及检索在先案例的渠道和提交在先案例的要求。

第二十条　【当事人提交在先案例的时限要求】当事人及其代理人应当在开庭七日前提交在先案例。有正当理由的，可以在人民法院作出裁判前提交。

第二十一条　【在先案例的筛选标准及数量要求】当事人或其代理人向人民法院提交的在先案例与在审案件应当属于相同或类似案件。法律已有明确具体规定的，直接适用法律进行裁判，无需援引在先案例。

第二十二条　当事人或其代理人应当根据在先案例效力层级高低、生效时间、与在审案件关联性强弱等因素，对检索到的在先案例进行筛选排序。

第二十三条　针对在审案件的每一个争议焦点，当事人或其代理人提交的在先案例原则上不应超过三个。

第二十四条　【在先案例摘要的格式要求】当事人或其代理人提交在先案例的，应同时提交在先案例摘要，分别说明在先案例文书的来源、生效情况、在先案例与在审案件关键事实异同比较、在先案例的裁判规则或标准、在先案例裁判规则或标准适用于在审案件的具体理由等情况。在先案例摘要一般不应超过 800 字，必要时可将在先案例及其分析报告作为附件提交。

不符合上述要求的，视为未提交在先案例。

第二十五条　【在先案例交换程序】对于当事人或其代理人提交的在先案例或者法官在案件审理过程中发现的在先案例，应当进行交换，给予各方当事人针对在先案例发表意见并提交其他在先案例的机会。

## 第四章　在先案例的审理

第二十六条　【当事人对在先案例发表意见的重点内容】当事人或其代理人可以主要围绕以下几个方面对在先案例发表意见：

第二十七条　（一）在先案例的真实性；

第二十八条　（二）在先案例与在审案件的关联性；

第二十九条　（三）在先案例与在审案件的关键事实异同比较；

第三十条　（四）在先案例中具有指引意义的裁判规则或裁判标准；

第三十一条　（五）在先案例裁判规则或裁判标准适用于在审案件的具体理由。

第三十二条　【对在先案例的评议】法律、司法解释等对于案件所涉及相关问题已经有明确具体规定或者对于与在审案件明显无关的在先案例，法官可以告知当事人或其代理人无需援引在先案例。

第三十三条　法官应当认真审查当事人或其代理人对在审案件中涉及的在先案例所发表的各项诉辩意见和主张，并就是否遵循或参考在先案例发表意见记入笔录。

第三十四条　【在先案例的表述方式】在裁判文书中需要引述在先案例的，可以按照“审理法院＋作出日期＋案号＋当事人＋案由”的格式予以表述。

对于案件的必要事实，可以在裁判文书中进行描述。可以直接采纳当事人或其代理人针对在先案例发现的意见和观点，也可以直接引用在先案例中的原文或对在先案例说理部分进行提炼、归纳。

第三十五条　【裁判文书的说理】对于当事人或其代理人在案件审理过程中提交的符合要求的在先案例，法官应当基于审理内容在裁判文书的裁判理由部分予以回应。

第三十六条　对于与在审案件相关的在先案例，法官可以运用类比推理的方法，结合当事人针对该在先案例发表的诉辩意见，按照归纳在审案件争议焦点、援引在先案例、在审案件与在先案例关键事实异同比对、在先案例中具有指引意义的裁判规则或裁判标准、在先案例裁判规则或裁判标准适用于在审案件的具体理由、得出是否遵循结论的顺序，具体说明遵循在先案例的情况。

第三十七条　【在先案例冲突的解决机制】案件审理过程中，法官认为本院作出的多份在先案例之间存在冲突的，应当经法官专业会议或一定程序研究决定。具体程序由各级法院自行规定。

第三十八条　案件审理过程中，法官认为上级法院作出的多份在先案例存在冲突的，经法官专业会议或一定程序研究决定，可以形成书面报告，仅就在先案例本身的指引意义问题逐级上报至作出在先案例裁判的法院。具体程序由各级法院自行规定。

第三十九条　【审判指导】上级法院发现下级法院的裁判在遵循在先案例方面存在不当的，可以在作出终审或再审裁判时予以指出。存在法定变更、改判或撤销事由的，应当根据相关诉讼法规定作出裁判。

第四十条　【在先案例的评审】法官认为在先案例可能对后案审理具有指引意义的，可以将该案例提交案例服务平台进行评审。

第四十一条　法官决定在在审案件中遵循或参考尚未经案例服务平台评审和发布的在先案例的，也可以在在审案件裁判生效后，将该在先案例提交案例服务平台进行评审。

# 案例基地典型案例评审办法
# （征求意见稿）

为规范最高人民法院知识产权案例指导研究（北京）基地（简称案例基地）专家委员会典型案例评审工作，依据案例基地《知识产权审判案例指导工作实施指南》《专家自治管理委员会章程》等文件，制定本办法。

一、【概念】本办法所称的典型案例，是指案例基地通过的具有类案指引意义的案例。

二、【程序启动】启动典型案例的评审程序包括人工推荐和系统推荐两种形式。其中，人工推荐包括自荐和他人推荐。自荐是指主审法官将其生效文书主动推荐给案例基地，他人推荐是指法官、专家、学者等具有推荐资格的主体将他人生效文书推荐给案例基地。系统推荐是指信息化系统在案例库中发现多次被引用的案例，自动推荐给案例基地专家评审委员会进行评审。

推荐的范围包括最高人民法院、各级法院发布的典型案例、创新性案例等。

具有推荐资格的主体包括在案例基地登记的知识产权法官、案例基地工作人员、专家委员会专家。

三、【申报要求】自荐和他人推荐的裁判文书应当满足以下要求：

1. 裁判文书须已生效，且经初步核实不存在再审程序或其他影响效力的情形。

2. 裁判文书应当完整真实，二审结案生效的应当同时报送一审裁判文书，程序性裁定应当同时报送实体裁判文书。

3. 在信息系统中完整填写典型案例申报材料或纸质规范表格，包含准确、完整的关键性信息，撰写裁判要旨，拟定关键词等。

四、【初步审查和整理】案例基地专业部对报送的案例进行初步审查，主要审查以下内容：

1. 保证报送材料的完整性；

2. 核实裁判文书的有效性；

3. 核实是否为重复申报。

经过初步审查，对于报送材料不完整的，发回报送主体要求进行补报；对于裁判文书效力存在问题的，可以发回报送主体要求进行核实，也可以进入暂缓报送程序，待效力确定后确定是否接受报送；对于重复申报的，发回报送主体并说明理由，不再接受报送。

满足案例报送要求的，案例基地专业部须按照规范进行初步整理，主要包括以下工作：

1. 与在先典型案例是否存在冲突；
2. 案例关键性信息的整理和完善；
3. 分配案例编号；
4. 确定案例的专业领域；
5. 建议案例的效力等级；
6. 其他准备性工作。

五、【专家评审】经过初步审查和整理的案例，在确定的专业领域内系统随机选定单数专家，并将完整资料发送给专家，专家须在十个工作日内完成评审并准确反馈评审意见。

专家无法在十个工作日内完成工作的，须在接收到评审任务三个工作日内通知案例基地，案例基地根据实际情况更换专家或延长该专家的评审时间。案例基地应当建立跟踪工作机制，及时提醒专家完成评审，对于超过评审期限三个工作日没有反馈意见的专家，应当及时更换专家，并将专家评审情况记录在案。三次以上无故未完成评审工作且不具有合理情况的，建议专家委员会取消其专家评审资格。

专家按照“公平”“令人信服”和“具有指引意义”三个基本要求评审是否通过为典型案例。

案例基地依据各专家意见进行如下评判：

1. 评级通过 3 名以上且占 2/3 以上的，视为专家评审通过；
2. 评级通过 3 名以下或占 2/3 以下的，视为专家评审未通过。

六、【案例编辑与入库】专家评审通过的案例，案例基地各专业部应当按照规范进行案例编辑以达到典型案例的标准，主要包括以下工作：

1. 裁判文书效力的再次审核；
2. 确定与在先典型案例的关系，包括推翻先例、不予遵循先例、创设先例、发展先例等；
3. 完善各项关键信息，规范案例要旨；
4. 确定典型案例的效力层级；

5. 在典型案例库中发布；

6. 完善相关关联知识信息，包括关联案例、论文、专家意见、论著等，形成知识包。

七、【发布与汇编】案例基地应当以系统提示、媒体发布、网站发布等形式发布典型案例。

案例基地应当建立典型案例的跟踪机制，包括典型案例的评价、引用情况等。

案例基地应当根据实际工作情况定期对典型案例进行汇编成册。

案例基地可以根据最高人民法院指导案例相关办法向其推荐典型案例上升为最高人民法院指导案例。

八、本办法由案例基地制订并负责解释。

# 北京知识产权法院诉、审、判一致性审理规范（草案）

第一条　为切实提升审判质效，从根本上解决诉、审、判脱节问题，实现诉、审、判一致，依据《中华人民共和国民事诉讼法》《中华人民共和国行政诉讼法》《最高人民法院关于案例指导工作的规定》《〈最高人民法院关于案例指导工作的规定〉实施细则》等规定，结合知识产权审判工作实际，制定本规范。

第二条　诉、审、判一致是指法官应当根据当事人的诉辩主张进行审理和裁判，保障当事人的诉辩主张及意见陈述在庭审与裁判中得到针对性审理和回应，确保诉辩、庭审与裁判彼此呼应、相互一致。

第三条　当事人提交在先案例支持其诉辩主张的，应当在举证期限内提交。除有正当理由，超过举证期限提交的在先案例，仅作为法官裁判案件的参考。

法官应当就案件所涉事实问题和法律问题，主动进行在先案例检索，及时发现与本案相关的在先案例。

案件所涉在先案例应当及时送达各方当事人，保障当事人享有针对在先案例发表意见和提交其他在先案例的权利和时间。

第四条　在法庭调查前，各方当事人应当结合己方诉辩意见，分别明确案件所涉的争议焦点并确认。

案件争议焦点应当具体明确，能够直接、准确反映案件的争议情况。①

第五条　各方当事人所主张的争议焦点一致的，应当确定为案件争议焦点。当事人对案件争议焦点存在分歧，经法官指引和释明后仍然存在分歧的，应当将各方当事人所主张的争议焦点均确定为案件争议焦点。

案件争议焦点确定后，由各方当事人确认。

第六条　各方当事人无争议的事实问题和法律问题，经审查能够确认的，应当及时予以确定并由当事人签字确认，无需纳入庭审审理范围，并可在裁判文书中直接予以表述。

① 例如，案件争议焦点不能简单归纳为“商标近似”或“创造性”问题，而应具体为“福斯商标与福斯特商标是否构成近似商标”或“对比文件 2 是否给出了某方面的技术启示”等。

第七条　庭审时，应当针对已经确定的案件争议焦点，进行调查和辩论，不得遗漏争议焦点。

第八条　经审理发现当事人归纳的案件争议焦点不全面或者庭审中出现新的争议焦点的，法官应当及时向各方当事人进行告知和释明，并在重新确定案件争议焦点后进行审理。

在当事人主张的争议焦点之外，法官经审理认为还存在其他争议焦点的，应当在告知各方当事人后进行审理。

第九条　庭审中涉及相关在先案例的，应当确保当事人围绕在先案例充分发表意见并记入笔录。

第十条　裁判文书应当全面、准确反映案件争议焦点及当事人的诉辩主张和理由，不得遗漏。

第十一条　裁判时应当针对经过庭审的案件争议焦点逐一进行评述，并说明作出裁判所依据的具体事实和理由。

未经庭审的当事人有争议的事实和法律问题，不得裁判。

第十二条　裁判涉及在先案例的，应当根据《知识产权审判案例指导工作实施指南》的相关规定执行。

第十三条　速审组负责审理的案件，可以在案件争议焦点确认、庭审方式、裁判文书撰写等方面予以简化，相关程序由本院另行规定。

第十四条　本规范由北京知识产权法院审判委员会负责解释。

第十五条　本规范自下发之日起实施。

# 专家自治管理委员会章程
# （草案）

## 第一章　总　则

第一条　为充分发挥最高人民法院知识产权案例指导研究（北京）基地（简称案例基地）专家咨询委员会在案例指导制度探索、典型案例评审等方面的作用，凝聚智慧和共识，加强沟通与管理，实现工作的规范化和制度化，案例基地成立专家自治管理委员会（以下简称专家自管委），并结合工作实际制定本章程。

第二条　专家自管委为案例基地专家咨询委员会专家自愿组成的自治型组织，采取自我管理为主的管理模式，在案例基地的指导下，负责指导、协调、监督案例基地专家咨询委员会的各项日常工作。

## 第二章　人员及职责

第三条　专家自管委的人员构成及职责：

（一）专家自管委由主任1人、执行副主任1人、兼职副主任3人、秘书长1人、专业委员会委员12～16人组成，人员任期为2年。

（二）主任主持专家自管委的全面工作，根据需要召集和主持召开专家自管委会议，确定专家自管委的工作方针、任务、考核标准和年度工作计划。

（三）主任、执行副主任、兼职副主任、秘书长由案例基地指定；主任可以委托执行副主任负责案例基地专家咨询委员会日常工作，兼职副主任根据主任分工负责具体事务，秘书长负责日常沟通等协助性事务。

（四）专家咨询委员会设立商标（竞争、垄断）、专利、著作权和综合程序四个专业分会，每个分会从专家库中各选出3－4名召集人，并作为专家自管委委员，配合进行本领域的工作。专业分会的委员任命及变动由主任提出建议名单，报案例基地研究决定。

第四条　专家自管委设日常办事机构“专家自管委办公室”，处理专家自管委日常工作。

## 第三章　工作内容

第五条　专家自管委工作内容：

（一）组织和协调专家开展典型案例相关工作，包括典型案例的评审、典型案例理论研究、典型案例应用评价、典型案例的交流宣传等。

（二）组织专家对案例指导制度和工作进行商讨及建议。

（三）对案例基地专家的工作成效组织考核，并对工作突出的专家予以表彰。

（四）根据实际需要及考核结果对案例基地专家的增补或退出做出决定。

（五）组织案例基地专家进行必要的培训以及开展学术研讨。

（六）制定和修改案例基地专家的工作规范和流程标准。

（七）其他应由专家自管委负责的工作。

第六条　专家自管委工作方式包括负责典型案例评审、内部小组讨论会、对外研讨会、编纂出版案例基地研究成果和汇编典型案例等。

第七条　专家自管委每年组织召开专家大会，进行工作总结、表彰和部署。

## 第四章　工作机制

第八条　建立专家自管委决策机制，专家自管委日常事务由主任和执行副主任代表案例基地决策并向案例基地负责，重大事项由专家自管委会议采取民主集中方式决策后报案例基地研究决定。

第九条　建立专家回避机制，制定人员和行为自律规范，对专家具有利益冲突及具有其他不适宜参与评审案件情形进行执行和监督。

第十条　建立专家激励机制，促进专家自觉参与各项工作，搭建覆盖知识产权职业共同体的专业交流平台，凝聚知识产权法官、学者、专业律师领域共同体，通过平台吸引鼓励专家作出领域贡献。

第十一条　建立专家增补机制，专家的总数量在现有人员数量的基础上根据工作需要和人员变动情况设定总人数，新增人员由主任提出建议，案例基地同意后加入。

第十二条　建立专家退出机制，包括自愿退出、考核未达标退出、法定事由退出等情形。自愿退出应当提交书面申请，在专家自管委许可后退出；考核未达标退出为本章程规定的事由不达标后退出；法定事由退出指出现被行政处罚、刑事处罚以及其他重大事项使专家声誉受损等情况后退出。

第十三条　建立专家考核机制：

（一）专家自管委负责对案例基地专家的工作进行考核，专家应当保质保量及时完成专家自管委分配的任务。

（二）任务由专家自管委会议确定分配，主任、执行副主任组织考核。考核按季度进行，连续两季度考核未达标者，当年度保留专家名义，但次年视为自动放弃作为案例基地专家资格。

（三）案例基地专家考核内容为案例基地专家完成案例基地所托任务的数量、质量和效率。具体考核指标由专家自管委主任会议确定后公布。

第十四条　建立专家培训机制，组织案例指导制度和工作方面相关培训和交流。

第十五条　建立评审创新机制，借助信息技术手段，搭建线上交流讨论的平台，并定期组织线下交流研讨活动。

## 第五章　专家的权利和义务

第十六条　专家享有下述权利：

（一）有权了解和获取与专家自管委分配任务有关的文件、资料、数据、背景材料，参加案例基地有关培训活动和研讨会。

（二）在完成分配任务的过程中充分发表个人意见，并可保留个人意见和建议。

（三）独立地承担所分配任务，不受其他因素干扰。

（四）向专家自管委提出工作意见和建议。

（五）可自愿退出专家委员会。

第十七条　专家承担下列义务：

（一）遵守有关法律法规和专家自管委章程及自律守则。

（二）积极参加专家委员会的各项活动，对承担的任务，应当认真负责，按时完成。

（三）发现问题及时向专家自管委提供相关建议。

（四）在完成案例基地任务中，应当从全局出发，坚持原则，秉公办事。

（五）对承担的任务中涉及到的问题和资料，应当保密，未经案例基地同意，不得擅自对外泄露。

（六）出现所评选案例与个人以及所在单位利益冲突，以及其他不适宜评选的因素时，应主动回避并向专家自管委备案。

（七）未经专家自管委同意，专家个人不得以案例基地专家的名义从事商业性活动或做其他宣传。

## 第六章　附　则

第十八条　本章程由案例基地负责解释和修改，自颁布之日起生效。

# 北京知产法院援引在先案例实践情况分析

自2015年4月案例基地成立以来，北京知产法院深入学习贯彻党的十八届四中全会提出的“加强和规范司法解释和案例指导，统一法律适用标准”的要求，充分利用北京知产法院案件类型齐全、数量最多的优势，在个案中以生动鲜活的方式开展具有中国特色的知识产权案例指导制度探索。截止到2017年4月，各法官团队在230余件案件中援引在先判决，初步总结和积累了一定的经验。通过对这230余份判决的分析研究，目前北京知产法院在援引在先案例的具体类型方面主要包括以下几种情况：

## 一、本案与在先案例基本案情相同或相似，适用与在先案例相同的裁判规则，得出相同的结论。主要包括以下几种情况

### （一）援引在先案例关于同一法律概念的解释

例如（2015）京知行初字第2575号中，北京知产法院认为：对于司法审判实践中如何理解该条规定的“使用”，李琛提交的北京高院作出的（2010）高行终字第455号行政判决书、（2010）高行终字第309号行政判决书、（2013）高行终字第292号行政判决书及北京一中院作出的（2012）一中知行初字第3252号行政判决书均对此进行了同一的阐述，其中（2013）高行终字第292号行政判决书载明：“《商标法》关于注册商标连续三年停止使用予以撤销的立法本意是清除长期未实际投入商业使用而空占商标资源的注册商标，故该使用行为应当是真实的、持续的、投入到市场流通领域的行为，即注册商标权人将注册商标合法、规范地使用在核定使用的商品或服务类别上，并对外持续销售商品或提供服务，使相关公众能够基于注册商标识别提供商品或服务的不同市场主体，才构成上述注册商标的使用方式该规定旨在促使商标真实的投入商业使用，发挥商标的应有功能与作用，实现商标的市场价值，并非以撤销商标为目的。”本院同意上述观点，并作为本案对于“使用”的判断原则。

### （二）援引在先关联案件中认定的相关事实，用以回应当事人提出的诉讼理由或本案认定事实的一部分

例如（2015）京知行初字第2048号中，北京知产法院认为：原告主张

“太雕”为黄酒的品种之一，系商品名称。对此（2015）高行（知）终字第2575号行政判决已认定：原告提供的用以支持上述主张的证据数量极为有限，而且即使历史上曾经存在过以“太雕”或“太雕酒”命名的黄酒商品，但现有证据不足以证明在我国目前的市场环境中存在将“太雕”或“太雕酒”作为商品名称使用的客观实际。个别的市场经营者将他人注册商标标志作为商品名称对待和使用的行为，不能作为认定商品名称存在的依据。在相关标志已经作为商标获准注册的情况下，如果允许他人将该标志作为商品名称加以使用和对待，不仅有可能使该商标丧失显著性、损害他人已经取得的合法权利，而且也有可能动摇商标注册制度、损害法律的严肃性和权威性。因此，原告关于“太雕”为黄酒的品种之一，系商品名称的理由，缺乏事实和法律依据，本院不予支持。

例如（2014）京知行初字第23号案中，北京知产法院认为：本专利权利要求1中请求保护一种防电磁污染服，它包括上装和下装，其特征在于所述服装在面料里设有由导磁率高而无剩磁的金属细丝或者金属粉末构成的起屏蔽保护作用的金属网或膜。最高人民法院（2012）民申字第1544号民事裁定书明确认定：根据本专利说明书以及柏万清提供的有关证据，本领域技术人员难以确定权利要求1中技术特征“导磁率高”的具体范围或者具体含义，不能准确确定本专利权利要求1的保护范围。本案中，柏万清亦未能提交相关证据证明在本专利所属技术领域中，本领域技术人员对于高导磁率的含义或者范围有着相对统一的认识。因此，本专利权利要求1保护范围不清楚。

### （三）在行政诉讼案件中援引在先案例审查判断被诉行政行为程序合法性

例如（2015）京知行初字第1361号中，针对专利复审委员会是否可以在特定情况下依职权对驳回决定未提及的明显实质性缺陷等进行相应审查的问题，北京知产法院认为：北京市高级人民法院（简称北京高院）在（2013）高行终字第902号发明专利申请驳回复审行政纠纷案中认定：“在发明专利申请驳回复审程序中，如果涉及驳回决定已经提及的缺陷，无论其是否属于‘明显实质性缺陷’，专利复审委员会在驳回复审程序中均可予以审查。如果驳回决定未提及的缺陷不属于‘明显实质性缺陷’，则不属于专利复审委员会依职权审查的范围。而且，专利复审委员会在依职权审查时应当履行听证原则，确保申请人陈述意见的权利和机会。”由此可见，专利复审委员会在复审程序中，应以请求审查原则为基础，将依职权审查作为请求原则的例外或者补充。专利复审委员会在复审程序中依职权对专利申请的缺陷进行审查的范围仅限于驳回决定已经提及的缺陷或者驳回决定未提及的明显实质性缺陷，且应当履行听证原则，确保申请人陈述意见的权利和机会。

## 二、本案与在先案例关键事实实质相同或相似，适用与在先案例相同的裁判规则，得出相同的结论

例如（2016）京 73 民终 474 号中，援引在先案例确立的证明标准和举证责任，针对该案争议焦点“一审原告提交的部分证据来源是否合法的问题”，北京知识产权法院认为：关于证据来源方式合法性判断问题，最高人民法院（2006）民三提字第 1 号民事判决书（简称第 1 号案）曾经做出过判决。在该案中，北大方正集团有限公司（简称方正公司）、北京红楼计算机科学技术研究所（简称红楼研究所）发现北京高术天力科技有限公司（简称高术天力公司）、北京高术科技公司（简称高术公司）在销售激光照排机时安装方正公司享有著作权的 RIP 软件及方正文合软件。为了取得证据，方正公司员工以普通消费者的身份与高术天力公司联系购买 katanaft－5055a 激光照排机，主动提出要购买盗版方正 RIP 软件和方正文合软件，高术天力公司员工表示同意出售。后高术天力公司在激光照排机配套使用的方正公司自备计算机上安装方正 RIP 软件及方正文合软件。关于该取证方式是否合法，最高人民法院在判决中认定，在民事诉讼中，尽管法律对于违法行为作出了较多的明文规定，但由于社会关系的广泛性和利益关系的复杂性，除另有明文规定外，法律对于违法行为不采取穷尽式的列举规定，而存在较多的空间根据利益衡量、价值取向来解决，故对于法律没有明文禁止的行为，主要根据该行为实质上的正当性进行判断。就本案而言，北大方正公司通过公证取证方式，不仅取得了高术天力公司现场安装盗版方正软件的证据，而且获取了其向其他客户销售盗版软件，实施同类侵权行为的证据和证据线索，其目的并无不正当性，其行为并未损害社会公共利益和他人合法权益。加之计算机软件著作权侵权行为具有隐蔽性较强、取证难度大等特点，采取该取证方式，有利于解决此类案件取证难问题，起到威慑和遏制侵权行为的作用，也符合依法加强知识产权保护的法律精神。此外，方正公司采取的取证方式亦未侵犯高术公司、高术天力公司的合法权益。据此，本案涉及的取证方式合法有效，对其获取证据所证明的事实应作为定案根据。

与第 1 号案相比，本案也涉及证据来源合法性问题，本案在案证据虽然不能充分证明德远广告公司从哪个案外人处取得证据，但是该证据仅涉及正常的商业信息，内容本身并无违法之处，而从案外人处取得证据的方式亦并未为法律明文禁止，同样应根据该行为实质上的正当性进行判断。首先，德远广告公司从案外人处取得涉案宣传资料，系为证明玖度设计公司存在虚假宣传的不正当竞争行为，目的同样并无不正当性，其行为亦并未损害社会公共利益和他人合法权益。其次，本案为不正当竞争案件，涉及玖度设计公司向特定客户推广业务时所提供宣传资料是否存在虚假宣传的情况。一般而言，德远广告公司并非玖度设计公司的特定客户，难以直接获得上述证据，该可能存在的不正当竞争行为同样具有隐蔽性较强、取证难度大等特点，从案外人处取证同样有利于解决此类案件取证难问题，起到威慑和遏制不正当竞争行为的作用，也符合依法加强知识产权保护的法律精神。此外，如上文所述，玖度设计公司主张涉案宣传资料涉及商业秘密的主张不能成立。因此，本案同样没有证据表明德远广告公司从案外人处取证侵犯了玖度设计公司的合法权益。最后，在第 1 号案中，方正公司以普通消费者的身份与高术天力公司商谈购买激光照排机时，主动提出购买盗版方正软件，该种取证方式系典型的陷阱取证，第 1 号案在综合考量多种因素后仍认定该取证方式合法。而本案德远广告公司仅系从案外人处取得证据，虽然没有充分证据证明该证据具体从哪个案外人处取得，但是该取证方式与第 1 号案相比可责难性更低。据此，本案涉及的两套宣传资料证据来源合法有效，可以作为认定案件事实的依据。一审法院的认定有误，本院不予支持。

## 三、本案与在先案例案情类似，但由于关键事实方面存在一定区别，虽然适用相同的裁判规则，但结论不同

例如（2015）京知行初字第 2508 – 2510、2515 号案中，案件争议焦点是诉争商标是否属于“地名具有其他含义的除外”，北京知产法院认为：近年来的司法实践中已有多个案例支持了通过使用获得“其他含义”的主张。如北京市高级人民法院（2010）高行终字第 773 号判决认为：“老龙口”是辽宁省沈阳市历史悠久的著名白酒酿造工艺名称，其传统的酿造工艺被评为省级非物质文化遗产、国家非物质文化遗产，并予以保护。因此，“老龙口”作为一个整体已经具有了区别于“山东省龙口市”的行政区划名称的其他含义，可以作为商标注册、使用，不属于《商标法》第十条第二款规

定的不得作为商标的地名。再如北京市高级人民法院（2011）高行终字第686号判决认为：“中江国际”作为中国江苏国际经济技术合作公司的简称进行了较长时间的使用，并已被政府部门文件、媒体报道以及相关公众所确认和知晓，具有了一定的知名度。因此，“中江国际”已经与中国江苏国际经济技术合作公司具有了较强的对应关系，足以与地名“中江”相区别，并具备了区分商品和服务来源的作用。

本案中，诉争商标由中文“神农架”及图形组成，其中“神农架”系其主要识别部分。原告主张诉争商标“神农架”除作为湖北省下辖的县级以上行政区划地名之外，还是原始森林的名称，即具有“其他含义”。且该“其他含义”甚至强于“神农架”作为县级以上行政区划的地名的含义。对原告的上述主张本院予以认可。但如上所述，作为原始森林名称的“神农架”依然具备表征特定地理位置的功能，且诉争商标指定使用的“矿泉水、纯净水”等商品的特性与地理位置因素关系密切，故若将“神农架”注册使用在上述商品上，容易使相关公众认为相关商品来源于特定地理区域，甚至具备某种特定品质和功能，故无法发挥商标应当具有的区分不同商品来源的作用。原告还主张“神农架”经过其广泛使用也已经产生了有别于地名的其他含义。对此本院认为，原告向被告提交的证据2－4及向本院补充提交的证据虽然能够证明“神农架”商标在矿泉水商品上进行了使用，但因经销区域、销售数量、宣传范围均有限，故不足以证明该商标在矿泉水商品上已经具有较高知名度，已被相关公众广泛知晓。因此，相关公众在认知诉争商标时，仍会将其作为县级以上行政区划的地名或特定地理位置的名称来识别，而不是将其与特定商品来源相联系，故其无法发挥商标的识别作用。因此，原告的上述主张不能成立。

## 四、通过援引多个在先案例，梳理比较针对同一案件事实不同裁判规则的内涵及发展脉络，明确合议庭法律适用标准

例如（2015）京知民终字第559－563号串案中，涉及到信息网络传播权确定标准的服务器标准与用户感知标准之间的比较，北京知产法院认为：我国著作权法中信息网络传播行为的确定标准应是服务器标准，而非用户感知标准。在司法实践中，亦曾经长期存在服务器标准与用户感知标准的分歧。2003年的华纳诉世纪悦博案是最早体现出上述分歧的案件。该案中，涉案歌曲并不存储于被告世纪悦博公司经营的CHINAMP3网站，但网络用户可以通过逐级点击的方法在被告网站上直接获得涉案歌曲的下载，整个

过程并不进入第三方网站。对于该行为是否可以被认定构成信息网络传播行为，北京市第一中级人民法院采用了用户感知标准，指出因该过程并不进入第三方网站，其足以使网络用户认为提供歌曲下载服务者为CHINAMP3网站，故被告行为构成信息网络传播行为。

但北京市高级人民法院在该案的二审中则采用了服务器标准，认为世纪悦博公司虽然以逐层递进的方式引导用户下载，但其不能完全控制被链接网站的资源，一旦被链接网站网址发生变化或者网站采取加密等限制访问措施，访问要求就会被拒绝。世纪悦博公司没有复制、向公众传播被链接的录音制品，因此，世纪悦博公司在本案中所提供服务本质上依然属于链接通道服务。

此后的相当长期间内，两种做法在案件中均有所体现。例如，在2007年的梦通诉衡准案中，北京市海淀区人民法院采用用户感知标准，指出衡准公司在给出查询结果之后，不仅提供相应的摘要信息，还通过技术手段将作品的内容直接展示在自己的网页上，衡准公司已经成为网络内容提供者，不再是搜索服务提供者。但北京市高级人民法院自始至终采用的均为服务器标准。如在2007年的泛亚诉百度案中，法院认为虽然用户在百度网页下载即可获得涉案歌曲，而无需进入被链接网站页面，但因百度网站的服务器上并未上载或储存被链接的涉案歌曲。因此，其所提供的是定位和链接服务，并非信息网络传播行为。

目前，这一分歧局面逐渐开始统一，越来越多的案件中采用了服务器标准。这一做法不仅体现在北京市各级法院的案件中，最高人民法院对此亦予认同。在2009年审结的慈文诉海南网通案件中，最高人民法院指出，慈文公司提交的公证书中显示，通过互联网进入海南网通网站，点击其首页的“影视频道”，即可在进入的页面上进行操作观看电影《七剑》。进入的网页上并无任何信息可以表明该网页属于第三方所有。海南网通公司如欲证明该网页仅是其链接的第三方网站，其应提交相关证据。在海南网通公司未提供相关证据的情况下，其关于仅提供链接服务的抗辩不能得到支持。该案中，法院虽无服务器标准的明确表述，但该标准实为其暗含之义。亦即，被告只有证明被诉内容并未存储于其服务器中，方能证明其所提供的是链接服务。

在2011年的肇庆数字文化网数字影院案件中，最高人民法院则明确指出应适用服务器标准。法院认为，因肇庆数字文化网数字影院所播放的涉案四部影片并未存储在该网站的服务器上，因此，肇庆市广电局、肇庆市图书馆向用户提供的是相关链接服务。在 2012 年审结的前文提及的泛亚诉百度案的二审中，最高人民法院亦对一审法院所采用的服务器标准予以认同。其指出，百度网站提供 MP3 下载，虽然整体过程并不脱离百度网站的页面，但其并非我国《著作权法》及《信息网络传播权保护条例》所规定的通过信息网络提供他人作品的行为，而属于提供信息定位服务。

此后，最高人民法院于 2013 年 1 月 1 日颁布《网络著作权司法解释》，其第三条规定："网络用户、网络服务提供者未经许可，通过信息网络提供权利人享有信息网络传播权的作品、表演、录音录像制品，除法律、行政法规另有规定外，人民法院应当认定其构成侵害信息网络传播权行为。通过上传到网络服务器、设置共享文件或者利用文件分享软件等方式，将作品、表演、录音录像制品置于信息网络中，使公众能够在个人选定的时间和地点以下载、浏览或者其他方式获得的，人民法院应当认定其实施了前款规定的提供行为。"该规定中虽并无服务器标准的明确表示，但因"置于信息网络中"通常应被理解为置于服务器中，因此，在结合最高人民法院相关判决的情况下，不难理解出服务器标准这一含义。

综上，本院认为，无论是基于对于《著作权法》第十条第（十二）项立法渊源的理解，还是基于司法实践中的做法，对于信息网络传播行为的理解均应采用服务器标准，而非用户感知标准。

## 五、与在先案例中对法律规定的理解保持一致，统一裁判尺度，实现类案同判

例如（2015）京知行初字第 2893 号案中，关于商品或服务的类似关系的判断问题，北京知产法院认为：正如最高人民法院在有关啄木鸟商标驳回再审申请通知书［（2011）知行字第 37 号］中所指出的那样，商品和服务的项目更新和市场交易情况不断变化，类似商品和服务的类似关系不是一成不变，而商标异议、争议是有别于商标注册申请审查的制度设置，承载不同的制度功能和价值取向，更多涉及特定民事权益的保护，强调个案性和实际情况，尤其是进入诉讼程序的案件，更强调司法对个案的救济性。在这些环节中，如果还立足于维护一致性和稳定性，而不考虑实际情况和个案因素，则背离了制度设置的目的和功能。因此在商标异议、争议和后续诉讼以及侵权诉讼中进行商品类似关系判断时，不能机械、简单地以《区分表》为依据或标准，而应当考虑更多实际要素，结合个案的情况进行认定。《区分表》的修订有其自身的规则和程序，无法解决滞后性，也无法

考虑个案情况。把个案中准确认定商品类似关系寄托在《区分表》的修订是不现实和不符合逻辑的，相反个案的认定和突破才能及时反映商品关系变化，在必要时也促进《区分表》的修正。因此对《区分表》的修正应当通过一定的程序统一进行并予以公布，否则不能突破的观点不能成立。事实上，商标评审委员会在一些评审案件中已经在考虑相关案情的基础上，在《区分表》类似商品判断划分外作出符合实际的裁决。

就本案而言，"游戏软件"和"汽车维修管理软件"在功能、用途、生产部门、销售渠道、消费对象等方面均存在较大的差异。尤其需要结合软件技术的迅猛发展来进行具体分析。事实上，随着互联网的深入发展，"互联网+"的概念不断延展深化，计算机软件所能实现的功能、用途已逐步覆盖传统领域的大部分行业，可以说计算机软件已不是一个独立的商品，而是一个可以提供某种服务的载体，随着软件行业分工的不断细化，各种不同类型软件的生产商、销售商、消费者的专业性和针对性越来越强，在判定不同计算机软件商品是否构成类似上，应以其所提供服务的功能、用途、消费群体等是否相同或具有较大关联性，并结合市场实际，消费者是否会产生产源误认予以综合认定，而不能简单依据《商标注册用商品和服务国际分类表》《类似商品和服务区分表》一概而论。

本案中，汽车维修管理软件系由汽车维修者向汽车使用者提供汽车维修、管理服务的工具性软件，而游戏软件系由游戏运营商向游戏玩家提供娱乐、消遣服务的娱乐性软件；在销售渠道方面，汽车维修管理软件仅需要针对提供汽车维修、管理服务的汽车服务商销售即可进行推广，而游戏软件需要由游戏运营商在各大游戏类软件平台或第三方软件下载平台进行广泛宣传和推广才能实现游戏软件的销售和使用；二者由不同主体研发，面向不同消费群体，通过不同的销售渠道进行推广销售，属于不同的服务领域，在研发主体、消费群体、销售渠道、功能、用途上都存在明显区别，并不构成类似商品或服务。此外，诉争商标的指定使用的"游戏软件"商品为软件类产品，而引证商标核定使用的"计算机及其外围设备"等商品属于硬件类产品，二者在功能用途等方面也存在较大区别，亦未构成类似商品。

## 六、在法律规定不明时，援引在先案例保证裁判标准的稳定和统一

例如（2015）京知行初字第342号案中，争议焦点在于，当诉争商标

在复审商品上的使用仅限于出口时，能否发生2001年《商标法》第四十四条第（四）项意义上的使用注册商标之效力，北京知识产权法院认为：北京市高级人民法院（2010）高行终字第265号判决认定："来料加工是中国企业利用外国企业提供的原材料、零部件等，按照外国企业的要求进行加工，成品交由外国企业销售的一种贸易形式。虽然来料加工的成品并未实际进入中国大陆市场流通领域，但是如果不认定来料加工为商标使用行为，相关商标专用权因未使用而构成被撤销的理由，恐不尽公平，且有悖于拓展对外贸易的政策。本院对相关问题的认定，应当与上级法院在先作出的第265号案件生效判决中的相关认定保持一致，即认定诉争商标的使用能够发生2001年《商标法》第四十四条第（四）项意义上的使用注册商标之效力"。

# [专家视角]

# 中国“混合法”的三次轮回[①]

演讲　北京大学教授　武树臣
整理　北京知识产权法院法官助理　菅蓓蕾

我们知道，中国近现代法制更接近于大陆法系，而与之相对的是英美法系，两大法系各有各的特点，大陆法系更注重成文法的制定，法的大量表现形式是抽象的统一的成文规定，不针对某一具体事件；而是用一个法条在多个法律案件上重复适用。而英美法系则看重判例法，法官审理案件时最可靠的依据是大量的针对一个一个独立发生过的案件的判决结果，这些判例针对某一个具体案件，具有具体的针对性。中国的学者们往往在思考和研究中国法制的时候，总是自觉或不自觉地套用西方思维模式，从语言到名词术语到思维逻辑都是西方模式。另一个后果就是，不能实事求是地客观分析中国历史和现实的法律实践活动的经验和发展规律，不能为现实法制建设提供有益的意见，一味地以西方的理论或标准来抨击中国法制存在缺失。

事实上中国和西方的文化差异是十分明显的。40 年前我曾经听过侯仁之先生的讲座，他先有个开场白，讲述和德国（西德）汉学家一次小小的争论。他说，在西周时期，华北地区就有“蓟”这个都邑。可是这个意见遭到德国汉学家的怀疑。他们质问，“蓟”这个地方有商业交易活动吗？有这方面的证据吗？如果没有证据，“蓟”这个都邑的存在就是不符合逻辑的，是虚构的城市。侯先生说，我对那位汉学家说，欧洲古代的都邑确实是商品交易的产物，商人需要住宿、吃饭，存放货物，于是就有了旅店、旅馆和管理者，于是就产生了都邑。可是，在中国古代，商品交易并不发达，而政治因素处于决定的地位。因为统治者来到一片空旷的原野，感觉需要在这里筑城，有了军队，也就有了为军队服务的设施和人群，都邑随之就产生了。都邑在西方是经济活动的产物，而在中国古代，是政治的产物。今天，当年侯先生的讲座内容我差不多都淡忘了，但是，那个开场白依然记在我心中。它告诉我们，法律是地方性的知识体系，做学问，最重

① 根据 2016 年 8 月 31 日武树臣教授在北京知识产权法院讲座录音整理。

要的是实事求是，是尊重国情，否则就会削足适履，陷入西方中心论的歧途。2004 年，北京市高级人民法院选派我为团长，带领十几位来自全国各地的中级法院主管民事审判的副院长，到德国进行物权法的培训。给我们讲课的老师当中有一位知名的汉学家。他讲到土地交易的历史时，不经意地说，中国西周春秋时没有土地交易。课间休息时，我跟汉学家聊起来。我说，西周春秋时虽然是分封制，但土地所有权形态已经相对稳定了。比如，周天子到鲁国的泰山去郊祀，想在泰山脚下盖一个供他们临时休息的招待所（行宫）是不可以的。那么，怎么办呢？周天子就用王的一块土地送给晋国，晋又把同样面积的土地送给卫国，卫国也把同样面积的土地送给鲁国，于是，鲁国国君才批准周天子在泰山脚下盖了一座行宫。这也是土地交易的一种形式。这在《左传》里可以查到。这位汉学家回去查了《左传》，同意了我的意见。实际上中国在西周是有土地交易的，只是这种交易不一定是通过货币等一般等价物来进行的。所以说纵观中国法制发展史，还是有很多史料值得进一步考究，如果我们深入细致地去研究这些问题，会发现很多不同的结果，找到属于我们民族历史所专有的法律文化。没有经过全面深入研究就下结论是不妥的。

我通过对中国古代法律史的考察和研究认为，中国法系既非欧洲的成文法，也非英美的判例法，而是混合法。什么是混合法，可以总结为两个层次：一个是成文法与判例制度相结合；另一个是法律规范和非法律规范相结合。今天的讲座主要讲第一个层次。

中国的混合法经历了三次轮回。第一次轮回是从西周春秋的判例法时代到战国秦朝的成文法时代，再到汉朝以后形成的成文法和判例法结合的混合法时代；第二次轮回是从清末修律，大理院实行判例法，再到民国“六法全书”形成，完成了近代的混合法；第三次轮回是从中华人民共和国建立，经过政策法时代，改革开放以后大量的成文立法，到今天探讨实践中国式的判例制度。未来的发展方向是完成中国现代的混合法。

## 中国混合法的第一次轮回：从西周到汉代

中国一些法学研究者总持一种观点，他们认为中国古代只重刑法而忽视其他法律门类，法律系统不完备，从来没有过判例法。我们古代不是没有民法，是我们国家的政权对民事采取了非常宽松的政策，我不制约你，让你们自己去解决。恩格斯说在氏族用习俗把社会都调节好是中国的历史就是这个意思。到了明代除了命案、强盗这些案件由郡县法官受理外，其他的都不受理，把这些权力交给了地方的乡绅，地方的乡绅品德非常好又有学问，就是考进士没有考上，但地方上的人还很尊重他，审理案件时乡绅们找七八个人组成一个“陪审团”，按照传统的习俗解决纠纷，形成先例，这些先例积攒下来了。以后审理其他新的案件的时候，就会把这些先例拿出来加以对照应用。说中国古代没有民法是不妥的。我30年前提出中国古代有判例制度这种观点，甚至提出西周春秋是判例法时代。当时的审判方法是“议事以制，”即选择适当的故事案例去裁判案件，按照礼的原则进行裁判，产生了很多缘礼而成的判例，供以后裁判参考适用。西周春秋是世袭制，法官是代代相传的，创制适用判例的做法很自然就传给了下一代。通过判例宣布人的行为规范，即应当做什么和不应当做什么。当时的法律文献编纂方式是“五刑之属三千”，在墨劓剕宫大辟五种刑罚后面罗列着很多适用这种刑罚的判例，并不是有三千个法条。

战国秦朝是成文法时代。当时秦统治阶级为使各级司法官吏明白无误地依法办事，以实现司法统一，故而将法条制定得十分详细，一览无疑。如：“其以牛耕，牛减契（腰围），笞主者寸十。”是说，用牛耕田，牛腰围每减瘦一寸，鞭打主事十下。再如：“城旦舂折瓦器、铁器、木器，为大车折鞣，辙笞之。值笞钱，笞十；值廿钱以上，熟笞之，出其器。佛辙笞，吏主者负其半。”又如：“五人盗，赃一钱以上，斩左趾，又黥以为城旦；不盈五人，盗过六百六十钱，黥劓以为城旦；不盈六百六十到二百二钱，黥为城旦；不盈二百二以下到一钱，迁之。”这里把盗窃的人数和盗窃的赃物以及应受的处罚，列得一清二楚。

秦朝有一个伟大的发明，就是在适用秦律的同时，还适用判例，即“廷行事，”云梦秦简出现九件。判例的适用方法称作“比”，即“比附”“类推”。《法律答问》说：“殴大父母，黥为城旦舂。今殴高大父母，何论？比大父母。”殴祖父母，应处黥刑并城旦舂。现在有人殴曾祖父母，如何处罚？比照殴祖父母处罚。比的结果就形成了一个新的判例。在审判中，廷行事是在无法律条文引用同时也没有相近的法律条文可以比附的条件下，经过一定程序创立出来的。如《法律答问》：“实官户关不致，容指若抉，廷行事赀一甲”“实官户扇不致，禾稼能出，廷行事赀一甲”“空仓中有荐，荐下有稼一石以上，廷行事赀一甲，令史监者，一盾”“仓鼠穴几何而当论及谇？廷行事鼠穴三以上赀一盾，二以下谇。鼷穴三当一鼠穴。”仓库门闩不紧密，可插进手指，判例罚一甲；仓库门扇不紧密，谷物漏出，判例罚一甲；空仓草垫下遗漏谷物一石以上，判例罚一甲；判例，仓中有鼠洞三个以上罚一盾，两个以下应训斥，显然法官认为上述行为已经违法或构成犯罪，虽然没有法律条文，但仍然应当处罚。以上判例就是在法无明文规定的情况下根据法律政策创制出来的。这种判例弥补了法律条文之不足。

还有一类判例是纠正成文法条之不当的。《法律答问》："百姓有债，勿敢擅强质。擅强质及和受质者，皆赀二甲。廷行事：强质人者，论。予者不论。和受质者，予者论。"百姓之间有质，债权人不得强索人质，强索人质及债务人同意交付人质的，都罚二甲。判例：强索人质的论罪，交付人质的不论罪。

首先提出混合法理论的是战国末期的荀子。他发现成文法的不足之处和判例法的价值，主张将两者结合起来。他说："有法者以法行，无法者以类举，听之尽也。"有人说"类"是"类推"，但《方言》说"齐谓法为类"。我认为"类"即判例或判例体现的法律原则。

混合法的第一次形成是在西汉，在西汉初期由于片面吸收秦亡的教训，不便公开讲法律，讲以法治国，觉得是法律造成了秦朝的灭亡，而实际秦朝的灭亡是制度实施造成的。当然，法律本身规定得很严酷，秦时吴广为什么起义，他们因为大雨赶不到北京的密云驻守长城。秦法规定"失期皆死"。立法时没有考虑特殊情况，过于死板。但关键是秦朝压迫人民大兴土木激起民变，不是简单的法律问题。比如在西汉时期，由于在法律政策上废止秦法，与民更始。刘邦入关，与父老约，法三章而已。杀人者死，伤人及盗抵罪。由于法网宽疏，造成了网漏吞舟之鱼的问题。在这种情况下，就产生了大量的决事比，死罪决事比。比就是例，就是先例。通过国家把决事比、死罪的决事比编成书，指导法官的裁判。

此外还有一件重大的事件，就是大儒家董仲舒创始的"春秋决狱"。用这种创制和适用判例的做法，弥补了成文法的不足。董仲舒的《春秋决狱》共有232个判例，现在只发现4件。汉武帝时发生了一件案例："甲父乙与丙争言相斗，丙以佩刀刺乙，甲即以杖击丙，误伤乙，甲当何论？或曰：殴父也，当枭首。论曰：臣愚以父子至亲也，闻其斗，莫不有怵怅之心。扶杖而救之，非所以欲诟父也。《春秋》之义，许止父病，进药于其父而卒，君子原心，赦而不诛。甲非律所谓殴父，不当坐。"通过上述"殴父"案，我们可以看到中国古代适用判例、创制判例的操作过程。首先，甲以杖击乙，这是事实，乙是甲之父，这也是事实。故法官认为，"殴父，当枭首。"这正是自秦代延续而来的审判风格——"客观归罪"。董仲舒反对这种过于简单武断的审判方式，并试图加以纠正；其次，在汉武帝时代，儒学被定为官方正宗之学，儒家著作被奉为经典，儒家经义具有相当高的权威。这就使援引儒家经义以断案成为可能；第三，在当时成文法典无明文规定的情况下，董仲舒从《春秋》这部鲁国史书中援引一宗古老的判例——“许止进药”案，并从该案中引申出一种法律原则——“原心论罪”“原”就是分析探讨，“心”是行为人的主观状态，是故意还是过失，最后将这一原则施用于当时正在审理的“殴父”案，并得出无罪的结论。“原心论罪”这个刑法思想在当时更是很先进的。这种审判方法和英国的判例法没有本质差别。就像丘吉尔在《英语国家史略》中说，我们英国的法律在哪里呢？是写在纸上吗？不是。在法官的头脑里，那是什么东西呢？那就是我们经久不息的风俗习惯。法官审判案件，从古老的风俗和先例当中寻找出一个原则，把它用于正在审理的案件；第四，这实际上等于又创制了一个新的判例，这个判例尽管是由于适用古老的判例而形成的，但它对当时同类审判活动具有指导意义。这种适用判例、创制判例的方式正是对西周、春秋时的“议事以制”的判例法的一次恢复。

古代的判决先例有秦朝的廷行事、汉朝的决事比、晋朝的故事、唐朝的法例、宋朝时“敕”与“例”，及宋以后“条例”“断例”“通行”“成案”等，都是对律典的具体适用与解释的产物，法源上源自“律典”，其中有些内容就以判例的形式在存，构成了判例法。

经过长期的经验积累，在法律思想上逐渐形成了“人法并重”的观点，其表现形式是兼重“法”的威严性与“人”的灵活性。宋代欧阳修说：“已有正法则依法，无正法则原情。”苏轼说：“任法而不任人，则法有不通，无以尽万变之情；任人而不任法，人各有意，无以定一成之论。”明代丘浚强调：“守一定之法，任通变之人，”“守法而又能于法外推情察理。”清初王夫之说：“任人任法，皆言治也。而言治者曰：任法不如任人，”“夫法之立也有限，而人之犯也无方，以有限之法，尽无方之慝，是诚有所不能该矣。于是律外有例，例外有奏准之令，皆求以尽无方之慝，而胜天下之残。”清人王德明指出“例律并行不悖，律非例不行，例非正律不著。”

在古代，在成文法不太完善的情况下，我们的法官就勇敢的创制和适用判例，形成了成文法和判例制度相结合的混合法。成文法天生的缺陷是它不可能包揽无遗，也不可能随机应变。成文法公布的时候，实际上会有很多领域没有被覆盖。怎么解决这个矛盾？只能靠判例，创制适用判例。等判例积累到一定程度后，新立法时候，判例中成熟的原则就被成文法吸收了。但是新成文法一公布，不久以后又落后了，又需要判例来弥补成文法的缺点。如此循环往复未有穷期，那么这个法律才不会生锈烂掉。汉代的法律制度正是成文法与判例法的很好结合，汉代混合法的产生，实现了中国混合法的第一次轮回。

混合法的编纂形式是成文法律与例相结合。例主要来源于原始判决，经朝廷批准之后，抽象为例文，附在有关法律条文后面。例的作用主要是弥补成文法条的空白，诠释条文之所谓，同时为成文立法积累素材。中国古代法律的优秀成果之一，是在法律编纂上采取了“以例辅律”的体裁。成文法律条文的缺点是不具体、笼统、宽泛。不仅老百姓难以理解，即使法官也难于把握。有了例，就解决了这个问题。比如古代有“犯罪存留养亲”，有人杀人了，本来这个人犯死罪应该处死了，但是一查他的户口本呢，他上面只有父母，或者只有祖父母，就这么一个儿子或孙子，那么这种情况按照法律的规定，经过皇帝的圈阅以后可以不杀，存留养亲，回去养父母、养祖父母，这也是社会保障的一种措施。但是法官开了这个头以后，一个人犯了死罪了，要不要犯罪存留养亲，法官是不知道的。但是经过几十年的实践，我看大清律例里边有 24 个例，看看 24 个例就明白了，第一个例故杀犯不行，故意杀人不能存留养亲，故意杀人主观恶性很重，只有戏杀、斗杀才可以存留养亲。第二，属于十恶不赦重罪和诬告陷害的，不适用存留养亲，这种罪主观太恶劣。第三，被杀的人也是独苗的，也不适用存留养亲。第四，兄弟二人或多人共同实施犯罪的，只能有一个存留养亲。第五，平时不赡养父母，在外地经商不务正业的，也不适用存留养亲。第六，父母或祖父母不同意存留养亲的，那就不能用存留养亲。第七，存留养亲只能适用一次，第二次犯罪就不能存留养亲。总而言之，有 20 多个例，我们一看就知道，原来法条是这个意思，就明白了。所以古代法典编纂是很科学的。

同时，混合法也是法律规范和非法律规范的结合。中国自古有动用国家机器进行强制执行的法律规范，但也存在大量不具有国家机器强制力的非法律规范，比如家法、族规、民约、行业习惯等等。在某个城镇，一群做鞋子卖鞋子的商人组成行会，定了一个行规，规定了大家买布料、买麻绳统一到大家认可的店铺去买，谁也不许抬高物价，等等。这些行规不是什么法律，但是对这个行业的行动准则，一样起到统一规范大家行为的效果。这些行规要上报官府，将来有了纠纷，就是解决纠纷的依据。这些非法律规范在约束百姓行为，被大家接受的程度上都毫不逊色于法律，甚至有更好的社会安抚、审判执行的效果。

## 中国混合法的第二次轮回：近代至新中国成立之前

第二次混合法轮回是近代，近代一直到新中国之前。清朝戊戌变法失败后，过了几年，清朝开始推行新政，扛起了改革的大旗，派五大臣到西洋考察，五大臣对英国政体很感兴趣，因为英国是君主立宪。但是一考察他们的法律，到法院一看，那些判例汗牛充栋，从地板一直码到天花板，看不懂，不行。到大陆成文法国家一看，还可以，后来我们选择了向大陆法系学习的方向，并逐渐积累下来。后来是通过日本来学习大陆法系的法律文化成果，于是我们中国的法律的近代化实际上不是西化，而是欧化，是欧洲的成文法系化。是西方的某一个部分而不是完整的，到了 30 年代后才重视英美法系的成果。清末修律时，清政府聘请来了日本几十个法学博士帮助我们编纂法律文稿草案，同时也培训了几十个贵族的小孩，将来让他们做第一批法官，还编写几十种法学教材。当时很多日本的法律权威都到中国来了。清末修律具有进步意义，改革了许多落后野蛮的旧法制，吸收域外先进的法律文化成果。沈家本主持修律，他认为修律应该走宪政的道路，应该符合宪政的原则，即法官不能染指立法的事务。那就把中国独有的援引比附即创制适用判例的做法废除了。从那个时候中国法律就向欧洲大陆法系一边倒了。

到了民国初期，1912 年总统袁世凯下令说，清末的律典和法律草案只要跟宪政精神不相违背的，都继续有效。这样一来，清末修订的法律、法律草案和民国的新法律就连结起来了，解决了很多法无明文规定的困难。但是，靠清朝末年通过日本从欧洲生搬硬抄来的法律不好用，中国古代的刑律又不能用，所以大理院的法官们就在司法独立的旗帜下，大张旗鼓地创制适用判例，形成了大理院的判例法。据统计，从 1912 年到 1928 年民法典形成之前，大理院在短短的十几年时间里，制定判例 3900 多件，解释例 2000 多件。之后，在国民党统治时期，当时有一位知名的司法院院长，做过最高法院院长，名叫居正，他很了解中国法律的历史，他说“中国历来就是判例法国家，同英美法系差不多”。从 20 世纪三四十年代开始，在居正先生的指导之下，那个时候的司法开始了一个新的动向，就是逐渐告别了向欧洲生吞活剥的引进成文法的那样一种做法，转而借鉴英美的判例法。那个时候，有一位美国的学者庞德先生担任了民国司法部的顾问，参与司法改革活动。在国民政府最高法院的领导下，当时的《法院组织法》规定要成立案例编纂委员会，要通过一定的程序确认那些被认为是正确的判决为判决先例，也就是判例，在以后的审判中可以引用，也还规定，过时的判例通过会议来加以排除、取缔。在国民党六法全书成立的情况下，又有大量的判例作为辅助，从而又形成了第二个轮回的混合法。

到了民国时期，胡汉民是立法界的精神领袖。时任最高法院院长居正是司法界的精神领袖，他对中国法制史和西方的法律都很了解，他说中国历来就是判例法国家，和英美法系差不多，在没有民法典的情况下，指导法律生活全赖判例。民国法院组织法规定法院有编纂公布判例的权利，有判例编纂委员会，最高法院的生效判决就是判例，但是要经过各庭庭长圈阅，把案例的精神标出来或者加上几句话，比如，一个妇人和第三者通奸，被嫂子发现了害怕被揭发，帮助第三者强奸了嫂子，于是对嫂子就构成了强奸罪。最高法院的生效判决是当然的判决，民国时期规定，各级法院凡是作出与最高法院的判例相违背的判决就不得成立，你跟它不同你就不成立不合法。这个制度是很硬性的。整个民国时期就是混合法的形成，民国时期的小六法全书，跟日本学习的，正面看，是成文法典，反过来看，又是判例索引。所以小六法和我国明清律例在编纂艺术上是一脉相承的。所以说民国是中国混合法第二次轮回。

## 中国混合法的第三次轮回：从新中国成立直至今天

中华人民共和国成立后，在前30年我们是政策法。后30年的主流是成文法。今天，我们正在摸索着重建现代混合法。

1949年年初，党中央宣布，废除伪法统，废除六法全书。实行马克思主义打烂资产阶级国家机器的论断。这样，中国自古以来的法律就中断了。前几年台湾政治大学学者黄教授到山东讲座，问我为什么废除六法全书。我后来跟他说当初我们认为法律是阶级斗争的产物，当初的领导人还看不到法律在治国中的作用。我们军队的首长们脱了军装就是地方官员，中央一声令下，四方云集响应，雷厉风行。再有，思想上认为法律约束民众的手脚，不利于落实国家政策。台湾地区的相关规定与中国古代法是联系的，一直没有断。2008年，台湾地区地方法院审理马英九特别公务费案，判决书一开头引了北宋滕子京的案子和“公使钱”的概念，法院认为，特别公务费就相当于宋朝的“公使钱”，是国家给官员的补贴，不构成贪污。2012

年台湾地区“最高法院”的领导，在最高人民法院的帮助之下，到南京国家历史档案馆查找民国时期的案卷，他们说，我们不是来搞研究的，我们来找民国的法律渊源，那个时期的判例对我们今天台湾的审判仍然具有拘束力。

我们新中国的法是从零开始，红色根据地的法影响也很小。从中华人民共和国成立到1978年的30年，我们的法律是政策法，法是阶级斗争的工具，法律的表现形式就是政策。民事有民事政策，先国家后集体再个人，刑事政策，坦白从宽抗拒从严，历史问题看现实表现等等。当时国家制定的法律非常少。当时的政策法有两种趋势——人治趋势和法治趋势。法治趋势又有两个方向：一个是成文法趋势，一个是判例法趋势。但是后来人治趋势占了上风，否定了法治的作用，才爆发了文化大革命。说到判例法发展趋势，50年代初期新中国开始出现判例这个名词了，就是强调运用判例指导我们的司法工作。1956年和1962年全国第一次、第二次司法工作会议，是判例法的两次发展机会，会议要求司法机关通过总结案例来指导我们的审判工作。中央政法小组提出来要总结我们的判例案例，发给各级法院比照援引。毛泽东主席还专门做了批示，刑法要搞，民法也要搞，我们不仅要制定法律，还要编案例。但是，由于历史的原因，没有认真执行，发展判例法的这个机会就失去了。到了改革开放以后的1979年，国家制定了七部法律，立法非常快。成文立法取得了辉煌的成就，经过一段时间的成文立法，我们可以说社会生活的各个方面都有了相应的法律可以依据。过去那种无法可依的时代已经一去不复返了。但是，社会主义法制建设不仅仅是制定法律这样一件事情。实行法治依法治国建立社会主义法治国家是一个复杂的系统工程。特别是，中国社会的特点之一是人治的传统很浓，光有法律还不行，社会发展变化太快，立法跟不上。然而法制建设不仅仅是立法，立法之间还有交叉还有矛盾，还有恶法在里面，法律还不都是良法。

1985年10月《最高人民法院公报》开始向国内外发行了。《公报》里有几个案件我记忆犹新：第一个案例，发生在四川，有人制作、贩卖有毒酒，把工业酒精兑上农药“敌敌畏”，有人喝了眼睛出问题了，还有几个人喝了酒死了。可是，按照当时的《刑法》，贩卖出售假药，情节严重的，判处3年有期徒刑。成都市中级人民法院适用类推，打报告。最高人民法院批复构成“以制作销售有毒酒的方法致人伤亡罪。”后来我们修改《刑法》，引进“罪刑法定原则”，废除了类推，中国古代是可以类推的。第二个案例，一个人在公众场合被四个人围殴，他急了拿刀乱扎，致一人死亡，中级人民法院判处了12年有期徒刑，同级检察院抗诉，认为量刑太轻，到了高级人民法院改判了，属于正当防卫，无罪释放。这些都是典型案例，但是，我们不承认案例是法的渊源，我们大量的案例被忽视被丢掉了，案例的作用没有发挥出来，十分可惜。到了上世纪90年代，人民法院开始改革，全国各地的法院都在争相推出改革的措施。简单来看，真正符合审判规律的措施有两个：一个是审判公开，二是案例指导工作。这两个是切合审判规律的。改革是严肃的事情，必须是顶层设计想明白了，不仅找专家也要找基层的法官。

有了法律以后，老百姓就关注司法。过去那段时间司法环境不好，舆论说“司法不公”。最高人民法院院长在报告中也说了有“司法不公”“司法腐败”现象。其实，“司法不公”在很大程度是“司法不一”造成的。“司法不公”“司法腐败”都是大众化的语言，缺乏科学的定性的分析。所谓“司法不公”实际上就是“司法不一”。比如有这样一个案件：十几年前，很多养鱼专业户买了几个厂家生产的鱼饲料之后，鱼大批死亡，于是就打官司。有的法院认为你养鱼专业户认为你的鱼的死亡与饲料有直接的因果关系，那你就举证。但那时候老百姓举证很困难，国家没有关于饲料的鉴定标准和鉴定机构。于是养鱼专业户败诉了。而有的法院认为，饲料工厂生产的饲料没有合格证，没有这样的证明来证明饲料是合格的，那么你就排除不了鱼死亡的结果与饲料有直接关系。于是判决饲料工厂赔偿损失。一种案子两种判决，结果两个案件的败诉方都认为司法不公，都上诉。我们常常认为，我们的法官，业务素质和政治觉悟有待提高，应该不断地加强政治学习、业务学习。但是有时候发生的问题不单单是法官政治觉悟和业务素质不高的问题。

前些年有个法官出问题了，把他出问题的案卷拿出来检查，最后的结论是，判决本身没有问题。这个法官徇私，却没有枉法。问题在哪里？在我们的成文法有漏洞。我们的成文法给了法官太多的自由裁量权。就拿刑法来说，什么行为是什么罪，犯了罪，根据情节不同，可以判几年到几年有期徒刑，情节严重、特别严重、社会危害性大的，可以判有期徒刑、无期徒刑，甚至死刑。比如，法律规定，什么行为承担什么样的罪责，如果法律规定可以判3到7年有期徒刑，那么法官判决的刑期在3年以上7年以下都是正确的。成文法给法官的自由裁量权太大，法官可以徇私却不枉法，徇私了却不必然被追究，这个问题该责怪谁？只因我们的成文法给法官过多的自由裁量权，成文法的毛病是“网眼”太大，“花生、核桃”都漏下去了。怎么把网眼变小？必须有一系列的判例，把“网眼”变得越来越小。这样，我们的当事人、代理人、律师都知道这个案件非如此判决不可，这样我们的司法环境就好了，我们的法院、法官、法律就有尊严了。司法公信力不够是“司法不一”、同案不同判造成的，光注意提高法官素质还不行，国家必须采取有效措施弥补成文法的漏洞。怎么弥补？发挥我们审判机构的责任，总结我们的案例，使案例成为准法律。

2010 年在我国法制建设中是很重要的年份。2010 年我们宣布社会主义法律体系形成，其实是成文法法律体系形成了，这只是第一步。没有判例制度，法律体系就不完整。我们刚刚开始探索。2010 年，最高人民法院推出了案例指导制度，具有重大意义。可能有人认为中国没有判例法传统，也没有形成判例法的理论和习惯。还可能有人担心，怕有了判例制度，法官会容易自作主张、徇私枉法，那是考虑错了，有了判例制度才能约束法官的手脚，才会制约徇私枉法。我们的目标不仅是为了解决当前司法不一，老百姓对司法不满的问题，更重要的是回归中国的传统道路，逐渐恢复中国古而有之的判例法，重建混合法，关键是判例法，把判例法解决了，就可以重建混合法，从法院系统看案例指导制度很有成效，做得如火如荼。但也不是没有改进的余地。第一，在 2010 年之前，很多高院都在编适用自己地区的案例，大家热情都很高，也很管用。1956 年我们中央政法小组发的文件就是在中央政法小组的领导下由各地高级法院编纂典型判例，上报给最高人民法院统一核准以后发给全国各级人民法院比照援用，立足于高级人民法院报给最高人民法院备案，调动了高级中级人民法院的积极性，也突出了最高人民法院的工作重点。现在的问题是如何调动各高院的积极性。其实，各高院选的典型案例很适合各个地方的特点。还有，这个编典型案例不是纯粹研究性的工作，不能关在屋子里找几个有博士学位的像搞艺术品一样。那不行，因为社会需求法院的需求太大了，不容的你一年出几套案例，不解渴。第二，编典型案例应该像民国时期一样有一个标题，一段话，一看就知道是实体的、程序的、民事的、行政的，还应该有一个统一的编号。为将来编新中国的“六法全书”打基础。第三，最关键的是，如何提高我们现在的典型案例的权威性。全国各地的法院是怎么执行的，是不是真的参照了？在庭审中是否允许当事人援引典型案例，甚至援引以前的生效的判决，在写判决书中可不可以列上？能不能引用典型案例作为判决的依据？最后一条很重要，我们顶层设计有没有宏观的目标，不能把这样的举措满足于偶然性，一定要通过指导实践，不断地解决争议，从争议解决中总结经验，再去推动成文法的修改和完善，最终形成一个良性的互动机制。

我们都愿意憧憬和崇尚法律，崇尚法治。但是很遗憾，我们的法律常常是有欠缺的，而且这种欠缺是与生俱来的，先天就有的，很难克服。例如，成文法不可能包揽无余，也不可能随机应变；判例法有时候失之庞杂，失之过于灵活。但是仍然有一些法学家期望着伟大和永恒的法律出现。比如日本法学家穗积陈重曾经说过：那些能够把人的作用和法的作用合理地结合起来的法是永恒的法；美国法学家博登海默先生就曾经说过：那种伟大的法是既能够克服自身的僵化又能够克服过于灵活繁杂的那些缺点的法。但他们都认为这种伟大而永恒的法还没有出现。但是我想说，这种法，在中国的汉武帝时代也就是大约公元前140年的时候就已经出现了，这就是中国的混合法。中国的混合法在西汉时候就成立了，外国的法学家没有好好研究中国的法律，他们没发现。我们不是妄自尊大，事实如此，中华民族是智慧的民族。一个多世纪以来西方两大法系互相靠拢，判例法国家也开始制定成文法，大陆法系国家也开始运用判例。这种发展趋向就是混合法。我们国家讲民族复兴，民族自信，文化自信，理论自信，实践创新。理论往往是苍白的，而实践之树常青。在创新过程中有些理论是过时的，解决不了实践的问题，所以实践创新是很重要的。北京是东夷民族的故地，北京的法官群体特别是知识产权法院的法官群体肩负着历史使命，通过我们的努力把日常工作取得的成果总结出来，加以提高，长此以往，就能够完成中国法官和法律人的梦想，去实现中国混合法的第三次轮回。

# 中国知识产权判例规范性问题探讨

中南财经政法大学教授、最高人民法院知识产权
司法保护学术研究中心研究员　曹新明

## 一、知识产权判例之解析

关于判例有几种不同的解读。

第一，判例，是指审判机关对具体诉讼依照法律规定的程序所作出的已经发生法律效力的判决。这种解读是范指。

第二，判例，是指审判机关先前作出的已经生效的判决，作为在后同类案件裁判所援引适用的依据。这种解读是特指。

为了区别起见，本文将第一种判例统称为先前判决；将第二种判例统称为可作为裁判依据被援引适用的先前判例。本文所指的判例将是特指先前判例。

本文所指的知识产权判例，当然包括先前判决和先前判例两种。但是，为了讨论的方便，本文所指的知识产权判例特指知识产权先前判例，即可作为裁判依据被援引适用的先前判例。

就知识产权判例而言，并非每一个知识产权案件审判机关作出的已经生效的判决都能成为知识产权判例，都可以作为审理在后同类案件裁判被援引适用的依据。在我国，只有最高人民法院作出的已经生效的知识产权判决，或者经由最高人民法院确认的其他法院所作出的已经生效的知识产权判决，才可能成为审理在后同类案件被援引适用的依据。尽管如此，即使是最高人民法院作出的已经生效的知识产权判决，也并非都能作为法院审理在后同类案件被援引适用的依据。

由此产生了一个重要问题：由最高人民法院作出的已经生效的知识产权判决，或者经由最高人民法院指定的其他法院作出的已经生效的知识产权判决应当具备何种条件才能成为审理在后同类案件被援引适用的依据?

## 二、建立知识产权判例规则的利弊分析

著名哲学家莱布尼兹曾经说过：世界上没有两片完全相同的树叶。从

哲学角度讲，这句话绝对正确。但是，世界上虽然没有完全相同的两片树叶，但是，可能有两片相近似的树叶。将这种哲学理论适用于知识产权司法审判实践，可以得出这样的结论：世界上不可能存在两件完全相同的知识产权纠纷案件，但是，可能存在大体相同的两件知识产权纠纷案件。在知识产权案件审判实践中，如果司法审判机关受理的某一知识产权纠纷案件与此前由法院已经审判的知识产权纠纷案件大体相同，并且法院对该案件作出的判决已经生效，那么，考虑到节约审判资源、缩短审判时间、防止同案异判、避免其他干扰等因素，该司法审判机关可以根据案件当事人的请求，援引适用先前判例作为办案裁判的依据参照裁判。

由此可见，建立知识产权判例规则具有节约审判资源、缩短审判时间、防止同案异判、避免其他干扰等优点。同时，建立知识产权判例规则存在若干弊端：（1）知识产权判例，是所针对的特定法律事实以及由此产生的法律关系作出的，即使完全正确，其个性特征也决定了难以作为其他案件的审判依据，因为其他同类型的纠纷不可能出现完全相同的法律事实，产生完全相同的法律关系。更何况，即使基本相同的法律事实，产生了基本相同的法律关系，随着时间的不同，环境的不同以及其他因素的不同，完全比照先前判例进行判决，也可能导致裁判失误，或者造成不公。（2）知识产权判例，即使按照非常严格的程序精选出来的，也无法保证每一个知识产权判例都是公平的，更无法保证它是正确的。如果知识产权判例本身就是有失公允或者错误，将该判例援引适用于在后案件裁判的依据，岂不是重复了以前的错误。

因此，为了尽可能保证知识产权判例的严谨性、权威性、正确性和公平性，避免产生不公正裁判的重复，知识产权判例必须具备相应的条件。

## 三、知识产权判例须具备的条件

世界上有两大法系：大陆法系和英美法系。大陆法系也称成文法系，英美法系也称判例法系。我国大体上属于成文法系国家。我国法院对具体案件作出裁判遵循“以事实为依据，以法律为准绳”原则。具而言之，我国法院对具体案件进行裁判，不能援引任何判例作为其裁判依据。我国法院遵循该原则进行裁判，既有优点，同时也有缺点。其典型弊端就是同案不同判。例如，关于字形字体著作权侵权纠纷案件，两件法律事实大体相同的侵权纠纷，所判决的结果却是迥异。如果能够将先前判例作为在后同类案件裁判的依据，就不会发生这种情形。尤其是在知识产权领域，知识产权案件所涉及的范围极其广泛，新型知识产权纠纷层出不穷，但是，在某个特定时期，发生相类似纠纷案件的可能性很大。例如，最近几年所发生的网络著作权纠纷、域名抢注纠纷、影视明星姓名抢注纠纷就比较集中。由于没有判例作为参考依据，不同法院对同种类案件所作出的判决结果存在着明显差异。因此，在知识产权领域，我国可以考虑建立知识产权判例制度，来指导各级法院知识产权审判实践。

知识产权判例作为在后案件审判依据应当具备以下条件：

### （一）必须由最高人民法院作出或者经由最高人民法院指定的已经生效的判决

我国对知识产权案件具有管辖权的人民法院很多。包括最高人民法院、高级人民法院、中级人民法院和由最高人民法院指定的基层人民法院。根据2014年最高人民法院知识产权审判工作报告，本年度全国各级法院受理的第一审知识产权案件有10万多件，审结的第一审案件也是10多万件，审结生效的判决数万。如果不加限制和选择，不论已经生效的判决是哪一级法院作出的，都可以作为先前判例被援引作为在后案件裁判的依据，必然产生混乱局面，不可收拾。为了确保作为在后案件裁判依据的先前判例的权威性、准确性以及代表性，最可靠保障就是两种类型的案件：一是由最高人民法院作出的终审生效判决，二是由其他法院作出的，但经由最高人民法院指定的生效判决。其他的已经生效的先前判决都不能作为在后案件裁判的依据。

### （二）必须具有理论创新

对于由最高人民法院作出的已经生效的判决或者经由最高人民法院指定的其他法院作出的已经生效的先前判决，能否作为在后案件裁判的依据，以该项判决符合程序合法、证据确凿、事实清楚、适用法律正确以及裁判结果准确作为前提条件，同时具有必要的理论创新要素。此处所指的理论创新要素包括：（1）裁判分析具有理论创新；（2）裁判分析克服了现有理论缺陷；（3）裁判分析突破了现有理论局限。例如，在我国民事侵权责任理论上存在着争议，持否定观点居多。在知识产权领域，既有关于间接侵权责任的法律规定，又有知识产权间接侵权责任理论研究，提出了间接侵权、帮助侵权、辅助侵权许多概念。如果最高人民法院在某具体知识产权案件审理中，对知识产权间接侵权责任理论有精辟论述，并以此为基础作出了相应的判决，并没有受到案件当事人双方的质疑。那么，这样的判决就具备了作为判例被援引适用的第一个条件。否则，不能作为判例被援引适用。

此外，即使不是最高人民法院作出的已经生效的判决，如果经由最高人民法院指定作为先前判例，也必须满足上述条件，具备必要的理论创新。否则，不能作为判例被援引适用。

（三）必须经专家论证会进行论证

对于由最高人民法院作出的已经生效的判决或者经由最高人民法院指定的其他法院作出的已经生效的先前判决，即使具备了必要的理论创新，也不能当然成为先前判例被援引适用作为在后案件的裁判依据。关于先前判例是否具有必要的理论创新，必须经过由最高人民法院组织的知识产权专家研讨会或者由中国知识产权法学研究会组织的专家研讨会进专题研讨论证。专题研讨会着重论证拟作为先前判例的判决：（1）程序是否合法，证据是否确凿，事实是否清楚，适用法律是否正确以及裁判结果是否准确。（2）该先前判决是否具有理论创新。经过论证，这两项条件都达到了，所选先前判决才可能被确定为被援引适用的判例。

否则，任何判例，即使被某些审判机关、研究机构或者专家学者认为具有一定的理论创新，也不能纳入被援引适用作为在后案件裁判的依据。

（四）必须由最高人民法院公示以征求社会公众意见

经过上述三个步骤推荐出来的先前判决，必须报经最高人民法院在其官方公报上公示。公示时间至少3个月，自公示之日起算。公示期间内，任何人可以就公示的先前判决不能作为被援引适用的判例，向最高人民法院判例复审机构提出异议。最高人民法院判例复审机构在一定时间内对公众提出的异议，组织相关专家进行复审。经复审认为异议理由成立的，取消该先前判决作为判例的决定，并告知异议人。经复审认为异议不成立的，作出维持决定并告知异议人。在公示期满没有异议的，该先前判决成为可援引适用的判例。

（五）必须由最高人民法院公告确认

经过异议复审后作出维持先前判决作为可被援引适用判例的，或者没有异议成为可被援引适用判例的，由最高人民法院进行公告。自公告之日起，该先前判决成为可被援引适用的判例。自此以后，任何法院在审理知识产权案件时，根据相关程序可以援引该判例作为裁判的依据适用。

## 四、援引知识产权判例作为裁判依据的程序

即使最后经过最高人民法院公告确认的判例，终究不是立法机关制定的法律。任何法院在具体审判实践中，如果需要援引先前判例作为在后案件审判的依据，必须按照以下程序进行：

1. 由本案当事人（利害关系人）及其代理人（律师等）向本案审判庭提出援引知识产权判例作为裁判依据的请求。

2. 由请求人提供援引知识产权判例作为本案裁判依据的论证文书。申请人没有提供适用理由或者没有相关论证的，其申请视为没有提出，由法院按照正常程序进行裁判。

3. 对方当事人对申请人提出的申请援引知识产权判例作为本案裁判依据的理由进行确认。对方当事人同意申请人请求的，法院直接比照该知识产权判例对本案进行裁判；对方当事人表示反对的，必须提出明确的反对意见。对方当事人的反对意见成立的，法院不得援引知识产权判例作为本案的裁判依据；反对意见不成立的，法院仍然适用。

具而言之，在知识产权案件审理过程中，如果当事人及其代理人没有提出援引知识产权判例作为本案裁判依据适用的申请的，法院不得自行援引知识产权判例作为本案裁判的依据。其原因在于知识产权判例不是法律，只是可以作为裁判的参考依据。

# 英美遵循先例制度概要

华东政法大学知识产权研究中心　黄武双、柳楠

**【摘　要】**遵循先例制度是英美法系国家法律制度的典型特征之一。不同于大陆法系只有说服力的案例，在英美法系国家判例通常按照法院层级具有约束力，只有在极特殊的情况下才可以不受先例约束或推翻先例。先例制度源自英国的法律传统，诺曼征服后建立的封建集权制国家为先例的产生奠定了历史基础。随着判例汇编的不断发展，案例在英国资产阶级革命后逐渐获得了约束力。在遵循先例制度保留了传统、带来了法律确定性的同时，也因下级法院受约束的义务而带来了教条的批评，面对这种情况，英国上议院在1966年发布了《司法先例实务声明》（Practice Statement），给予了一定推翻先例的空间。总而言之，遵循先例制度深深地影响着英国、美国的法律体系，并随着法律教育、法律实践的相互影响，使得法律共同体中的每个成员印上了其烙印。

## 一、遵循先例制度的含义

### （一）基本概念

遵循先例原则，是指遵循先前相关的司法判决仅是因为其是在先的判决而不是因为其他什么理由。英国法律制度的特征在于，先例是适当的法律渊源，并依据审级制度能够约束往后的法官，除非该先例被推翻或者被认定为不适用于当前情况。①

如果认为英国的法院遵循先例仅是因为有德高望重的大师对该先例持有如此态度，或是因为该先例的裁决是合理的、合逻辑的、公正的，或是因为该判决结果被普遍接受并采取，或是因为该判决维护了社会公共的利益，这都不是先例约束原则的适用，也不是“遵循先例，切勿破坏已有定论”。②

---

① See David Vong, Binding precedent and English judicial law - making, at 318, https: //www. law. kuleuven. be/jura/art/21n3/vong. pdf (accessed October 28th) .

② Idat 318.

### （二）普通法的原则来源于具体案件的发展

普通法的原则是从具体案件中发展而来。这是普通法的关键所在。如果没有原告到法院就具体案件起诉，便没有普通法原则的发展。学者和实务人员可以凭空预测法律原则的发展变化，然而，只有在真实的案件中才可能印证和确定这些发展变化。在对案件做出判决时，所有法官都或多或少要利用以前案件所确立的原则。①

### （三）具有约束力的是法律推理部分

遵循先例制度中，对后续案件有约束力的是先例中的法律推理部分，而非判决结果。而且，判决书中的附带意见（Obiter Dicta）是不具有约束力的，而仅具有说服效力。但对上诉法院来说附带意见有很重的分量，下级法院对上议院的附带意见尤其看重。附带意见包含了法律主张及假设的事实。②

对于附带意见有三个原则。第一，法院不应当忽视英国判例汇编中的任何内容。第二，附带意见的分量取决于该先例与当前案例审理法院之间的层级关系、同意该附带意见的法官数量、附带意见与先例判决之间的相关性以及他们是否与其他法律原则相吻合。第三，有些附带意见可能会随着时间而变得根深蒂固。但上议院认为光凭时间还是不够的，附带意见中的原则想要深入人心的话必须是要能够影响整个法律系统的。③

### （四）在后的案例如何选择先例

必须要强调的是，法院审理的多数案件中，对先例的拘束力没有什么质疑。问题通常在于，在适用先例时，当前的特定案件事实是否落到某个既定先例的事实范围之内。但是，可能常常出现这样的情况，当前案件的部分事实可能落入到某个先例或者某个原则的范围之中，但另外一部分事实可能需要遵循其他甚至判决相反的先例。这就要确定对于这个案件来说，哪个先例或者原则更占优势、更具有拘束力。在某些情形下，可能需要对事实进行分析；在另外一些案件中，可能需要对潜在的政策、公平正义、

---

① See James Holland and Julian Webb, Learning Legal Rules, Published Oxford University Press; 8 edition (August 24, 2013), at 152 – 153.

② See David Vong, Binding precedent and English judicial law – making, at 336, https://www.law.kuleuven.be/jura/art/21n3/vong.pdf. (accessed October 28th).

③ Id, at 337.

历史情形以及逻辑推理进行考察，以确定特定先例中分量更重的利益是什么。[①]

相对于绝对的必然来说，法律更多地呈现出一种可能性。从先例中抽象出来的各种原则和规范不可能不考虑后果地在各种情形下都机械地套用。适用先例中的法律原则时，必须仔细审查当前案件情形是否需要适用该先例，审查的最终标准是遵循该先例应当实现法律正义。[②]

## 二、遵循先例制度产生的相关历史资料

### （一）产生的条件

先例产生通常需要具备以下条件：

1. 不断增长的商业活动要求法律具有可预测性与稳定性，因为据此商人才能安排活动。大陆法系通过编纂法典来实现这一目的，而英国坚持普通法。

2. 陈旧的、正式的“诉讼形式”逐渐褪去，为更具有贯通性的普通法体系铺平道路。

3. 判例汇编的有效运行是适用先例约束原则的关键，其本身也随着遵循先例制度不断发展。

4. 法院的层级制度开始成形，杰出的律师们掌握着上议院的司法职能。[③]

Holdsworth 教授认为，先例的独特地位取决于以下特定条件：（1）集权的法律体系；（2）有法律素养的律师集体为共同的职业传统所约束；（3）比律师界更为有能力的独立的法官。[④]

Goodhart 教授认为，大陆法系有着罗马法的传承，即使在法典出现之前，也有着从罗马法处流传下来的法律传统，大陆法系的法官在脑海中早就有成型的框架来处理他们的案件，而普通法系的法官则很大程度上要自

---

① See John T. Loughrant, Some Reflections on the Role of Judicial Precedent, Fordham Law Review, 1953, Volume 22, Issue 1. at 15.

② See John T. Loughrant, Some Reflections on the Role of Judicial Precedent, Fordham Law Review, 1953, Volume 22, Issue 1. at 16.

③ See David Vong, Binding precedent and English judicial law - making, at 320 - 321, https://www.law.kuleuven.be/jura/art/21n3/vong.pdf (accessed October 28th).

④ See Holdsworth, Some Lessons from Our Legal History, 20 (1928), Citedin John Hanna, The Role of Precedent in Judicial Decision, 2 Vill. L. Rev. 367 (1957), at 376.

己创造规范。①

（二）历史演进——以判例汇编为核心

遵循先例原则发展至今尚未为立法所确立。和普通法一样，这一原则是由法官在实践中确立的，法官们创造出了这一原则并决定着其范围和适用。在其历史发展中，法官逐渐有意识地在判决中说明理由，以使得裁判理由能被引用、被往后的法院遵循。②

先例这一概念的发展起源于对庭审记录（court record）的使用，并随着庭审记录与判例汇编（law report）的发展而不断发展的。

英国的判例汇编历史可以分为四个时代：（1）1272 至 1537，年鉴时期（year book）；（2）1537 至 1765，私人编纂时期，其代表为 Plowden、Coke 所编纂的判例汇编；（3）1765 至 1865，授权编纂时期（authorized report）；（4）1865 年至今，现代判例集时期。③

在盎格鲁撒克逊时期，没有证据显示英国的法律中有先例概念，这一时期所谓的法典只是判决的集合以及对习惯的说明。在诺曼征服后，威廉一世承认并延续了忏悔者爱德华的法律，仅仅做出了很少的补充。诺曼时期的法律渊源比如末日审判书、派普名册、君主法庭、各种巡回审判的记录，极少关注于司法先例。④

出现先例这一概念的早期证据包括：1187 年格兰维尔（Glanvil）的著作是基于对令状的收集而写成的。1250 年左右布拉克顿（Bracton）的著作引用了 500 个案例，其笔记本中记录收集了 2000 个案例。布拉克顿虽然没有认为一个新的案子应当按照一个在先的相似案例一样审判，然而布拉克顿确实分析了司法判决作为法律渊源的重要性，他也是第一个这样认为的人。⑤

在年鉴时期，判例汇编并没有足够强的权威性。很明显在 16 世纪后期，判例汇编并不能成为没有先例的约束力，而庭审记录的地位要高于判例汇

① See Goodhart, Precedent in English and Continental Law, 50 L. Q. Rev. 40 (1934) Cited in John Hanna, The Role of Precedent in Judicial Decision, 2 Vill. L. Rev. 367 (1957), at 377.

② See David Vong, Binding precedent and English judicial law - making, at 320 - 321, https://www.law.kuleuven.be/jura/art/21n3/vong.pdf. (accessed October 28th).

③ See John Hanna, The Role of Precedent in Judicial Decision, 2 Vill. L. Rev. 367 (1957), at 374.

④ Id.

⑤ Id.

编。当时的法官被发现因为不赞同判决结果而不认可判例汇编中的案例。但也存在相关记录表明，虽然法官们不认同判例汇编中所得出的结论，但如果是法庭记录支持汇编中的结论，他们则会转变自己的观点。显然，在这一阶段，庭审记录的效力是高于判例汇编的。①

虽然在年鉴时期也有一些相关先例论述，但是年鉴时期在线判决案例并没有获得先例的法律地位。年鉴中绝大部分是律师和学生的笔记，其目的在于为了辩护提供辩论所需的材料。② 似乎在年鉴时代，案例是用作法律传统的证据，而非作为先例。Lewis 认为年鉴对所有问题都没有权威性。③

伴随着理论化运动（theoretical movement），判例汇编与庭审记录也逐渐融合，从而获得了同样的权威性。在这一过程中，Coke 法官起了十分重要的作用。在庭审记录的地位高于判例汇编的时期，Coke 便表示，从法律论证角度来说，判例汇编比庭审记录更为适合；Coke 宣称，判例汇编可以为所有新型案件提供解决方案。但是在当时其他材料都认为庭审记录比判例汇编有着更强的权威性。与 Coke 法官持相同观点的只有 Walmesley 法官，在 Holwood v Hopkins 案中，Walmesley 法官认为印刷的判例汇编与庭审记录之间的权威性没有差别。④

Coke 法官的私人判例汇编在促进判例汇编与庭审记录的融合过程中起了十分重要的作用。Coke 以及 Plowden 私人编纂的判例汇编以高质量著称，这也是最重要的将原来庭审记录与判例汇编联系起来的材料；在他们影响下，17 世纪 20 年代，庭审记录与判例汇编就不再是完全相区分的法律资源了。这一运动消除了承认庭审记录与判例汇编具有同样法律权威的理论与实践的障碍。⑤

① See Ian Williams, Early – modern Judges and the Practice of Precedent, presented at the British Legal History Conference, 3rd July 2007, at 2 – 4.

② See John Hanna, The Role of Precedent in Judicial Decision, 2 Vill. L. Rev. 367 (1957) at 374.

③ See Lewis, History of Judicial Precedent, 47 L. Q. Rnv. 411, 422 (1931). Cited in John Hanna, The Role of Precedent in Judicial Decision. 2 Vill. L. Rev. 367 (1957) at 375.

④ See Ian Williams, Early – modern Judges and the Practice of Precedent, presented at the British Legal History Conference, 3rd July 2007at 8 – 10.

⑤ Id. at 11.

## 三、英国的判例约束层级关系[①]

### （一）上议院

上议院可以不遵循自己的先例

上议院的先例对所有下级法院都具有约束力。但关于上议院的先例对它自己是否有约束力问题，一直争议不休。1966 年上议院发布的《英国司法先例实务声明》（1966 Practical Statement）指出：如果对判例太僵硬地依循，就可能在特定案件中导致不公正，并且还会不适当地限制法律的正当发展。

1966 Practical Statement 译文：[②]

上议院认为，使用判例是一个必要的基础，据以决定法律和对于个别案件适用法律是怎样一回事。它至少提供某种程度的确定性，使得个人在处理自己事务的时候能够依靠它，并且作为法律规则有秩序地发展的一个基础。

可是上议院承认，如果对判例太僵硬地依循，就可能在特定的案件中导致不公正，并且还会不适当地限制法律的正当发展。因此上议院建议：改变他们习惯的做法，一方面把本上议院以前的判决看作通常具有拘束力，而当它（上议院）认为背离一项以前的判决是正当的时候，它就背离该判决。

关于这一点，上议院将牢记，追溯既往有破坏已经形成的契约、财产处理和财政安排根据的危险，并且牢记刑法特别需要的稳定性。

本声明无意影响在本上议院以外的其他地方对判例的使用。

所以，理论上上议院可以不遵守自己的先例，但实践中极少出现这种情形。因为上议院是英国最高级别的法院，上议院背离其先前的判决意见对某个具体案件来说可能是实现了公正，但这需要付出法律确定性的代价。

上议院推翻自己先例的典型案例有：

（1）British Railways Board v Herrington [1972] AC 877；[1972] 1 All ER 749

---

① See James Holland and Julian Webb, Learning Legal Rules, Oxford University Press; 8 edition (August 24, 2013) at 150 – 179.

② 克里夫·施米托夫、潘汉典：《英国“依循判例”理论与实践的新发展——判例应当具有拘束力吗?》，载《环球法律评论》1983 年第 3 期，第 9 页。

（2）Miliangos v George Frank（Textiles）Ltd［1976］AC 443；［1975］3 All ER 801

（3）R v Shivpuri［1987］AC 1；［1986］2 All ER 334

（二）上诉法院

1. 上诉法院与上议院的先例之间的关系

严格说来，上诉法院有义务遵循上议院的先例，但是在历史上也有过背离上议院先例的运动。这一运动的主要人物是丹宁勋爵（Lord Denning），他曾在这一运动中提出过两个上诉法院可以不受上议院先例约束的情形：

（1）因缺乏注意（per incuriam）而不予遵循。典型案例：Broome v Cassell［1971］2 QB 354；［1971］2 All ER187. 丹宁勋爵在本案中认为上议院的先例是由于疏忽而做出的，从而没有遵循相关先例，但是该案在上诉到上议院后上议院因丹宁勋爵使用缺乏注意而被驳斥，认为这仅仅是为了不遵守先例而找的借口。

（2）因先例所依赖的法律基础的丧失而不予遵循。典型案例：Schorsch Meier GmbH v Hennin［1975］QB 416；［1975］1 All ER 152 和 Miliangos v George Frank（Textiles）Ltd［1977］QB 489；［1976］3 All ER 599. 在第一个案件中，虽然判决遵从了丹宁勋爵的意见，没有遵循先例，而且因为该案并未上诉到上议院而使得其成功地背离了遵从先例原则。但是上议院在随后第二个案件中，对丹宁勋爵的意见进行了反驳。

因此，人们认为（尤其是随着丹宁勋爵的退休）上诉法院背离上议院先例约束的运动失败了。上议院自己可以改变他们的观点，但是不能容忍上诉法院替他们做出这一决定。

2. 上诉法院与自己先例的关系

原则上上诉法院受到自己先例的约束，但存在例外情形：

（1）上诉法院可以在其互相冲突的判决中做出选择；

（2）如果上议院明示或暗示否定它先前的判决，那么上诉法院便不必遵从先例；这里可以分情况讨论：

——当上诉法院先在案件甲中做出判决甲，后被上议院通过判决乙所推翻，当上诉法院在处理事实基本相同案件丙时，可以不被其自己的先例甲所约束；

——当上议院先做出判决甲，后上诉法院的判决乙并未遵从判决甲，而在上诉法院遇到案件丙时，上诉法院应当遵从上议院的先例甲或上诉法院的先例乙？典型案例：Miliangos v George Frank（Textiles）Ltd［1977］QB

489；［1976］3 All ER 599. 这个问题尚无标准答案，上诉法院与上议院的法官存在各种不同意见。

（3）法院不受它自己“因缺乏注意”所作判决的约束。典型案件：Morelle v Wakeling［1955］2 QB 379；［1955］1 AllER 708. 该案中，埃弗谢德勋爵指出，适用缺乏注意原则应当满足两个条件：

——先例忽视了对法院具有约束力的法律或判决；

——这种忽视导致了错误的推理。

（4）上诉法院不受先例约束的其他情况：

从传统来看，上诉法院刑庭，尤其在处理可能危及个人自由的案件时，更不受“遵循先例”原则的约束；

如果（在非常罕见的例外情况下）上议院不能审查上诉法院的判决，则上诉法院可以不遵从它自己以前的先例；

虽然枢密院的决定不属于法院系统，如果枢密院司法委员会的决定否定了上诉法院的判决，上诉法院可以不受它自己判决的约束，而遵从枢密院的先前决定；

由两个法官组成的合议庭所做的中间性判决，对上诉法院的全员庭（即3个以上法官组成的合议庭）没有约束力。

### （三）其他法院

#### 1. 初审法院

上诉法院以下的所有法院（例如高等法院、刑事法院、治安官法院、县法院以及各种裁判所），都在通常意义上受到“遵循先例”原则的约束。在相关先例不止一个时，应当优先使用最新的先例。

#### 2. 分庭法院

在通常意义上，分庭法院受“遵循先例”原则约束。至于他们是否受到自己先例约束，目前仍在争论中。

#### 3. 枢密院司法委员会

枢密院司法委员会的决定虽然通常不具有约束力，但具有很强的说服力，有很好的指导参考作用。在 Doughty v Turner Manufacturing Co. Ltd［1964］1 QB 518；［1964］1 All ER 98 案中，上诉法院遵从了司法委员会在e Wagon Mound（No. 2）［1967］1 AC 617；［1966］2 All ER 709 案中的判决，而没有遵从自己的 Re Polemis［1921］3 KB 560；［1921］All ER Rep 40 先例。

## 四、美国的判例约束的层级关系[①]

美国判例约束的层级关系可以概括如下：

1. 美国没有终审法院为自己的判决完全约束；

2. 低级法院通常为高级法院判决约束。偶尔，在下级法院确信上级法院会推翻该先例时，也不遵循上级法院的先例；

3. 即使在不认可先例的情况下，地区法院通常也会遵循上诉法院的先例，以待败诉方进行逆转；

4. 在协调管辖权的情况下，先例通常仅具有说服力；

5. 如果某州法院必须对另一州的事务进行裁决，则一定要受到另一州先例的约束；

6. 新分立的两个州均受原被分立州先例的约束；

7. 美国作为英国的殖民地，美国解放之前案例属于先例。在美国解放之后的英国判决不属于判例。在殖民地期间的英国案例不属于判例，因为殖民地没有向英国法院上诉的制度。

8. 在美国州法院与联邦法院分立体系中，不同体系法院所作判决的效力如同协调管辖权法院之间的效力。

9. 在处理州事务时，联邦法院为州判例约束，如果州高院没有相关判决，联邦法院就可能受下级法院判决的约束。

## 五、遵循先例制度的评价

### （一）遵循先例制度的优点及质疑

1. 遵循先例制度的优点

Moschzisker法官总结到：（1）提升了法院的工作效率，防止对已解决的问题进行不断地重复研究；（2）让律师为客户提供具有一定确定性的建议；（3）确定了如果按照法律规则行事，个人的利益会受到法律的保护；（4）保证法律面前人人平等；（5）为政府决策提供稳定的司法保障。可以总结为：确定性、稳定性、平等性、可预见性，保证了公众对于法律的信

① See John Hanna, The Role of Precedent in Judicial Decision, 2 Vill. L. Rev. 367 (1957), at 371 ~ 372.

心与尊重。[①]

2. 对遵循先例制度的质疑

Goodhart 教授列出了诸多普遍认同的优点，并进行了温和的质疑：将传统融入法律、确保法律的发展为有法律素养的人所推动、尊重传统、将法律基于实践、灵活、方便、科学、以免当事人被错误裁判、降低单个法官出错的可能性、确定性。[②]

他认为由于第一个案例是由传统所确定的，如果后来产生的新传统不能改变这个判决，那么这就会使得后来的传统都受一个已经消亡的传统控制；灵活性与确定性是相互矛盾的概念；庞大的判决使得必须依赖先例并不是很方便；分散零碎的进步发展并不是很科学；与法官独立理解法律相比，法条解释强制法官遵循司法先例是很不幸的。[③]

（二）对判例制度的态度[④]

对遵循先例制度，有两种声音：一种是主张全面废除，让法院自由地根据每个案件事实并依据案件眼前的公平正义做出裁判，而不是受过去先例“流毒”的禁锢。遵循先例制度的坚定维护者认为，该制度是法律稳定性的来源，一种弥足珍贵的司法判例形成技术。

Loughrant 法官既不同意完全抛弃该制度的观点，也不赞同对司法先例僵化地、严苛地遵循，而不考虑社会、经济和政治变化给法律带来的影响。事实上，普通法能够历经数百年在世界法律体系中占得重要一席，就在于其稳定性及紧随文明嬗变而变化、成长的本质。[⑤] 遵循先例制度在适用先例中所产生的原则和准则，确保了法律至高无上的价值—“一致性和公平性”。如果法官在作出判决时，可以自由而不参考任何先例或者有需求时才参考先例，那么每个法官都可能成为法律制定者，这是非常危险的，法律将因此变得混乱和极度不确定。失去了稳定性，法律将无法实现规制、保护社会各群体利益的功能。应当意识到，推翻一个先例跟遵循既有先例相

---

① See Moschzisker, Stare Decisis in Courts of Last Resort, 37 HARV. L. REV. 409 (1924). Cited in John Hanna, The Role of Precedent in Judicial Decision, 2 Vill. L. Rev. 367 (1957) at 377.

② See Goodhart, Precedent in English and Continental Law, 50 L. Q. Rev. 40 (1934). Cited in John Hanna, The Role of Precedent in Judicial Decision, 2 Vill. L. Rev. 367 (1957) at 378.

③ Id.

④ See John T. Loughrant, Some Reflections on the Role of Judicial Precedent, Fordham Law Review, 1953, Volume 22, Issue 1, at 1.

⑤ Id.

比，对交易的影响可能失大于得。①

简言之，遵循先例原则并非要求机械地适用先例所阐述的法律原则、规范或者司法态度。它没有阻止美国法院公正、灵敏地应对当前出现的问题。在经验开阔他们视野、更深入思考潜在问题时，遵循先例制度也不会阻止他们给普通法注入新鲜血液、添加新时代的内容。总而言之，遵循先例制度没有阻止他们将普通法打造成一个稳定法律制度的努力，同时也使得普通法随着整个国家发展壮大而不断改进。②

（三）遵循先例制度对英国法律体系的意义

遵循先例制度将会持续在英国法律制度中发挥最关键作用，主要有以下几个理由：

1. 英国没有一套详尽法典，这一背景促进了遵循先例制度的发展；即便以后可能发布法典，判例法的思维方法还是不会摒弃掉的；

2. 英国法官的层级与遵循先例制度是不可分割的，只要英国保持现有法官层级制度，遵循先例就会一直延续。

3. 有拘束力的先例是英国律师最重要的法律资源。在他们能力历练过程中，对案例的法律分析是重中之重。③

遵循先例的制度与英国独特的法官体系有关。不同于其他国家可能会出现毫无庭审经验的人担任法官的情形，英国的法官都是由法律界最受尊敬、最杰出的领导者担任的。因此，法官在法律职业共同体中受到很高程度的尊重。

最后，遵循先例制度必须长久延续以实现法律的公正。遵循先例制度确保了判决的一致性、对待当事人的公平性以及法官之间的公正性。遵循先例制度使得普通法系成为西方世界存留至今的两个伟大法律体系之一，其使得法律思维和法律行为能够具有一致性，也能对不断变化的社会环境做出改变。④

① Id. at 4.

② Id. at 19.

③ See David Vong, Binding precedent and English judicial law - making, at 345, https: // www. law. kuleuven. be/jura/art/21n3/vong. pdf. (accessed October 28th).

④ Id. at 346.

# 主要国家案例指导制度调研报告

上海同济大学教授　刘晓海
美国众达律师事务所律师　陈炽、笪国萍
南开大学教授　俞风雷[①]

## 一、美国判例法体系的基本内容及调研方案[②]

### （一）美国联邦巡回上诉法院的先例形成

美国联邦巡回上诉法院是13个巡回上诉法院之一。联邦巡回上诉法院仅对某些特别案件类型具有管辖权，包括来自美国专利商标局和国际贸易委员会的上诉案件和地区法院有关专利权的上诉案件等。通常，一方当事人若对于下级判决有异议，且联邦巡回上诉法院具有管辖权，则可向联邦巡回上诉法院提交上诉通知书。联邦巡回上诉法院通常在每月的第一周开庭审理案件。每个案件由三个法官组成的合议庭进行口审。在口审时，每一方仅有15分钟时间陈述其全部论据。上诉方先陈述，之后是被上诉方，接着上诉方还可以作总结性反驳陈词。口审后，三名法官会私下组织至少一次会议交换他们暂时的观点。按照资历由浅到深的顺序，法官们会依次投票决定哪一方应当获胜以及合议庭是否应当出具具有先例效力的判决书，或是仅仅维持下级法院判决而不出具意见书。

一份具有先例效力的意见书会被公开发表，对所有下级法院，专利商标局以及之后的联邦巡回上诉法院的案件都具有约束力。由于其重要性，每一份具有判例效力的意见书在发布之前都会由联邦巡回上诉法院内的所有法官审阅一遍。意见一经发布，便只能由最高法院或者联邦巡回上诉法院的满席审理推翻。另一方面，一份不具有判例效力的意见书则仅对案件当事人产生效力。另外，除了发表一份新意见，法官也可投票决定维持下级法院判决而不出具新意见书。

---

① 本报告为中国人民大学知识产权学院接受案例委托研究的课题成果，参与研究者包括南开大学、上海同济大学研究人员和美国众达律师事务所律师等。

② 美国部分由众达所陈炽律师、笪国萍律师撰写。

每一名法官完成投票后，主持法官（资历最长者，若首席法官是合议庭成员之一则为首席法官）统计选票。若合议庭投票决定出具意见书，那么主持法官将指定一名法官执笔。若合议庭对于哪一方应获胜存在分歧，主持法官将指定多数派中的一位法官执笔撰写多数意见书，而持异议的法官可以选择是否撰写异议意见，还是仅仅反对而不出具意见。通常整个流程，包括从撰写到发表联邦巡回上诉法院意见，需要几个月时间甚至更长。

联邦巡回上诉法院出具意见书或作出维持原判但不出具意见的决定后，败诉方可以提交合议庭复审请愿书，申请要求合议庭的三名法官重新考虑他们的决定。败诉方也可以提交要求满席审理的复审请愿书，要求法院的所有法官一起重新审理其案件。每一份要求满席审理的请愿书都将交由所有在职法官进行投票，只有多数法官同意的情况下才会得到批准，而这种情况是很少发生的。进行满席审理的原因不外乎两点，其一是该案件涉及极其重要的法律问题，其二是法院想要推翻某个之前的具有先例效力的案件意见。如果重申请愿书和满席审理请愿书都被驳回，那么败诉方唯一的出路就是上诉至最高法院。

### （二）案例法制度中法官、律师及行政机构的作用

#### 1. 法官如何运用先例

大法官卡多佐在他的经典著作《司法过程的性质》一书中，回答了每一个法官的终极问题：“当我决定一个案件时我究竟在做什么?”首先，大法官卡多佐承认道“遵循先例应该作为判案的一般规则而非例外”。其次，他又区分了静态先例和动态先例。在大多数案件中，先例是静止的，而法官的任务就是搜寻、比较和适用先例。当然在少数案件中，先例是富有变化的，在审理这些少数案件时，卡多佐大法官认为法官可以运用哲学、历史、习惯和社会学这四种手段来解释富有变化的先例。因此，法官在司法过程中的角色就是当能够找到静态先例时遵照该先例，或者创造一个富有变化的先例来推动法律的发展。

#### 2. 代理律师的作用

根据美国律师职业道德守则规定，律师不仅要全力维护其当事人，也要作为一名法院公务人员公正诚实地处理法庭事务和与其他人员的关系，包括律师的对手。为了更好地履行这些职责，律师需要掌握法律分析、调研及写作技巧。

法律问题的解决始于法律分析，其方法之一被称为IRAC，分别指代争议焦点（Issue），法律规则（Rule），法律适用（Application）及结论（Conclusion):

(1) 争议焦点：对于案件法律问题的描述；

(2) 法律规则：与前述争点问题切实相关的法律规则；

(3) 法律适用：将相关法律应用到案件特定的事实中；

(4) 结论：对于相关案件法律问题的回答。

因此，要开展一项法律调研，律师需要先找出法律争议焦点，而法律调研则是有力的法律分析的基础。法律写作是对于法律问题解决方法的书面沟通方式。如果这种沟通的对象是法官，那么律师作为法院人员则对法官负有责任，因为法院需要依靠律师提供的信息做出正确的决定。据此，当向法院提交意见陈述时，律师应当在文书中包含与案件事实相关的法律分析。这就要求律师对于各个争点进行逐一分析，并整合在一起从而证明其当事人应当胜诉。不过这种讨论也应当涉及到为何一些看似持相反观点的典据材料不适用于该案件结果。

综上，律师不仅要遵照静态先例，还要在需要创建动态先例时维护当事人利益，因此在法律发展过程中起着至关重要的作用。

3. 行政机构接受司法审查

在美国，行政机构会介入准立法或准司法活动中。当它们考虑并发布条例或法规以帮助实施其职责范围内立法时，它们就会发挥准立法职能。同时它们也会介入到当事各方悬而未决的争端当中作出裁决。对于专利法，美国专利与商标局规定发明者为申请专利必须遵守的形式规范，而且规定专利审查者在审查专利申请时应当遵守的方式。如果申请者与专利审查者就审查过程中某项规定的适用产生了争议，专利复审委员会（2012 年 9 月 16 日前）或专利审判和上诉委员会（于 2012 年 9 月 16 日生效）将会决定有关规则是否适用得当。这些委员会的决定会受联邦巡回上诉法院的司法审查，或者在某些特殊情况下，受到某地区法院的审查。

美国法律规定，当一个行政机构行为导致个人遭受了法律损害或不良影响，或是侵犯了其合法权益，那么即可对该行政行为展开司法审查。所有行政机构行为都属于司法审查范围，除非该行为被某特别成文法禁止司法审查，或是该行为属于法律规定的机构自由裁量权范围内。行政机构行为包括一个行政机构全部或部分的管理、命令、许可、处罚、救济。当行政机构通过正常制定程序指定并推出某项法规，或根据某一裁定而发布指令，则显然这些行为都涵盖于上述概念之中。

审查法院应当对未遵循相关法律的行政行为宣布违法并废除。因此，行政机构行使职权时必须遵守先例。

## （三）美国案例法的生成、援引和推翻

### 1. 多数意见，并存意见，异议意见

在法院判决意见中，多数意见（majority opinion）是一份由过半数法庭成员一致同意的司法意见书，其中陈述了法院判决及其论证解释。在美国，法院出具的多数意见书是判例法的主要组成部分。

并存意见（concurring opinion or concurrence）是指一位或多位法官虽然赞同多数意见书中的判决结论，却因持有不同的论证理由而撰写的法庭意见书。有时，投票支持相同判决（比如维持或推翻下级法院决定）的法官会持有完全不同的理由，并且无法就同一系列理由达成一致。此时，他们会撰写好几份并存意见，且都与多数意见书的观点不尽相同。因此，法院并非对所有案件都会出具多数判决意见，而那些由大多数持并存意见的法官所支持的判决结果则被称为“复数意见书”。在实务中，并存意见书对于律师的帮助略小于多数意见。由于并存意见没有获得多数法官的投票支持，因此并存意见书不具有法律约束力也不能被引用，但有时其可以作为指导性判例来引用（假设在某一法律问题中尚没有具有约束力的判例可供引用）。另外，多数意见与并存意见之间的冲突可以帮助律师更清晰地理解多数意见中的法律要点。法官偶尔也会利用并存意见来展示其对于某一类型的“判例案件”（test cases）持开放态度，这些案例往往会促进全新法律制度的发展。而相应地，此时该案件的并存意见书则会比它的多数意见更加著名。

异议意见（dissenting opinion or dissent）是由一位或多位法官撰写的对于多数意见书中判决所持的反对意见。异议意见书通常与多数意见及并存意见同时撰写，也同时送达和公开。异议意见书不具有法律约束力，因而也不是判例法的组成部分。然而，有时异议意见书也会作为指导性典据被后来案件所引用，以此论证法院的判决应当被限制或者推翻。某些案件中，之前的异议意见会被用来促进法律作出变更，而在之后案件的多数意见书中就会采用之前作为异议意见所提出的某些观点法律依据。与并存意见相同，异议意见中所蕴涵的分歧恰恰能够帮助人们更好地理解多数判决意见中的相关论点。异议意见对于多数意见的反驳可基于多种原因：对于现行判例法的不同解释、对于不同原则的适用，或是对于事实的不同解释。

### 2. 遵循先例原则

法院先例，即先前法院基于与现有案件类似的事实所做出的判决，是

判例法中的决定性构成要素。简言之，先例的适用，亦称为“遵循先例原则”，要求法院必须遵照相同管辖区域内同级或上级法院所确立的法律规则作出判决。

3. “遵循先例原则”的运用

决定遵循先例原则能否运用主要基于两点：管辖权和法院层级。管辖权是指案件发生地属于法院的管辖范围内。比如，在专利案件中，需要考虑的是该案件发生地隶属于哪一联邦法院管辖区域。法院层级则意味着该案件应由哪一级法院进行审理：地区法院、上诉法院，或是终审法院？

通常，上级法院所做出的判决对于其同一管辖权范围内的下级法院具有强制约束力，而一个判例仅在同一联邦地区或上诉法院中具有强制性的先例价值。

先例的法律权威性在于且仅限于对前案中特定案件事实和情形所作出的裁决，因此，应当避免盲目适用先例。法院必须审慎分析案件中的事实和争点，以判断其与先例是否具有足够相似性；另外，法院还需厘清前案中法院的判决结论，将其与法官的附带意见加以区分，以便予以准确适用。因为在法院意见书中，只有案件的判决结论才具有法定的强制约束力，而法官的附带意见仅仅是一种言论或观点，充其量具有指导意义。

4. 后续审判历程与后续案件处置

法律研究者在研究过程中，必须了解其赖以研究的案件结论是否已被撤销（后续审判历程）或者已被推翻（后续案件处置）。

后续审判历程是指上级法院对于从下级法院提出的上诉案件作出何种裁决。如果上级法院对于下级法院案件作出了处理结果，那么上级法院的判决意见将成为该案件中的生效判例，同时下级法院的判决失效。

后续案件处置是指后来案件对于初始案件如何评价，比如遵循其判决、推翻其判决、对其加以区分或是以特别方式适用。后续案件处置展现了各法院对于初始案件的解释和看法。即使某一先例并未被推翻且仍具有约束效力，其判决结论也会受到同法院或其他法院司法解释的影响，从而影响其先例价值。

律师们往往会使用 KeyCite（Westlaw）或 Shepard's Citations（LexisNexis）之类的引证索引来确保其先例仍具有法律约束力。引证索引会追踪引用文献来源，这些后来的文献常常会在文中引用先前判例。通常，Westlaw 或 LexisNexis 会对负面的后续审判历程（如被上级法院撤销原判、宣布无效或改变原判）和负面的案件处置（如推翻原判决、不遵循原判，或被后来法院质疑）以红旗加以标注；对于警示性案件处置则会以黄旗标注，例如某案件已被后来法院加以区分；而绿旗则表示正面的审判历程（如维持原判、驳回司法审查，上诉许可被上级法院驳回）和正面的后续案件处置（如后来法院遵循原判或在少数意见中遵循原判）。

### （四）未来需要进行的调研

前面三个部分就美国的判例制度进行了基本的介绍，但要进行真正的了解和掌握美国判例制度的生成、援引及推翻制度，仍需要做深度的调研工作。至少包括邀请美国专门从事判例法制度研究的教授、律师进行交流和培训。国内的法官也应当去国外接受一定时间的培训，就相关制度的了解和掌握做实地的学习和感受。

## 二、德国成文法体系与法官法制度①

德国是典型的大陆法系，即成文法体系。在这种模式下，具有法律拘束力的依据只能是成文法规和习惯。但随着社会的变迁，法官造法，即法官法的现象也逐步形成，并有力地推动了法律的修改及新法律的形成，从而成为成文法制度的有力补充。

### （一）法官法的形式

在德国法中，法官法是指在论证法院判决，主要是最高法院的判决中适用的规范性的原理（法官法规则），这样的原理不存在于单纯的重复法律规定中。这样的原理涉及的不是对当事人生效的具体案件法院判决，而是涉及构成为司法判决理由一般原理，具有在成文法规则和具体案件判决之间的抽象性，即既不像法律规定那样抽象，也不是像具体案件判决那么具体，而是处于两者之间的中等抽象性。这样的原理，可以是适用法律的解释性原理，可以是弥补法律漏洞的类推适用的原理，也可以是法律没有规定情形的类似立法的原理。

### （二）德国法中法官法的作用

德国是大陆法系的典型代表，因而成文法是其主要的法律渊源。与普通法系判例法作为法律渊源不同，在德国法中并不存在作为法律渊源的判例法。但是，这并不意味着德国法官不可以进行法的续造。只不过这种法的续造侧重于对法条的适用进行解释和弥补法律的不足。由此产生的法官

① 德国部分由上海同济大学刘晓海教授撰写。

法规则也无法成为普通法意义的判例法，而是一种类型化的案例比较（der typisierende Fallvergleich）。

在德国法中主要将判例视为弥补法律不足和对法的适用作出解释一种有效的工具。判例这种工具的作用，在于保障法体系内部的一致性，维护法的稳定性以及法律的安全性。肯定判例的作用，使得法律后果具有可预见性，增加人们对法律经验的信任。因为对于相同或相似的情况适用相同的规则，律师得以提供可靠的法律意见，法官也可以降低判决风险。除此之外，有时判例也有助于保障作为自然法的公平正义。

在司法实践中，针对成问题的案例，最普通的找到适用法的方式是寻找在先判决，即寻找包含法官法规则的在先判决，该规则可以适用于目前的有问题的案件或其中的一个问题要素。

（三）德国法官法的约束力

一般而言，在法律理论上，上级法院尤其是最高法院的典型判决对下级法院有约束力，同一法院内部的典型判决在该法院内部也应该有约束力。这是法律的安全性、可预见性和公正性所要求的。人们可以从这些规则中预知自己的行为后果，律师也可以提供比较可靠的法律意见或者从诸多案例中选择有益案例论证自己的观点。

由于判决包含的法官法规范原理性质不同，依据法律的法之续造（Rechtsfortbildung secondum legem），既可以是对法律作出可能的解释或提供相应的解释选项；也可以是补充式的，即法律体系内的法之续造（offene Rechtsfortbildung praeter legem），即在成文法未规定的领域对法的意图等进行阐述；还可以是修正式的，也就是在法律不适应当前情形时，偏离法的字面含义对其进行修正，即超越法律的法之续造（offene Rechtsfortbildung contra legem）。一旦存在法之续造，虽然不能直接视作法律渊源，但若无有力的相反论据，应当遵循。

但是，法官法的约束力不是绝对的，但要偏离上级法院尤其是最高法院的典型判决中的原理，必须有充分的立法根据和社会变化客观存在的现实理由。这对维护法的一致性和稳定性是必要的。

（四）判例的公布与编纂

联邦法院每年都会编辑判例集。在编辑时会对案例进行评价、筛选和审查，将重要的示范性案例制作为判例集，并作为示范判例向各级法院提供参考。这种判例集不仅得以编录成册进行出版，同时也在法院网站予以公布。其中包括法院类型，法律类型，文件号、时间和裁判庭等详细信息，方便查找与引用，比如联邦最高法院的民事裁判集 BGHZ，在对其进行引用时，只需要标注简称、卷数和页码即可，十分简便。除了法院的判例集外，也存在学术性的判例集，以及对判例的学术性评注。

## 三、日本司法实践中的判例指导制度①

### （一）判例与成文法的相互关系

日本是成文法国家，制定法至上的思想根深蒂固，坚决否认判例是正式的法律渊源，可又在一定程度上承认判例的拘束力，而实际上判例也确实在司法实践中发挥着重要作用。这种机制被认为是基本上属于大陆法系，同时吸收了英美法系判例法主义的长处，具有较大的灵活性。

在日本判例本身不是法律，没有普遍性的法律拘束力。因为法律上没有明文规定直接强制法官适用判例，对于国民也没有明文规定判例作为法律的形式拘束力，如果允许法院制定法律，就违反了三权分立的原则。判例之所以成为裁判的依据，是因为判例具有“事实上的拘束力”。但日本不存在制度意义上的“先例拘束原则”，所谓“事实上的拘束力”只不过是适用法律得出的结果而已。

法官遵循判例，不是一种法律规范上的义务，而是一种职业惯例，不具有法律上的强制效力。日本的法学理论和司法实务一般会把判例理解为一种判断，即法院在具体案件的裁判理由中表示出来的法律判断。需要指出的一点是，判决本身不等于判例，法院在判决中表示出来的与法律问题相关的判断才是判例。

日本的成文法传统根深蒂固，判例无论如何也不可能具有等同于制定法的地位，为了在这种法律环境下充分发挥判例的各种机能，日本的法学理论和司法实务对判例的拘束力作了各种限定，其结果，是一方面是判例在事实上获得拘束力，另一方面也维持了禁止法官造法的成文法传统，保证司法权在三权分立的宪政体制下的正当行使。

### （二）判例生成

当然法官只要遵循判例，就可以避免重复研究过去已经研究过的问题，从而节省重复投入的资源，提高司法效率。日本判例的首要机能是统一法

① 日本部分由南开大学俞风雷教授撰写。

律解释，只有将判例创制权集中于单一的最高法院，才能实现法律解释的统一。而且日本最高法院拥有违宪审查权，在宪政体制中具有特殊的地位，其权威是其他下级法院无法比拟的。同样，为了避免判例数量过多，日本只将判例的创制限定于最高法院，以防止判例数量的过度膨胀。另外，日本实行三级三审制，多数案件可以上诉到最高法院，即使将判例的创制限定于最高法院，也足以保障判例的类型具有代表性。

日本的判例不仅包括具体的结论命题，也包括一般性法律命题。但一般性法律命题成为判例的前提是与案件事实有直接关联。单纯的抽象法律理论，不能成为判例。在与具体案件事实直接相关的范围内，法院确实以解释的形式发挥着法律创制的作用。

日本判例制度的另一大特点是与学说的总体上称得上良好的互动关系。判例本身当中大量引用各种复杂的学说，其旁征博引、铺陈辩驳不亚于专业论文。学说上也言必称判例，甚至几乎所有的法律领域，离开了判例就难以谈论法律。

（三）援引和推翻机制

日本所有的法官，依照良心独立行使职权，只受宪法和法律的拘束。判例不是法律，所以直接强制法官引用判例是没有明文依据的。最高法院也不能直接强制下级法院的法官服从上级法院意志，这是违背宪法规定的法官独立原则的。

按照日本的司法理论，法院是代表国家的机关，每一个法院的判断，都是国家的意思表示，本来，这些判断应该都是统一的。但是，法官独立的原则已经排除了事前统一的可能性，只能通过上诉，将案件最终移送于单一的最高法院，根据其判断来统一全国的裁判。也就是通过判例，来为全国法院的法律适用提供统一的标准，以期实现法律解释的统一。

由于只有最高法院的判断才能成为判例。要变更最高法院的判断，也只有最高法院自身才能做到。因此，判例的变更，是最高法院的专属权限。判例被变更，意味着被变更的旧判例是错误或不合时宜的。同时，因为判例不是法律，只是对法律的解释。

日本最高法院审理上诉案件，通常是由 3 到 5 名法官组成小法庭进行审理，只有在涉及宪法解释问题时，才由全体 15 名法官组成大法庭进行审理，判例变更的案件由大法庭审理，说明最高法院是把判例变更的问题提高到了宪法的高度来对待，而且最高法院法官来源复杂，代表性广泛，要在全体法官中取得过半的多数，并不是容易。

### （四）判例发布与汇编机制

国家的司法机关一旦对一定案件作出法律判断，国民就可以预测和期待对同种案件将作出同样的判断，以此调整自己的行动，由此，判例就具有了作为行为规范的意义。特别是在立法欠缺或立法不明晰的情况下，判例以法律解释的形式，就个别的具体问题创造规则，从而在社会变迁的背景下发挥调整社会生活的机能。

由于判例的本质是作为先例而对其他案件的处理具有一定程度的拘束力，而只有最高法院的判断才能起到这种作用，欧美国家判例的选取范围比日本要大很多，而日本的判例仅限于最高法院的判决。最高法院每年审理大量案件，能够公开刊行出来的只是少数，而在实际的运用中发挥巨大作用的，主要是最高法院自己编纂的《日本最高法院判例集》中登载的判例。

日本最高法院设置判例委员会，负责挑选登载的判例。判例委员会由最高法院的7名法官组成，下设干事，干事由最高法院调查官和最高法院事务总局的职员担任。最高法院调查官都是从下级法院选拔上来的有一定实务经验的较年轻的法官，有30人左右。调查官在审判中辅助法官的工作，在判例编纂方面则负责执笔撰写判决事实、要旨、解说、参照条文等。判例委员会每月召开一次会议，讨论决定调查官提出的判例及内容。

### （五）未来的调研分析与实地调查方法

目前我国案例指导机制仍处于实验阶段，如何做到既维持成文法传统，又充分发挥指导性案例的积极作用，是构建案例指导机制首先要解决的一个课题。在这一点上，日本的做法对我国来说具有相当的借鉴价值。希望通过对日本知识产权判例制度作出深入的实地调查与研究，并在比较的基础上对我国构建案例指导机制提出具体建设性建议。可能需要的未来的调研思路有：先期采购相应的原文书籍和期刊资料，翻译相关内容厘清日本判例指导制度的发展脉络和变化，掌握相关的基础内容；由于日本距离较近，还可采用多次短期的实地访谈和参加研讨会相结合的方式获取第一手权威资料；可通过对日本最高法院的访问，与法官交流取得相关经验；与日本的大学教授及专家建立合作研究，汲取学术积淀深厚的理论精华。

## 四、中国特色的案例指导制度构建

众所周知，判例法国家的一大核心理念是“遵循先例”原则，但是这并非是判例法国家的“专利”，德国等一些成文法国家也采用判例法的方法以克服成文法抽象、刻板和绝对的弱点。为此，日本比较法法学家就指出：“大陆法系虽然确实没有先例拘束原则，但实际上，无论是法国还是德国，下级法院都遵从上级法院的判例，否则下级法院作出的判决就必然在上级审时被撤销。”[①] 从一定意义上讲，对司法判例的重视程度能够反映一个国家的法治发展水平。[②] 在当前国家全面推进依法治国和进行以审判为中心的司法改革的环境之下，知识产权法院已经在北京、上海、广州成立，这为我国中国特色的知识产权审判模式的建立和探索提供了审判改革的制度环境。另一方面，为了进一步提高司法审判水平、促进司法统一、发挥司法的主导作用，我们需要引入国际司法界成熟的经验——判例制度来促进这一进程，即建立起具有中国特色的知识产权案例指导制度。

中国特色的知识产权案例指导制度应当充分考虑当前中国司法体制改革的背景，结合中国实际，并在多方调研和反复论证的基础上，形成既适应司法审判又兼具中国特色的制度。结合前述英美法系和大陆法系以及北欧等各个国家的判例制度的相关经验，暂拟定中国特色的知识产权案例指导制度构建及运行机制的初步方案。

（一）制度构建的原则

在 2014 年 10 月 23 日党的十八届四中全会《关于全面推进依法治国若干重大问题的决定》中，首次将“加强和规范司法解释和案例指导，统一法律适用标准”写入党的中央委员会文件，为人民法院进一步完善案例指导制度指明了方向。对于当前正处在萌芽状态的中国知识产权案例指导制度，首先应当把握制度构建的原则有[③]：

1. 制定法为主，指导案例为辅

中国作为制定法传统国家，无论进行何种政策革新，制定法为主的原则不得抛弃，也不会僭越成文法而自行创制法律，否则这样就与我国成文法的体系相违背。特别是在知识产权相关案件中，由于知识产权与科技发展息息相关，立法难以跟上现有或将来变化的必然趋势，所以在实践中，有许多法院法官开始自行扩充知识产权保护的客体范围，扩充知识产权的

---

① 牛克乾：《中国特色指导性案例制度的实然定位与应然方向》，载《人民司法》2015 年 5 月。

② 宿迟、杨静：《建立知识产权司法判例制度》，载《科技与法律》2015 年第 2 期。

③ 刘迪：《浅议中国知识产权司法案例指导制度》，http：//blog. sina. com. cn/s/blog_663a8b800102w9xh. html。

权能，甚至直接否定现有法律等等，这些行为毫无疑问损害了法律的严谨性。而在构建新的知识产权案例指导制度时，应时刻铭记制定法为主的原则。

2. 严格标准选择指导性案例

指导性案例是精心筛选过的，其中浓缩着法官的审判方法和智慧，通过发布指导性案例，可以将他们的有益经验传授给其他法官进行学习和参考。从当前中国法院法官的组成看，他们是中国公务员体系中素质较高的一群人。同时，随着层级的升高，其自身资历和理论水平也相应较高。故最高人民法院以及其刚成立的最高人民法院知识产权案例指导研究（北京）基地（2015 年 4 月 24 日）应该享有全国唯一的发布指导性案例的权力，这有利于保障案例的权威性、指导性和判决文书的说理性，也有利于确保所发布的指导性案例对各级法院的拘束力。另外，应建立严格的指导性案件甄别机制：（1）保证其与时俱进，建立指导案例废除与替代机制；（2）保证其已具备效力，并在社会中产生一定积极影响（这就需要大量的调研与反馈）；（3）保障指导性案例的发布程序合法、合理与及时；（4）应做到重质不重量，抓典型和社会争议热点；（5）其他应当注意的事项。

3. 保障自由裁量权

指导性案例对于法官裁判上有着近乎是全方位的指引和参考，既包括对于案件事实的认定，也包括对于法律的运用和解释，从而实现了填补法律漏洞的作用。即使是奉行大陆法系的欧洲，当前在欧盟内部法院在审理知识产权案件的时候，同样会参照一些重要的判例，律师更是在诉讼中援引案例来佐证自己的观点。

法院在对待指导性案例的态度上，同样应该是“参照”，且并非严格一一参照。在合法情况下，给法院在一定程度的“微调”空间，以来缓解迅速发展的科技和法律（包括指导性案例）的滞后性之间的矛盾。

4. 释明裁判要旨

王利明教授曾指出，指导性案例中关键是要找“类似性”。指导性案例的运用关键问题在于对“相同或者类似案件”的判断。因为相似性程度越高，越有利于适用指导性案例，同时法官受到先前案例的拘束就越多，所以在指导性案例中要释明裁判要旨，以便判断“类似性”。裁判要旨是整个指导性案例要点的概要表述，是裁判类似案件时参照使用的标准和规则。其在形式上，类似于一般的制定法规则，由法律事实和法律后果构成，省略了案件事实和法律推理过程，一般可以脱离案例事实而独立存在，为了增强指导性案例的可实施度，应当对裁判要旨予以释明。

5. 全面公开原则

审判公开是促进司法公正、提高司法公信力的重要保障，而裁判文书的公开是实现司法公正的重要形式。党的十八届三中全会通过的《中共中央关于全面深化改革若干重大问题的决定》，把“增强法律文书说理性，推动公开法院生效裁判文书”确定为健全司法权力运行机制改革的重要内容；同时2013年通过的《最高人民法院关于人民法院在互联网公布裁判文书的规定》第3~4条也规定：除有特殊情况外“人民法院的生效裁判文书应当在互联网公布”。作为新的中国特色知识产权案例指导制度的首要原则便是全面公开原则，只有实现最充分地公开，才能发挥案例的指导和拘束作用。

6. 司法民主原则

英美法系典型做法的少数意见制，二战后为性属大陆法系的日本所吸纳。其中既有成功的经验也有若干教训，这给我们提供了许多有益的启示。不同意见写入判决书，与我国宪法和法律规定的民主集中制、审判公开原则、审判独立原则，与司法民主的要求以及从审判本质中派生出来的案例指导制度是相符合的，它对深化审判改革、确保裁判质量、提高法官素质都具有积极意义。[①] 不同意见制和评审意见制是整体性的司法问题，在具体操作时应积极稳妥，分步实施，逐步推开。

7. 克制的司法能动原则

司法能动性，指的是对美国司法制度中审判行为的一种见解。其基本宗旨是法官在审判中应当广泛运用其权力，尤其指通过扩大平等和个人自由的手段来促进公平，在采取司法能动主义的国家中，法官可将抽象的宪法规定具体化为确定的权利来保护人之为人的尊严。在当前建立中国特色知识产权案例指导制度的背景之下，克制的司法能动原则体现为“有法律适用法律，无法律参照先例”的基本思路。在有法律规定的情况下，遵循并适用法律；在法律没有规定或者规定不明确时，法官可以发挥司法能动性，创设先例。

8. 遵循先例原则

判例法制度的一个基本原则是：法院先前判决所确立的有效规则（precedents）对之后法院的判决有约束力，也叫做“遵循先例（stare decisis）原则。所谓先例，是指一个已经判决的案件和法院的判决，被认为是

---

① 刘风景：《不同意见写入判决书的根据与方式》，载《环球法律评论》2007年第2期。

为后来发生的相同或相似的案件或类型的法律问题提供了范例或权威性的法律依据，法院试图按照先前案例中确定的原则进行审判。

（二）指导案例的效力

中国作为一个历史悠久的制定法国家，中国特色社会主义法律体系已经建成，而法律法规和司法解释等成文规定是唯一的判案依据，我国的司法实践并不接受英美法国家“遵循先例”等原则的约束。而对于正在探索形成的知识产权案例指导制度，其指导案例的效力必须被明确，应被视为立法的补充而不是取代立法的形式。

在知识产权司法实践中，法官的首要使命仍然是适用法律的具体规定，在此时指导性案例仅仅作为法官断案的参考；而当法律没有规定或者规定不明确时，我们应当适用先前的指导性案例以补充立法的疏漏，防止恣意擅断和限制法官自由裁量权，同时保障“同案同判”和司法的一贯性。先例的效力也会因为发布主体的不同而有不同。关于先例的效力层次，仍有进一步调研和研究的必要。

（三）先例的适用范围（条件）

1. 缺乏有效的制定法规范

作为传统意义上的成文法国家，制定法应当是我国的第一法律渊源，而先例只能作为第二渊源。针对特定的知识产权诉讼纠纷，法官在裁判时首先应当从制定法出发去检索，如果存在具体的制定法规范，则应当首先适用，并且应当按照我国《立法法》规定的法律效力位阶进行选择。而先例的适用范围首先应当限于没有具体的制定法规范的情形下，此时法官可以采取弥补制定法缺陷的手段之一——按照遵循先例原则，依照先例裁判。

2. 存在具体的先例规则

先例之所以可以成为裁判依据，就在于其本身可以抽象出特定的裁判规则。这种裁判规则虽然不同于制定法的表现形式，但是在实质上起着与制定法相似的功能。裁判规则也应当符合法律规范的基本要求，适用先例的前提是有适合案件事实的具体先例存在。因此，应当在先例的数据库中进行检索，并在裁判文书中释明具体适用的先例。

3. 具有相同或者类似的案件事实

我国司法裁判的准则是“以事实为依据，以法律为准绳”，而知识产权案例指导制度的初衷在于实现“同案同判”、确保司法公正，因此在法律无明确规定而决定适用先例时，首先应当考察适用具体先例的案件事实与所要裁判的案件事实是否相同或类似。

而针对可以适用先例的案件事实的种类，应当限定于两案的必要案件事实相类似或一致。必要事实是指对于形成判决结论起着决定性作用的基础事实，排除无关的或者假设的事实。而关于先例的必要事实需要法官在形成裁判文书时予以释明，因此在后案类比时便可以较为高效地找到需要参照和遵循的先例。

（四）案件审理流程

在知识产权案例指导制度确立后，相关的知识产权案件的审理流程可遵循下述规则：

1. 制定法检索

法官对正在审理的案件进行案件事实的判断，在提炼出案件纠纷所在后应当就相关法律问题进行制定法范围内的检索，如果制定法有明确的规定，则应当适用制定法的相关规定。若对具体案件的法律问题无明确制定法可依，则进入第二步流程。

2. 当事人引用先例

当事人可在其诉讼请求中或者质证程序里阐明引用的先例，说明应予遵循先例的具体理由，并告知可以针对对方当事人提交的先例进行答辩和提交相反先例。质证时还应就在案提交的先例，围绕先例的遵循、推翻或不予遵循充分陈述意见。

3. 先例检索

当不存在适用于具体案件的法律依据时，应当进入先例检索阶段。在知识产权案例数据库中进行检索，结合当事人请求引用的案例，寻找应当适用的先例。随着我国大力实施创新驱动发展战略，知识产权案例越来越多，也愈加复杂，因此在检索先例时必然面对先例选择的问题。可以以“主要问题”为中心进行检索，首先分析案件事实，明确主要问题，随后可通过对案件事实的分析明确当事人的诉求和法院需要裁断的主要问题。其次要查找相关资料，寻找先例线索。最后，应根据列出的问题要点，选择最佳的先例。

4. 案情对比

在上述选择的先例中，法官应对正在审理的案件（后案）与先例的具体案情进行比较，从中对两个案件的基本事实的相似程度进行判断，进而决定选择哪个先例予以适用和进行裁判说理。也即前述“遵循先例”原则的具体化。英美法系国家在案情对比中所采取的“区别技术”值得我们借鉴：首先，需要区别出判例中的判决理由和附带意见。判例只有包含着某种裁判规则也即实质性规则的部分才具有约束力。其次，需要发现实质性规则所依据的实质性条件。再次，需要归纳出构成本案的实质性条件，以决定可否适用相关判例规则。①

5. 权衡形势

适用先例不仅仅要考察案件事实的相似度，而且需要权衡具体的形势，以免出现机械适用先例的情况。权衡形势具体而言，是指在使用先例之前应当对两案的不同的时代背景、政策形势、价值倾向、功能利益等内容进行具体的权衡和对比，做出最符合当下形势需要的选择和裁决。

6. 规则引用

先例适用的本质其实是先例所确定的实质性裁判规则的再次适用，是从特殊到特殊的推理过程。因此，在引用先例进行判决时理应对先例所确定的规则进行引用，以增加裁判的说理性和权威性。在对比案情和权衡形势之后，应当在判决中体现是否引用相关规则及其理由。

7. 做出裁判

遵循上述步骤，选取合适的先例并进行充分地说理、质证和论证后，即可做出后案的裁判，解决当事人争议。

### （五）确定适用先例裁判文书的撰写格式，明确指导案例的报送与认定制度

结合前述对于美国、德国及日本的判例内容的介绍，在知识产权案例指导制度的审判实践中，适用先例的裁判文书至少应当在提供了案件名称和基本审理信息的基础上，提供裁判要旨、论证说理及裁判结果等内容。在符合形式要求的前提下，应当就指导案例的报送和认定程序作出规定，并使之符合中国的司法实践。

## 五、案例指导制度的数据库建设

优质的数据库是查找和梳理案例的关键。Westlaw 和 LexisNexis 是目前欧美法学界最主流的两大数据库，深受广大法律从业人员的好评，以下为两者判例摘要系统的分析对比。

### （一）Westlaw 判例摘要系统（Westlaw Digest System）

Westlaw 判例摘要系统的整体理念是将不同案例根据关键词进行分类，

① 徐景和：《中国判例制度研究》，中国检察出版社 2006 年版。

具体步骤如下：第一，构建树状分类模型：即通过设立层级标题将整个法律体系块状化。其中，第一层为按照主题（Topics）对整个法律体系进行划分，比如分为“知识产权”“商标”“收养”“逮捕”等集合；第二层为在各大类下进行细分（Headnotes），比如“知识产权”可细分为“专利权人”“专利申请”“专利权”等子集；以此类推，视实际需求不断细分；第二，在树状分类模型构建完毕以后，Westlaw 赋予了每一个主题（Topic Number）和其子集（Key Number）各自的编号，以便日后使用者的查询（详见下文）；第三，每一个新案例入库以后，Westlaw 都会撰写法律争点之意见概要，再根据争议点将案件分入其所属的子集下，比如一个重复授权专利纠纷案件就会被收入“排他性许可/非排他性许可”子集中，且在此判决书前会加上“排他性许可/非排他性许可：【相关争议点总结】”。当一个案件包含多个争议点时，其可能同时被收入多个子集中，如非专利权人重复授权案就可能同时被收入“排他性许可/非排他性许可”和“专利许可权主体资格适格性”两个子集。

【检索】通常而言，使用者有以下几种方式通过标题和编号查询案例：（1）直接通过编号检索，比如，搜索有关专利排他许可权的案例，可以直接输入知识产权的主题编号 291 加 K 加专利排他许可权的编号 1490，即 291k1490。（2）通过标题直接检索，Westlaw 按字母顺序将所有的第一层标题都罗列在同一个页面上，使用者可以通过点击“+”号进入子集，最后一层子集之后即是案例。（3）通过输入关键字检索标题/子标题。（4）通过所查到的案例查找其他类似案例。每一份判决书中都包含有此案所属子集，可通过点击该类别链接查询同一类别下其他案件。

【判决书】值得一提的是，Westlaw 并非单纯地将法院判决书呈现给使用者，而是在判决中链接了案件的评价、被引用情况以及其他文献的引证分析等相关资料，除上述提到的争议点总结之外，在每个案例前面还有反映本案评价以及被引用情况的符号——红色旗帜表示警告（强烈负面评价，如此案例已被推翻）、黄色旗帜表示小心（可能是负面评价，如其他法院作出不同判决）以及绿色旗帜表示正面评价，这种提示符号简单明了，可以及时提醒使用者该案例所处的状态，为其是否被引用提供参考。

### （二）LexisNexis 判例摘要系统（Lexis Headnote System）

LexisNexis 的整体构建理念基本于 Westlaw 相同，但在具体树状分类模型的构建和个案争议点总结上有所差异。

LexisNexis 的集合划分标准与 Westlaw 不同，使得其子集数远少于后者。

具体步骤如下：第一，第一层按照部门法对整个法律体系进行划分，即分为“知识产权法”“商标法”“民法”等大类；第二层再在各部门法之下按主题进行细分，比如“知识产权法”可进一步分为“专利所有权”“专利侵权”“救济措施”等子集。第二，LexisNexis 并未赋予每个标题及其子标题编号，故相较 Westlaw 而言，使用者无法直接以编号进行搜索。第三，每一个新案例入库以后，LexisNexis 也会同 Westlaw 一样整理个案争议点。但不同的是，LexisNexis 直接援引判决书语句在个案判决书末尾列举争议点，而 Westlaw 却是由专人提炼总结争议点列于判决书之前。随后，LexisNexis 同样是依据个案争议点将案件分入其所属的子集之中。

【检索】通常而言，使用者有以下几种方式通过标题和编号查询案例：(1) LexisNexis 在其首页上列有根据主题搜索选项，使用者可在搜索框的下拉菜单中选择相应的部门法名称，点击进入后即可通过直接通过输入关键字检索子标题，或直接点击 + 号进入子集。值得注意的是，由于 LexisNexis 子集数远小于 Westlaw，故而每个子集中案件数常远多于后者。为解决这一问题，LexisNexis 在子集最后一层后设计了一个缩小搜索范围的页面，使用者可通过判决法院、日期等关键词进一步限定搜索范围，使得最后显示的案件数不会过于庞大。(2) 通过所查到的案例查找其他类似案例。使用者可通过点击判决书末 LexisNexis 整理的案例争议点（Headnotes）查询涉及到类似争议点的其他案件。

【判决书】与 Westlaw 一样，LexisNexis 并非是对判决书的简单罗列排序，如个案分析（Case Summaries）中，包括了本案提交法院前的历史简介（Prior History）、法院审理后的案件发展（Subsequent History）、以及核心术语（Core terms）等内容。此外，同 Westlaw 类似，LexisNexis 通过符号及时提醒使用者该案例所处的状态：红色圆圈表示警告（强烈负面评价）、黄色三角表示小心（可能是负面评价）、绿色菱形表示正面评价以及蓝色圆圈表示本案例被引用的文献等内容。

### （三）形成通用法律引用格式

通用法律引用格式相当于案例法的普通话和标准语法。《蓝皮书：统一引用体系》，简称“蓝皮书”，是一本在美国使用最为广泛的法律引用指南。蓝皮书是美国绝大多数联邦法院使用的引用格式。

蓝皮书包括三个主要部分。第一部分为蓝页部分，是一部通用法律引用指南。第二部分是蓝皮书引用体系的核心，即引用规则和格式。第三部分包含一系列关于结合运用上述规则的表格。蓝皮书的最后则有一个综合索引（便于查找）。

比如，规则 10 规定了引用判例的要求，在此规定下，以下是对 Meritor Sav. Bank v. Vinson, 477 U. S. 57, 60（1986）这一案件引用注释所作的分解说明：

| Meritor Sav. Bank v. Vinson | 477 | U. S. | 57 | 60 | 1986 |
|---|---|---|---|---|---|
| 案件名称/当事方名称 | 案例汇编卷数 | 案例汇编缩写 | 案例首页页码 | 引用部分所在页码 | 判决年份 |

通过引用注释，研究者能够了解 Meritor Sav. Bank v. Vinson 这一案件收录在美国案例汇编第 477 卷第 57 页，以及被引用部分的具体页码为第 60 页。

### （四）建立意见陈述模板规范

意见陈述模板规范相当于案例法运用的比赛规则。在美国法律体系中，意见陈述是当事人向法院陈述案件事实和法律依据的重要文件，在诉讼中的地位举足轻重。鉴于各级法院对陈辩状的要求不尽相同，故以下选取美国最高法院规则为例，简析意见陈述要旨。一般而言，意见陈述包含以下几个板块。

1. 争议点总结（Question Presented）。
2. 争议双方介绍（List of Parties）。
3. 管辖权（Jurisdiction）。
4. 陈述（Statement）。
5. 主张总结（Summary of Argument）。
6. 主张阐述（Argument）。

7. 结论（Conclusion）。

8. 引用（Citation）。

其中，当事人主张总结和阐述是意见陈述的重中之重。美国的法律文书极度依赖于引用案例以支持其主张。实践中，案件的争议焦点常常最后化为对重要先例解释的纷争。一般而言，即使在有明文法的情况下，法官或律师仍会引用先例以解释条文或佐证条文的适用性。此外，法官或律师有时会引用数十个案例支持同一论点，以增加其说服力。值得注意的是，意见陈述不仅需引用对当事人有利的先例，更需要摘引对其不利的先例，并加以说明。如若律师有故意隐瞒不利先例的行为，将会在庭审中对其一方产生非常不利的影响。为方便法官，在引用先例时，律师常会用一些提示词，以标明这些先例的作用，如支持（see）还是反对其观点（contra），亦或是进行比较（compare）。

### （五）未来考虑建设的数据库

未来知识产权案例指导数据库应当包括：知识产权案例数据库、知识产权指导性案例库、知识产权法律法规数据库、知识产权学科知识数据库等字库，并在上述字库的基础上开展知识产权案例的大数据应用系统。

#### 1. 知识产权案例数据库

该库将系统收录裁判文书，通过对裁判文书的标签设置及全文的自动分析提取，形成一个多维度的案例数据库。具体的分类体系需要结合前面WESTLAW的摘要体系进行进一步的研究架构。

#### 2. 知识产权指导性案例库

该库与前面案例库的主要不同之处在于，不但全文收录指导案例，而且会将案例全文通过标签设置自动分割成多个模块显示（示例：指导案例号、案件名称、最高人民法院审委会发布时间、关键词、裁判要点、相关法条、基本案情、裁判结果、裁判理由）。同时专门呈现从案例中梳理出的一条或多条裁判规则，并同时将这些裁判规则融合入前面的摘要体系。

#### 3. 知识产权法律法规数据库

按照一般的法律法规库的模式，专门建设一个知识产权相关的法律法规数据库，同时将其与前述案例库自动融合，尤其是与指导案例库融合，从而成为知识产权法律法规的具体化呈现，体现案例指导对成文法的注释功能、具体化功能。

#### 4. 知识产权大数据应用系统

如果可能在数据库中容纳知识产权案例的全部电子化材料（并不需要

包括所有证据材料），如起诉书、答辩状、庭审笔录、审理报告、裁判文书等文档，在目前的条件下，完全可以通过在这些电子数据的基础上，进行数据挖掘分析，一方面可以对知识产权案件中的法律争议焦点及其裁判结果进行挖掘比对，有助于发现知识产权案件的发展动向，前瞻性地进行相关研究和立法应对。另一方面也有助于法官通过学习，掌握知识产权审判中的法律争议焦点归纳。当然相关的统计分析在这种应用系统下更是轻而易举的事情。

# 中国特色知识产权案例指导制度的思考与建议

北京天驰君泰律师事务所
高级合伙人、中华全国律师协会知识产权专业委员会副主任　马翔

## 引　言

知识产权案例指导制度是近几年来我国法院逐步建立并正深入推行的案例指导工作的重要内容之一。2010 年 11 月 26 日，最高人民法院印发了《最高人民法院关于案例指导工作的规定》（以下简称《规定》）。为加强、规范和促进案例指导工作，充分发挥指导性案例对审判工作的指导作用，统一法律适用标准，维护司法公正，最高人民法院还发布了《最高人民法院关于案例指导工作的规定实施细则》。在我国案例指导制度不断健全、实践运行经验不断积累的形势下，建立具有中国特色的知识产权案例制度并在知识产权司法实践中予以实施，对于提高知识产权案件审判质量，统一知识产权案件裁判标准，确保知识产权案件的公正审理，无疑具有十分重要的意义和作用。正是基于此，最高人民法院在 2015 年年初成立了最高人民法院知识产权案例指导研究（北京）基地。2015 年 9 月，北京知识产权法院专门召开会议，讨论制定北京知识产权法院知识产权案例指导工作实施办法。

知识产权案例指导制度的制定与实施，是健全我国知识产权法制建设之所需。然而，由于我国的案例指导制度并不同于英美法系国家的判例制度，加之在知识产权领域缺乏经验和理论研究，我国知识产权案例制度的建立和实施无论在理论认识和实践运行方面，均存在很多值得探讨的问题。本文拟主要从律协和律师的角度，探讨具有中国特色的知识产权案例制度及其实践的有关问题，希望对完善我国知识产权案例制度及其运行有所裨益。

## 一、知识产权案例指导制度的基本定位

我国知识产权案例指导制度与英美法系国家的判例制度虽然有一定联系，但并不等同。从一般意义上的我国案例指导制度的基本精神来看，案

例指导制度本质上是通过确定具有指引性、规范性和指导性的同类型案例，用以供以后出现的同类型案例裁判参照。案例制度也不是照搬在先案例的判决，而是吸收在先指导性案例裁判要旨、裁判要点所反映的法理和阐明的事理，对在后同类案件予以适用。纳入指导性案例的主要价值在于为同类型案例的处理树立一个解决争议的范例，这对于统一裁判标准、保障法制统一，公平地保障当事人合法权益，解决多年来我国存在的“同案不同判”问题具有十分重要的意义。

然而，正是基于案例指导制度的上述品格，我国法院在案例指导制度的构建与适用上，需要给予其以合适的定位，不能将其过于绝对化，毕竟其不同于直接适用法律和司法解释，而主要应当是确立科学合理的指导性案例遴选标准和程序，建立具有可操作性的实施措施。

案例指导制度还必须处理好参照指导性案例与充分发挥法官的能动性和创造性的关系，不能将案例制度的价值取向和定位蜕变为泯灭法官在个案中发挥其自身创造性，以及根据个人的特殊性裁断案件的机会和可能，而变成在个案审理中法官和当事人及其律所主要针对在先的案例（先例）进行比较、分析从而丧失个案特殊性的关注。而且，案例指导制度如果过于强调先例的适用，甚至在审判程序上主要以讨论和评判先例为主要线索，这也与我国民事诉讼法等程序法的规定不符，甚至上升到一般法理层面上，也与“以事实为根据、以法律为准绳”的根本原则不相符。

知识产权案件属于上述一般意义上的案件的重要类型之一。因此，知识产权案例制度在基本定位方面与上述基本定位完全相同。只是在具体规则制定和适用上有一定的特殊性。

## 二、北京知识产权案例指导制度的构建与完善

制定知识产权案例指导制度，应当说是建立和完善具有中国特色的知识产权案例指导制度的第一步。为加快我国知识产权案例指导制度建设，北京知识产权法院于2015年9月起草了《北京市法院知识产权审判案例指导工作试行办法》（以下简称《办法》）。由于知识产权案例指导实践直接受制于知识产权案例制度，该制度的科学性、合理性就成为开展好知识产权案例指导工作的关键。中国律协知识产权专业委员会（以下简称专委会）仔细研究了《办法》，认为无论其规定如何，制定《办法》本身对于推动我国知识产权案例指导实践，具有极端重要的意义。然而，正因为《办法》具有重要地位和作用，如何制定上述科学、合理的具体规则就变得尤为重

要。针对《办法》，专委会特提出如下意见与建议，供北京知识产权法院进一步完善该《办法》时参考。

(一)《办法》总体评价

《办法》是一部内容相当全面，既包括实体认定也包括程序操作的关于知识产权案例指导工作的规则，在我国建立知识产权案例指导制度方面实属具有里程碑意义。然而，专委会认为《办法》在总体上的指导思想、对知识产权案例指导的基本定位方面仍存在一定的偏差，在具体规范方面也存在一定的待改进之处。以下将予以具体阐述。

(二)《办法》存在的问题及解决对策

1.《办法》在总体思路上有些过于强调“先例”的作用和适用，尤其是关于先例的遵从和撤销、案件审理方式的调整等方面的规定，体现了制定者对先例适用的明显强化。因此，仍然需要就《办法》中规定的案例制度的基本定位重新进行思考。

2.《办法》没有对知识产权案件审理中如何处理好个案认定的事实、个案中合议庭对案件事实认定、适用法律评判与参照“先例”之间的关系作出规定，无法体现法官在考虑遵循先例的同时发挥司法能动性和创造性。

3.《办法》在一些具体规定上值得改进或商榷

(1) 关于遵循先例原则的规定。《办法》规定了两种可供选择的模式。专委会认为，方案二明显不合理，因此专委会原则上同意方案一的规定。但是，方案一直接规定先例“对后案具有约束力”，此表述是否合理，需要斟酌。

(2) 关于先例的效力等级规定。专委会认为，域外案例不应当列举在内。基层法院案例也不应当列举在内。域外案例不予列举是理所当然的，无需赘述。基层法院不宜列举的原因则在于，我国实行二审终审原则，上级法院案件既判力自然高于下级法院，基层法院作为下级法院，其判决虽然可以被上级法院所参考，但不宜规定为作为先例的效力等级范畴。

(3) 关于先例发现的规定。《办法》规定：案件审理中，法官应当主动进行先例检索。除通过基地的网络信息系统外，法官还可以使用中国知识产权裁判文书网、北大法宝、darts - IP 等官方及商业数据库，也可以根据当事人提交的先例并在核实后使用。

专委会认为，上述规定中，除“中国知识产权裁判文书网”这一官方网站外，不宜在规定中直接列举北大法宝、darts - IP 等商业数据库。这一列列举方式会造成不良的嫌疑。

（4）关于先例的推翻。《办法》规定：经审理发现先例存在以下情形的，后案审理时应当对先例予以推翻，同时充分说明推翻先例所依据的事实和理由：①与立法目的不符的；②作出程序违法的；③适用法律有误的；④其他足以被推翻的情形。

专委会认为：应当在①后面增加“认定事实错误的”这一重要情形。其实，《最高人民法院关于案例指导工作的规定实施细则》草案中规定不适用的指导性案例中也没有上述情况，但在最终发布的规定中已经给予修正。由于事实认定是基础，而在现实中并不是不存在认定事实错误的先例，因此建议加上。

（5）关于先例的不予遵循。《办法》规定：因政治环境、社会发展、经济形势、司法政策等因素变化，致使遵循相关先例已经不能适应客观需求的，须经合议庭意见一致，并经庭级法官会议或法官专业会议或审判委员会讨论通过，可以不遵循本院作出的先例。

下级法院认为上级法院先例因具有前款情形而不应予以遵循的，须经合议庭意见一致，并经庭级法官会议、法官专业会议和审判委员会讨论得出一致意见后，层报上级法院。作出先例的上级法院经过上述类似程序讨论后，得出先例是否应予遵循的意见，作为下级法院裁判的理由支持。

对此，专委会认为：第二款规定需要修正。原因是，这与我国两审终审制度不大符合，等于是间接提前进行了二审。建议将第二款改为：

下级法院认为上级法院先例因具有前款情形而不应予以遵循的，须经合议庭意见一致，并经庭级法官会议、法官专业会议和审判委员会讨论得出一致意见。

（6）关于审理方式的调整规定。对策，专委会认为：《办法》的规定存在以下问题：第一，质证程序和庭审程序将围绕先例的评判等规定，与我国现行程序法规定不符，也过于扩大了先例的地位，而且会相应地减少个案事实认定与评判时间，不利于查明个案事实和适用法律。第二，对域外案件翻译的规定更没有必要，因为域外案件不能纳入先例考虑。

## 三、律师与律协如何发挥在知识产权案例指导制度中的作用

《规定》和《办法》均肯定了律师在我国案例指导制度实施中的作用。专委会认为，律师与律协在知识产权案例指导制度中的作用应得到充分重视，律师和律协本身也应高度认识到如何利用知识产权案例指导制度提供

好法律服务。对此，专委会认为应注意以下几点：

第一，开展知识产权指导案例制度方面的培训，提高律师和律协对于知识产权案例指导制度的意识和认识水平。由于知识产权案例指导制度方兴未艾，很多律师还缺乏深刻的认识，很有必要加强这方面的宣传和培训。

第二，律师逐渐养成查询、分析知识产权指导性案例的习惯和思维，便于为当事人提供满意的法律服务。随着我国知识产权案例指导制度的推行，律师必须适应这一形势变化，学会通过各种手段与途径查询与代理案件相关的先例。

第三，积极参加有关专家咨询委员会活动，提供建设性建议与意见。根据相关规定，最高人民法院知识产权案例指导研究（北京）基地也接受部分来自律师界的实务专家参加专家咨询委员会。参加委员会的律师需要敬业，努力提出来自律师界的良好建议。

第四，积极推荐知识产权指导性案例。根据《规定》，律师和专家学者等都可以提出推荐指导性案例。因此，律师需要充分利用手头代理或者知悉的符合指导性案例的案件，积极予以推荐。

## 结　语

知识产权案例指导制度在我国方兴未艾，律师及律协更是大有可为。由于我国对知识产权案例指导制度理论储备不足，实践经验缺乏，这就需要法律界同仁大力加强这方面的研究和合作。律师作为知识产权案件的代理人，在提升我国知识产权案例指导工作中本身也具有一定的优势。希望今后更加重视律师和律协在推进我国知识产权法制、加强知识产权案例指导工作中的作用。

# 欧盟法院判例制度的实践与经验

慕尼黑马普知识产权与竞争法研究所　李陶

【摘　要】欧盟法的立法和司法区别于英美法系国家“判例法”。英美法中的遵循先例原则从来没有被欧盟法院所承认。欧盟最高法院的“判例”不具有英美法系国家判例的约束力，其实质的功能是对既有欧盟法的解释和细化。判例不属于严格意义上的法律的渊源，为解释成文法的辅助工具。在判决说理过程中，既有判例的影响力通过援引注释实现，对判例的援引只是在解释某些法律术语时的佐证。判决影响力之载体不是裁判要旨，而是判决的说理过程。判例不能取代法律本身，作为整体性的判决依据。

【关键词】欧盟法　欧盟判例制度　裁判要旨　法官法　案例指导

## 一、欧盟法的法律渊源和欧盟最高法院的功能

在欧盟一体化的历史演进中，法律和司法的统一也具有相对的渐进性。欧盟法的第一级法律渊源表现为各成员国之间通过多边谈判、协商而达成的关于欧洲共同体和欧盟的基础条约和后续条约。这第一级法律渊源是欧盟一体化的基础，其效力最强可以直接使用。在这些条约中，对于特定问题只有原则性的规定。以欧盟竞争法为例，由于在竞争法领域内没有单行的条例或是指令，所以对垄断的规制，需要在欧盟法的第一级法律中寻找依据。欧盟竞争法（反垄断法）关于垄断协议规定在《欧盟运行条约》第

101 条（原《欧洲共同体条约》第 81 条），[①] 关于滥用市场支配地位规定在《欧盟运行条约》第 102 条（原《欧洲共同体条约》第 82 条）[②]。

但是，由于其具有一定的抽象性，对其内容的阐述和细化，需要通过欧盟法的第二级法律完成，即条例、指令、决定、建议与意见。“条例”可以在各成员国直接适用，而“指令”需要各成员国进行转化。欧盟二级法律的立法过程非常缓慢。以 2014 年通过的《网络领域音乐跨境授权的集体管理指令》（RL 2014/26/EU）为例，欧盟委员会早在 2004 年就公布了该指令的第一稿草案，从讨论到最后通过花费了 10 年的时间。[③]

再者，欧盟内部利益分布呈现多元化结构，利益的博弈异常激烈，立法过程中利益的平衡困难重重。所以并不是每一个领域都能产生操作性极强和明确的实施标准。在二级法律缺位的情况下，欧盟法院的判例就起到了解释欧盟第一级法律的作用；此外，虽然第二级法律是对第一级纲领性文件条约的细化，但是在应对层出不穷的问题上，为了给各成员国以足够的转化和适用空间，其措辞也存在模糊性和原则性。在实践过程中，欧盟法院也需要对作为二级法律的指令、条例在案件的判决过程中进行解释。

① 第 101 条（卡特尔协议）：（1）下列行为因与内部市场相冲突而应予以禁止：一切可能影响成员国间的贸易且其目标或结果会阻碍、限制、扭曲内部市场竞争的企业之间的协定、企业联合组织的决定和联合行动，特别是：①以直接或间接方式规定收购或销售价格或其他交易条件；②限制或控制生产、市场、技术发展或投资；③分配市场或供货渠道；④对与其他商业伙伴的同等交易适用不同的条件，从而使之在竞争中处于不利地位；⑤以其他缔约方接受附加义务为条件缔结合同，这些条件从其本质上说或者根据商业惯例与此等合同的主题无关。（2）本条所禁止的任何协议或决定应自动无效。（3）但在下列情形下可宣告本条第 1 款不适用：企业之间的任何协议或任何类型的协议；企业联合组织的任何决定或任何类型的决定；任何联合行动或任何类型的联合行动。上述措施应有助于改善商品的生产或销售，或有助于推动技术或经济进步，同时保证消费者公平分享由此带来的收益，并且做到：①不对有关企业施加并非为达到这些目标所必不可少的限制；②不为有关企业提供在相关产品的实质部分消除竞争的可能性。

② 第 102 条（滥用市场支配地位）：只要可能影响成员国之间的贸易，则一个或多个企业滥用其在内部市场或在内部市场的实质部分占有的支配地位之行为应因与内部市场不符而予以禁止。此种滥用行为特别包括：（1）以直接或间接方式强行规定收购或者销售价格或其他不公平的贸易条件；（2）限制生产、销售或技术发展从而损害消费者利益；（3）对与其他商业伙伴的相同交易适用不同的条件，从而使其在竞争中处于不利地位；（4）以其他缔约方接受附加义务为条件缔结合同，这些条件从其本质上说或者根据商业惯例与此等合同的主题无关。

③ 整个立法过程的相关文件参照：http：//ec. europa. eu/internal_ market/copyright/management/index_ en. htm，最后访问时间：2016 年 10 月 20 日。

## 二、欧盟最高法院判例的功能

在法律制度发展的整体评价过程中，立法行为的科学性固然是重要的指针之一，但司法机构的角色绝不止步于运用法律（成文法），在一定程度上，其判决行为的过程和质量也是一个法域法治发展运行的重要保障和文明体现。历史上，欧盟最高法院并不是从一开始就注重判决的说理，其判决在初期只注重结论而忽视了论证，只注重事实判断而忽视正当性说理。[①] 渐渐欧盟法院发现，对欧盟最高法院和对欧盟的一体化而言，通过其判决形成具有欧盟特色的示范和先例制度也应当成为其工作的目标。[②] 本着这一政策指引，欧盟法院判例援引制度日趋规范。时至今日，欧盟最高法院的判决书撰写已经非常的详尽和充实，在判决说理过程中，对之前案例的注释援引已经非常规范和普遍。但对于之前类似案件在援引中的甄别还缺乏足够的说理。[③] 申言之，既有判例的影响力是通过新案在判决说理过程中对以往案件的援引注释实现，但在援引注释案件的选择上缺乏成文的标准，其属于法官司法独立选择论证的范围。

从知识产权以及其他部门法已有经验上看，欧盟法院对相同构成要件的说明和解释有时会和既有的判例的解释存在不同，即存在对同一法律名词进行不同的情况。但对同样构成要件的不同阐释往往会通过对案件事实的差异层面的解读，找到做出不同界定的事实基础，从而满足法律稳定性的要求。对于之前案件的推翻在当今欧盟最高法院的判例历史上显有为之。[④] 在另一些情况下，细心的学者发现欧盟法院的判例确实存在对于类似案件判决结果和说理不同的情况。这时，欧盟法院常常选择忽视已有判例，径行根据个案的情况进行解释，并且选择不对已有相关案件进行注释。[⑤]

---

① 参见：Everling, Ulrich：Zur Begründung der Urteile des Gerichtshofs der Europäischen Gemeinschaften, EuR 1994, 127 ~ 137；Friedrich Kuebler, RJ 12 (1993), 307 ~ 313；Guiseppe Federico Mandini/David T. keeling, Languguage, Culture and Politisics in the lifte of the European Court of Justice, 1 Columbia J. Eur. L. 397 ~ 399 (1995).

② see Ruediger Stotz, in Karl Riesenhuber：Europäischen Methodenlehre, de Gruyter, 2015, 3. Aufl., S. 516.

③ see Mehdi, FS Bourrinet (2004), S. 114 ~ 136.；Thomas M. J. Moellers, Die Rolle des Rechts im Rahmen der europäischen Integration, Mohr Siebeck, 1999, S. 56.

④ see Ruediger Stotz, in Karl Riesenhuber：Europäischen Methodenlehre, de Gruyter, 2015, 3. Aufl., S. 517.

⑤ see Mehdi, FS Bourrinet 2004, S. 113 ~ 136.

## 三、对先例的解释方法

欧盟最高法院吸收了萨维尼关于法解释学（文义解释、历史解释、体系性解释和目的解释）的论说。在判决中，通过引注之前的判例，对影响侵权构成要件成立与否关键概念，运用上述4种解释方法的一种或几种，完成判决说理的过程。

在这其中，文义解释是被运用的最为普遍的方式。因为，每一份法律文本都有20多种语言的翻译，各国对概念的理解存在或多或少都有偏差。所以在立法过程中，尽量不设置标准式的概念，而对案件事实行为和法条中侵权构成要件的类推和映射就需要欧盟最高法院通过解释完成。[①] 这一解释和类推的过程也是通过丰富的判例，逐步澄清偏差，逐渐统一法律适用的过程。[②] 所以欧盟最高法院的判例也是欧盟法律制度统一和一体化的重要组成部分。

历史解释，往往是裁判者在回顾和根据立法者当时的立法目标的基础上，做出的旨在还原立法者立法意图的解释。具体而言，在欧盟指令和条例和其他法律的立法过程中，除了公布法律正文，指令或者条例正文之前的立法理由书也会和法律正文一起，作为一个整体也同时公布。立法理由书也是法官裁判时解释的依据，也是成员国在国内法转化过程中必须参照的依据。就此，我国学者在评介和研究欧盟法的过程中，往往忽视立法理由书的作用，其角色在判决说理中和成员国国内法转化中非常重要，在此希望学者在研究欧盟相关法律的过程中意识到欧盟法律文本之前立法理由的重要性。对此，欧盟最高法院的法官在判决时，就是通过对相关立法理由书的援引完成历史解释，同时辅之以既有历史判例作为注释和佐证。[③]

另外两种解释，即体系解释和目的解释，相对而言运用的较少。对前者的不当运用，可能会造成不同的欧共体第一级法律所体现的立法价值在具体案件中发生冲突以及设置例外，这对会对欧盟法的权威性和稳定性产生异响，因此体系性解释的使用极为审慎。后者的使用则多涉及欧盟第一

---

① see Albert Bleckmann, Teleologie und dynamische Auslegung des europäischen Gemeinschaftsrecht, EuR 1979, 239ff; Albert Bleckmann, Zu den Auslegungsmethoden des Europäischen Gerichtshofs, NJW 1982, 1177.

② 参见：欧盟最高法院判例 EuGH 17. 12. 1998, EuZW 1999, 154 Tz. 26 – Codan.

③ see Thomas M. J. Moellers, Die Rolle des Rechts im Rahmen der europäischen Integration, Mohr Siebeck, 1999, S. 57.

级法律中所提及的四项基本自由（商品、人员、资本、经营及服务）和二级法律协调的问题。

## 四、结论及具体案例判决书之参考

作者选取了华为诉中兴关于标准必要专利的案件（EuGHC－170/13：Huawei Technologies Co. Ltd / ZTE Corp.，ZTE Deutschland GmbH）。其格式和注释方式仅供参考。通过这份判决可知：

第一：判例制度性质上，作为大陆法系的欧盟，是以成员国的本国法、欧盟法的具体条文为判决依据。英美中判例的约束力不被欧盟法所承认。

第二：判例的功能体现上，系通过法官对欧盟和成员国的成文法和判例在判决说理过程中的援引和注释的方式实现的。法官在判决说理的过程中，具有决定是否引注，如何引注以往判例的权利。判例的作用多体现在对关键概念的注释。

第三：判例功能发挥的载体上，并不是以居于判决开头的“裁判要旨”的方式体现，而是整个判决书作为整体，均具有援引价值。法官可以根据需要，对判决书的任意部分进行注释。

第四：司法文书的格式上，司法文书全文连续以段为单位依次编号（下文左侧阿拉伯数字），该段落编号作为司法文书的整体，不能省略。法官在对既有判例的援引过程中，援引需要具体到段落编号。这无疑是对法官素质的极大要求和挑战，且该援引方式的实现，需要以司法文书的标准化为实施前提。

JUDGMENT OF THE COURT (Fifth Chamber)

16 July 2015 ( * )

(Competition — Article 102 TFEU — Undertaking holding a patent essential to a standard which has given a commitment, to the standardisation body, to grant third parties a licence for that patent on fair, reasonable and non－discriminatory terms ('FRAND terms') — Abuse of a dominant position — Actions for infringement — Action seeking a prohibitory injunction — Action seeking the recall of products — Action seeking the rendering of accounts — Action for damages — Obligations of the proprietor of a patent which is essential to a standard)

In Case C170/13, REQUEST for a preliminary ruling under Article 267 TFEU from the Landgericht Düsseldorf (Germany), made by decision of 21 March

2013, received at the Court on 5 April 2013, in the proceedings Huawei Technologies Co. Ltd v ZTE Corp., ZTE Deutschland GmbH, THE COURT (Fifth Chamber), composed of T. von Danwitz, President of the Chamber, C. Vajda, A. Rosas, E. Juhász and D. Šváby (Rapporteur), Judges,

Advocate General: M. Wathelet,

Registrar: K. Malacek, Administrator,

having regard to the written procedure and further to the hearing on 11 September 2014, after considering the observations submitted on behalf of:

- Huawei Technologies Co. Ltd, by C. Harmsen, S. Barthelmess and J. Witting, Rechtsanwälte, D. Geradin, avocat, and M. Dolmans, advocaat,

- ZTE Corp. and ZTE Deutschland GmbH, by M. Fähndrich, Rechtsanwalt,

- the Netherlands Government, by M. Bulterman, C. Schillemans and B. Koopman, acting as Agents,

- the Portuguese Government, by L. Inez Fernandes and S. Oliveira Pais, acting as Agents,

- the Finnish Government, by J. Heliskoski, acting as Agent,

- the European Commission, by F. W. Bulst, A. Dawes and F. Ronkes Agerbeek, acting as Agents,

after hearing the Opinion of the Advocate General at the sitting on 20 November 2014, gives the following Judgment

1 This request for a preliminary ruling concerns the interpretation of Article 102 TFEU.

2 The request has been made in proceedings between Huawei Technologies Co. Ltd ('Huawei Technologies'), on the one hand, and ZTE Corp. and ZTE Deutschland GmbH ('ZTE'), on the other hand, concerning an alleged infringement of a patent which is essential to a standard established by a standardisation body ('standard-essential patent' or 'SEP').

Legal context

International law

3 The Convention on the Grant of European Patents ('EPC'), which was signed in Munich on 5 October 1973 and entered into force on 7 October 1977, in the version applicable to the facts in the main proceedings, establishes, as Article

1 states, a ‘system of law, common to the Contracting States, for the grant of patents for invention’ .

4 Apart from common rules relating to the grant of a European patent, a European patent remains governed by the national law of each of the Contracting States for which it has been granted. In that regard, Article 2 (2) of the EPC states:

‘The European patent shall, in each of the Contracting States for which it is granted, have the effect of and be subject to the same conditions as a national patent granted by that State …’

5 With regard to the rights conferred on the proprietor of a European patent, Article 64 (1) and (3) of that convention provides:

‘ (1) A European patent shall … confer on its proprietor from the date of publication of the mention of its grant, in each Contracting State in respect of which it is granted, the same rights as would be conferred by a national patent granted in that State.

…

(3) Any infringement of a European patent shall be dealt with by national law. ’

EU law

6 Recitals 10, 12 and 32 of the preamble to Directive 2004/48/EC of the European Parliament and of the Council of 29 April 2004 on the enforcement of intellectual – property rights (OJ 2004 L 157, p. 45) state the following:

‘ (10) The objective of this Directive is to approximate legislative systems so as to ensure a high, equivalent and homogeneous level of protection in the Internal Market.

…

(12) This Directive should not affect the application of the rules of competition, and in particular Articles 81 and 82 of the Treaty. The measures provided for in this Directive should not be used to restrict competition unduly in a manner contrary to the Treaty.

…

(32) This Directive respects the fundamental rights and observes the principles recognised in particular by the Charter of Fundamental Rights of the European Union [ ( “the Charter” ) ] . In particular, this Directive seeks to ensure full re-

spect for intellectual property, in accordance with Article 17 (2) of th [e] Charter. '

7 Article 9 of that directive, entitled 'Provisional and precautionary measures', states, in paragraph 1:

'Member States shall ensure that the judicial authorities may, at the request of the applicant:

(a) issue against the alleged infringer an interlocutory injunction intended to prevent any imminent infringement of an intellectual – property right …

…'

8 Article 10 of that directive, entitled 'Corrective measures', provides, in paragraph 1:

'Without prejudice to any damages due to the rightholder by reason of the infringement, and without compensation of any sort, Member States shall ensure that the competent judicial authorities may order, at the request of the applicant, that appropriate measures be taken with regard to goods that they have found to be infringing an intellectual – property right and, in appropriate cases, with regard to materials and implements principally used in the creation or manufacture of those goods. Such measures shall include:

(a) recall from the channels of commerce;

(b) definitive removal from the channels of commerce; or

(c) destruction. '

German law

9 Under the heading 'Performance in good faith', Paragraph 242 of the German Civil Code (Bürgerliches Gesetzbuch) lays down that an obligor has a duty to perform the obligation in accordance with the requirements of good faith, with due regard for customary practice.

10 Paragraph 139 (1) of the Law on Patents (Patentgesetz, BGBl. 1981 I, p. 1), as amended most recently by Paragraph 13 of the Law of 24 November 2011 (BGBl. 2011 I, p. 2302), states:

'The injured party may, where there is a risk of recurrence, bring an action for an injunction against any person who uses a patented invention in breach of Paragraphs 9 to 13. The injured party shall also have that right if an infringement is liable to be committed for the first time. '

11 Paragraphs 19 and 20 of the Law against Restrictions of Competition (Gesetz gegen Wettbewerbsbeschränkungen) of 26 June 2013 (BGBl. 2013 I, p. 1750) prohibit the abuse by one or more undertakings of a dominant position on a market.

The ETSI rules

12 The European Telecommunications Standards Institute ( 'ETSI' ) is a body the objective of which, according to Clause 3. 1 of Annex 6 to the ETSI Rules of Procedure, which annex is entitled 'ETSI Intellectual – Property Rights Policy', is to create standards which meet the technical objectives of the European telecommunications sector and to reduce the risk to ETSI, its members and others applying ETSI standards, that investment in the preparation, adoption and application of standards could be wasted as a result of an essential intellectual – property right for those standards being unavailable. To that end, Annex 6 seeks a balance between the needs of standardisation for public use in the field of telecommunications and the rights of the owners of intellectual – property rights.

13 Clause 3. 2 of that annex provides that owners of intellectual – property rights should be adequately and fairly rewarded for the use of their intellectual – property rights.

14 Under Clause 4. 1 of Annex 6, each of the members of ETSI is required to use reasonable endeavours, in particular during the development of a standard in the establishment of which it participates, to inform ETSI of that member' s intellectual – property rights which are essential to that standard, in a timely fashion.

15 Clause 6. 1 of Annex 6 to the ETSI Rules of Procedure provides that, when an intellectual – property right essential to a standard is brought to the attention of ETSI, the Director – General of ETSI must immediately request the owner of that right to give, within three months, an irrevocable undertaking that it is prepared to grant licences on fair, reasonable and non – discriminatory terms ( 'FRAND terms' ) in relation to that right.

16 Under Clause 6. 3 of that annex, for so long as such an undertaking has not been given, ETSI is to assess whether work on the relevant parts of the standard should be suspended.

17 Clause 8. 1 of Annex 6 provides that, if the owner of the intellectual – property rights refuses to give that undertaking, ETSI is to seek an alternative tech-

nology and, if no such technology exists, to stop work on the adoption of the standard in question.

18 Under Clause 14 of Annex 6 to the ETSI Rules of Procedure, any violation of the provisions of that annex by a member of ETSI is deemed to be a breach of that member' s obligations to ETSI.

19 Clause 15. 6 of that annex provides that an intellectual – property right is regarded as essential where, in particular, it is not possible on technical grounds to make equipment which complies with the standard without infringing the intellectual – property right ( 'essential patent' ) .

20 However, ETSI does not check whether the intellectual – property right, the use of which an ETSI member has brought to its attention as being necessary, is valid or essential. Nor does Annex 6 define the concept of a 'licence on FRAND terms' .

The dispute in the main proceedings and the questions referred for a preliminary ruling

21 Huawei Technologies, a multinational company active in the telecommunications sector, is the proprietor of, inter alia, the European patent registered under the reference EP 2 090 050 B 1, bearing the title 'Method and apparatus of establishing a synchronisation signal in a communication system', granted by the Federal Republic of Germany, a Contracting State of the EPC ( 'patent EP 2 090 050 B 1' ) .

22 That patent was notified to ETSI on 4 March 2009 by Huawei Technologies as a patent essential to the 'Long Term Evolution' standard. At the same time, Huawei Technologies undertook to grant licences to third parties on FRAND terms.

23 The referring court states, in the order for reference, that that patent is essential to that standard, which means that anyone using the 'Long Term Evolution' standard inevitably uses the teaching of that patent.

24 Between November 2010 and the end of March 2011, Huawei Technologies and ZTE Corp. , a company belonging to a multinational group active in the telecommunications sector and which markets, in Germany, products equipped with software linked to that standard, engaged in discussions concerning, inter alia, the infringement of patent EP 2 090 050 B 1 and the possibility of concluding a licence on FRAND terms in relation to those products.

25 Huawei Technologies indicated the amount which it considered to be a reasonable royalty. For its part, ZTE Corp. sought a cross – licensing agreement. However, no offer relating to a licensing agreement was finalised.

26 None the less, ZTE markets products that operate on the basis of the 'Long Term Evolution' standard, thus using patent EP 2 090 050 B 1, without paying a royalty to Huawei Technologies or exhaustively rendering an account to Huawei Technologies in respect of past acts of use.

27 On 28 April 2011, on the basis of Article 64 of the EPC and Paragraph 139 et seq. of the German Law on Patents, as amended most recently by Paragraph 13 of the Law of 24 November 2011, Huawei Technologies brought an action for infringement against ZTE before the referring court, seeking an injunction prohibiting the infringement, the rendering of accounts, the recall of products and an award of damages.

28 That court considers that the decision on the substance in the main proceedings turns on whether the action brought by Huawei Technologies constitutes an abuse of that company's dominant position. It thus observes that it might be possible to rely on the mandatory nature of the grant of the licence in order to dismiss the action for a prohibitory injunction — in particular, on the basis of Article 102 TFEU — if, by its action, Huawei Technologies were to be regarded as abusing its dominant position. According to the referring court, the existence of that dominant position is not in dispute.

29 The referring court states, however, that different approaches may be taken in order to determine the point at which the proprietor of an SEP infringes Article 102 TFEU as a result of bringing an action for a prohibitory injunction.

30 In this connection, the referring court observes that, on the basis of Article 102 TFEU, Paragraph 20 (1) of the Law of 26 June 2013 against Restrictions of Competition and Paragraph 242 of the Civil Code, the Bundesgerichtsh of (Federal Court of Justice, Germany) held, in its judgment of 6 May 2009 in Orange Book (KZR 39/06), that, where the proprietor of a patent seeks a prohibitory injunction against a defendant which has a claim to a licence for that patent, the proprietor of the patent abuses its dominant position only in certain circumstances.

31 First, the defendant must have made the applicant an unconditional offer to conclude a licensing agreement not limited exclusively to cases of infringement,

it being understood that the defendant must consider itself bound by that offer and that the applicant is obliged to accept it where its refusal would unfairly impede the defendant or infringe the principle of non – discrimination.

32 Secondly, where the defendant uses the teachings of the patent before the applicant accepts such an offer, it must comply with the obligations that will be incumbent on it, for use of the patent, under the future licensing agreement, namely to account for acts of use and to pay the sums resulting therefrom.

33 In the light of the fact that ZTE' s offers to conclude an agreement could not be regarded as 'unconditional', inasmuch as they related only to the products giving rise to the infringement, and that ZTE did not pay Huawei Technologies the amount of the royalty that it had itself calculated or provide to Huawei Technologies an exhaustive account of past acts of use, the referring court observes that it ought to preclude ZTE from being able validly to rely on the compulsory nature of the grant of the licence and, accordingly, ought to uphold Huawei Technologies' action for a prohibitory injunction.

34 However, the referring court notes that, in the press releases No IP/12/1448 and MEMO/12/1021 of 21 December 2012, concerning a Statement of Objections sent to Samsung and relating to patent – infringement proceedings brought by Samsung in the field of mobile telephony, the European Commission appears to regard the bringing of an action for a prohibitory injunction as unlawful, under Article 102 TFEU, where that action relates to an SEP, the proprietor of that SEP has indicated to a standardisation body that it is prepared to grant licences on FRAND terms and the infringer is itself willing to negotiate such a licence. Accordingly, it may be irrelevant that the parties in question cannot agree on the content of certain clauses in the licensing agreement or, in particular, on the amount of the royalty to be paid.

35 In the present case, if those criteria alone are to be applied by the referring court, the latter court observes that it ought to dismiss Huawei Technologies' action for a prohibitory injunction as constituting an abuse within the meaning of Article 102 TFEU, since it is common ground that the parties in the main proceedings were willing to negotiate.

36 The referring court takes the view that, in the case in the main proceedings, the fact that the infringer was willing to negotiate and the proprietor of patent

EP 2 090 050 B 1 was prepared to grant licences to third parties ought not be sufficient to constitute an abuse of a dominant position.

37 The referring court takes the view that, in assessing whether the conduct of the proprietor of an SEP is abusive, an appropriate and fair balance has to be struck in relation to all the legitimate interests of the parties, which, it must be recognised, have equivalent bargaining power.

38 Thus, the referring court considers that the positions of the proprietor of an SEP and of the infringer ought not to make it possible for them to obtain excessively high royalties (a 'hold – up' situation) or excessively low royalties (a 'reverse hold – up' situation), respectively. For that reason, but also on the grounds of equality of treatment between the beneficiaries of licences for, and the infringers in relation to, a given product, the proprietor of the SEP ought to be able to bring an action for a prohibitory injunction. Indeed, the exercise of a statutory right cannot, in itself, constitute an abuse of a dominant position, for characterisation as such requires other criteria to be satisfied. For that reason, it is not satisfactory to adopt, as a criterion of such an abuse, the notion of the infringer' s 'willingness to negotiate', since this may give rise to numerous interpretations and provide the infringer with too wide a freedom of action. In any event, if such a notion is to be held to be relevant, certain qualitative and time requirements must be imposed in order to ensure that the applicant for the licence is acting in good faith. Accordingly, a properly formulated, acceptable, 'unconditional' request for a licence, containing all the provisions normally found in a licensing agreement, ought to be required to be submitted before the patent concerned is used. As regards, in particular, requests for a licence from operators which have already placed products using an SEP on the market, those operators must immediately comply with the obligations to render an account of use of that SEP and to pay the corresponding royalty. In addition, the referring court considers that an infringer ought, initially, to be able to provide security instead of paying the royalty directly to the proprietor of the SEP in question. The possibility of the applicant for a licence leaving the determination of a fair royalty amount to the proprietor must also be envisaged.

39 In those circumstances, the Landgericht Düsseldorf decided to stay the proceedings and to refer the following questions to the Court of Justice for a preliminary ruling:

'(1) Does the proprietor of [an SEP] which informs a standardisation body that it is willing to grant any third party a licence on [FRAND] terms abuse its dominant market position if it brings an action for an injunction against a patent infringer even though the infringer has declared that it is willing to negotiate concerning such a licence?

or

Is an abuse of the dominant market position to be presumed only where the infringer has submitted to the proprietor of the [SEP] an acceptable, unconditional offer to conclude a licensing agreement which the patentee cannot refuse without unfairly impeding the infringer or breaching the prohibition of discrimination, and the infringer fulfils its contractual obligations for acts of use already performed in anticipation of the licence to be granted?

(2) If abuse of a dominant market position is already to be presumed as a consequence of the infringer's willingness to negotiate:

Does Article 102 TFEU lay down particular qualitative and/or time requirements in relation to the willingness to negotiate? In particular, can willingness to negotiate be presumed where the patent infringer has merely stated (orally) in a general way that it is prepared to enter into negotiations, or must the infringer already have entered into negotiations by, for example, submitting specific conditions upon which it is prepared to conclude a licensing agreement?

(3) If the submission of an acceptable, unconditional offer to conclude a licensing agreement is a prerequisite for abuse of a dominant market position:

Does Article 102 TFEU lay down particular qualitative and/or time requirements in relation to that offer? Must the offer contain all the provisions which are normally included in licensing agreements in the field of technology in question? In particular, may the offer be made subject to the condition that the [SEP] is actually used and/or is shown to be valid?

(4) If the fulfilment of the infringer's obligations arising from the licence that is to be granted is a prerequisite for the abuse of a dominant market position:

Does Article 102 TFEU lay down particular requirements with regard to those acts of fulfilment? Is the infringer particularly required to render an account for past acts of use and/or to pay royalties? May an obligation to pay royalties be discharged, if necessary, by depositing a security?

(5) Do the conditions under which the abuse of a dominant position by the proprietor of a [n SEP] is to be presumed apply also to an action on the ground of other claims (for rendering of accounts, recall of products, damages) arising from a patent infringement?'

Consideration of the questions referred

40 A preliminary point to note is that the present request for a preliminary ruling has arisen in the context of an action concerning infringement of a patent between two operators in the telecommunications sector, which are holders of numerous patents essential to the 'Long Term Evolution' standard established by ETSI, which standard is composed of more than 4 700 SEPs, in respect of which those operators have undertaken to grant licences to third parties on FRAND terms.

41 In the context of that dispute, the referring court raises the question whether the action for infringement seeking an injunction prohibiting that infringement, the rendering of accounts, the recall of products and damages, brought by the proprietor of an SEP — in this case, Huawei Technologies — against the alleged infringer of that SEP — ZTE, which requested the conclusion of a licensing agreement — is to be characterised as an 'abuse of a dominant position', within the meaning of Article 102 TFEU, and, accordingly, whether the action must be dismissed.

42 For the purpose of providing an answer to the referring court and in assessing the lawfulness of such an action for infringement brought by the proprietor of an SEP against an infringer with which no licensing agreement has been concluded, the Court must strike a balance between maintaining free competition — in respect of which primary law and, in particular, Article 102 TFEU prohibit abuses of a dominant position — and the requirement to safeguard that proprietor's intellectual - property rights and its right to effective judicial protection, guaranteed by Article 17 (2) and Article 47 of the Charter, respectively.

43 As the referring court states in the order for reference, the existence of a dominant position has not been contested before it by the parties to the dispute in the main proceedings. Given that the questions posed by the referring court relate only to the existence of an abuse, the analysis must be confined to the latter criterion.

Questions 1 to 4, and Question 5 in so far as that question concerns legal proceedings brought with a view to obtaining the recall of products

44 By Questions 1 to 4, and Question 5 in so far as that question concerns legal proceedings brought with a view to obtaining the recall of products, which questions it is appropriate to examine together, the referring court asks, essentially, in what circumstances the bringing of an action for infringement, by an undertaking in a dominant position and holding an SEP, which has given an undertaking to the standardisation body to grant licences to third parties on FRAND terms, seeking an injunction prohibiting the infringement of that SEP or seeking the recall of products for the manufacture of which the SEP has been used, is to be regarded as constituting an abuse contrary to Article 102 TFEU.

45 First of all, it must be recalled that the concept of an abuse of a dominant position within the meaning of Article 102 TFEU is an objective concept relating to the conduct of a dominant undertaking which, on a market where the degree of competition is already weakened precisely because of the presence of the undertaking concerned, through recourse to methods different from those governing normal competition in products or services on the basis of the transactions of commercial operators, has the effect of hindering the maintenance of the degree of competition still existing in the market or the growth of that competition (judgments in Hoffmann – La Roche v Commission, 85/76, EU: C: 1979: 36, paragraph 91; AKZO v Commission, C62/86, EU: C: 1991: 286, paragraph 69; and Tomra Systems and Others v Commission, C549/10 P, EU: C: 2012: 221, paragraph 17).

46 It is, in this connection, settled case – law that the exercise of an exclusive right linked to an intellectual – property right — in the case in the main proceedings, namely the right to bring an action for infringement — forms part of the rights of the proprietor of an intellectual – property right, with the result that the exercise of such a right, even if it is the act of an undertaking holding a dominant position, cannot in itself constitute an abuse of a dominant position (see, to that effect, judgments in Volvo, 238/87, EU: C: 1988: 477, paragraph 8; RTE and ITP v Commission, C241/91 P and C242/91 P, EU: C: 1995: 98, paragraph 49; and IMS Health, C418/01, EU: C: 2004: 257, paragraph 34).

47 However, it is also settled case – law that the exercise of an exclusive right linked to an intellectual – property right by the proprietor may, in exceptional cir-

cumstances, involve abusive conduct for the purposes of Article 102 TFEU (see, to that effect, judgments in Volvo, 238/87, EU: C: 1988: 477, paragraph 9; RTE and ITP v Commission, C241/91 P and C242/91 P, EU: C: 1995: 98, paragraph 50; and IMS Health, C418/01, EU: C: 2004: 257, paragraph 35).

48 Nevertheless, it must be pointed out, as the Advocate General has observed in point 70 of his Opinion, that the particular circumstances of the case in the main proceedings distinguish that case from the cases which gave rise to the case – law cited in paragraphs 46 and 47 of the present judgment.

49 It is characterised, first, as the referring court has observed, by the fact that the patent at issue is essential to a standard established by a standardisation body, rendering its use indispensable to all competitors which envisage manufacturing products that comply with the standard to which it is linked.

50 That feature distinguishes SEPs from patents that are not essential to a standard and which normally allow third parties to manufacture competing products without recourse to the patent concerned and without compromising the essential functions of the product in question.

51 Secondly, the case in the main proceedings may be distinguished by the fact, as is apparent from paragraphs 15 to 17 and 22 of the present judgment, that the patent at issue obtained SEP status only in return for the proprietor' s irrevocable undertaking, given to the standardisation body in question, that it is prepared to grant licences on FRAND terms.

52 Although the proprietor of the essential patent at issue has the right to bring an action for a prohibitory injunction or for the recall of products, the fact that that patent has obtained SEP status means that its proprietor can prevent products manufactured by competitors from appearing or remaining on the market and, thereby, reserve to itself the manufacture of the products in question.

53 In those circumstances, and having regard to the fact that an undertaking to grant licences on FRAND terms creates legitimate expectations on the part of third parties that the proprietor of the SEP will in fact grant licences on such terms, a refusal by the proprietor of the SEP to grant a licence on those terms may, in principle, constitute an abuse within the meaning of Article 102 TFEU.

54 It follows that, having regard to the legitimate expectations created, the a-

busive nature of such a refusal may, in principle, be raised in defence to actions for a prohibitory injunction or for the recall of products. However, under Article 102 TFEU, the proprietor of the patent is obliged only to grant a licence on FRAND terms. In the case in the main proceedings, the parties are not in agreement as to what is required by FRAND terms in the circumstances of that case.

55 In such a situation, in order to prevent an action for a prohibitory injunction or for the recall of products from being regarded as abusive, the proprietor of an SEP must comply with conditions which seek to ensure a fair balance between the interests concerned.

56 In this connection, due account must be taken of the specific legal and factual circumstances in the case (see, to that effect, judgment in Post Danmark, C209/10, EU: C: 2012: 172, paragraph 26 and the case – law cited).

57 Thus, the need to enforce intellectual – property rights, covered by, inter alia, Directive 2004/48, which — in accordance with Article 17 (2) of the Charter — provides for a range of legal remedies aimed at ensuring a high level of protection for intellectual – property rights in the internal market, and the right to effective judicial protection guaranteed by Article 47 of the Charter, comprising various elements, including the right of access to a tribunal, must be taken into consideration (see, to that effect, judgment in Otis and Others, C199/11, EU: C: 2012: 684, paragraph 48).

58 This need for a high level of protection for intellectual – property rights means that, in principle, the proprietor may not be deprived of the right to have recourse to legal proceedings to ensure effective enforcement of his exclusive rights, and that, in principle, the user of those rights, if he is not the proprietor, is required to obtain a licence prior to any use.

59 Thus, although the irrevocable undertaking to grant licences on FRAND terms given to the standardisation body by the proprietor of an SEP cannot negate the substance of the rights guaranteed to that proprietor by Article 17 (2) and Article 47 of the Charter, it does, none the less, justify the imposition on that proprietor of an obligation to comply with specific requirements when bringing actions against alleged infringers for a prohibitory injunction or for the recall of products.

60 Accordingly, the proprietor of an SEP which considers that that SEP is the subject of an infringement cannot, without infringing Article 102 TFEU, bring an

action for a prohibitory injunction or for the recall of products against the alleged infringer without notice or prior consultation with the alleged infringer, even if the SEP has already been used by the alleged infringer.

61 Prior to such proceedings, it is thus for the proprietor of the SEP in question, first, to alert the alleged infringer of the infringement complained about by designating that SEP and specifying the way in which it has been infringed.

62 As the Advocate General has observed in point 81 of his Opinion, in view of the large number of SEPs composing a standard such as that at issue in the main proceedings, it is not certain that the infringer of one of those SEPs will necessarily be aware that it is using the teaching of an SEP that is both valid and essential to a standard.

63 Secondly, after the alleged infringer has expressed its willingness to conclude a licensing agreement on FRAND terms, it is for the proprietor of the SEP to present to that alleged infringer a specific, written offer for a licence on FRAND terms, in accordance with the undertaking given to the standardisation body, specifying, in particular, the amount of the royalty and the way in which that royalty is to be calculated.

64 As the Advocate General has observed in point 86 of his Opinion, where the proprietor of an SEP has given an undertaking to the standardisation body to grant licences on FRAND terms, it can be expected that it will make such an offer. Furthermore, in the absence of a public standard licensing agreement, and where licensing agreements already concluded with other competitors are not made public, the proprietor of the SEP is better placed to check whether its offer complies with the condition of non-discrimination than is the alleged infringer.

65 By contrast, it is for the alleged infringer diligently to respond to that offer, in accordance with recognised commercial practices in the field and in good faith, a point which must be established on the basis of objective factors and which implies, in particular, that there are no delaying tactics.

66 Should the alleged infringer not accept the offer made to it, it may rely on the abusive nature of an action for a prohibitory injunction or for the recall of products only if it has submitted to the proprietor of the SEP in question, promptly and in writing, a specific counter-offer that corresponds to FRAND terms.

67 Furthermore, where the alleged infringer is using the teachings of the SEP

before a licensing agreement has been concluded, it is for that alleged infringer, from the point at which its counter – offer is rejected, to provide appropriate security, in accordance with recognised commercial practices in the field, for example by providing a bank guarantee or by placing the amounts necessary on deposit. The calculation of that security must include, inter alia, the number of the past acts of use of the SEP, and the alleged infringer must be able to render an account in respect of those acts of use.

68 In addition, where no agreement is reached on the details of the FRAND terms following the counter – offer by the alleged infringer, the parties may, by common agreement, request that the amount of the royalty be determined by an independent third party, by decision without delay.

69 Lastly, having regard, first, to the fact that a standardisation body such as that which developed the standard at issue in the main proceedings does not check whether patents are valid or essential to the standard in which they are included during the standardisation procedure, and, secondly, to the right to effective judicial protection guaranteed by Article 47 of the Charter, an alleged infringer cannot be criticised either for challenging, in parallel to the negotiations relating to the grant of licences, the validity of those patents and/or the essential nature of those patents to the standard in which they are included and/or their actual use, or for reserving the right to do so in the future.

70 It is for the referring court to determine whether the abovementioned criteria are satisfied in the present case, in so far as they are relevant, in the circumstances, for the purpose of resolving the dispute in the main proceedings.

71 It follows from all the foregoing considerations that the answer to Questions 1 to 4, and to Question 5 in so far as that question concerns legal proceedings brought with a view to obtaining the recall of products, is that Article 102 TFEU must be interpreted as meaning that the proprietor of an SEP, which has given an irrevocable undertaking to a standardisation body to grant a licence to third parties on FRAND terms, does not abuse its dominant position, within the meaning of Article 102 TFEU, by bringing an action for infringement seeking an injunction prohibiting the infringement of its patent or seeking the recall of products for the manufacture of which that patent has been used, as long as:

- prior to bringing that action, the proprietor has, first, alerted the alleged infringer of the infringement complained about by designating that patent and specifying the way in which it has been infringed, and, secondly, after the alleged infringer has expressed its willingness to conclude a licensing agreement on FRAND terms, presented to that infringer a specific, written offer for a licence on such terms, specifying, in particular, the royalty and the way in which it is to be calculated, and

- where the alleged infringer continues to use the patent in question, the alleged infringer has not diligently responded to that offer, in accordance with recognised commercial practices in the field and in good faith, this being a matter which must be established on the basis of objective factors and which implies, in particular, that there are no delaying tactics.

Question 5, in so far as that question concerns legal proceedings brought with a view to obtaining the rendering of accounts or an award of damages

72 By Question 5, in so far as that question concerns legal proceedings brought with a view to obtaining the rendering of accounts or an award of damages, the referring court asks, in essence, whether Article 102 TFEU must be interpreted as prohibiting an undertaking in a dominant position and holding an SEP, which has given an undertaking to the standardisation body to grant licences for that patent on FRAND terms, from bringing an action for infringement against the alleged infringer of its SEP and seeking the rendering of accounts in relation to past acts of use of that SEP or an award of damages in respect of those acts of use.

73 As is apparent from paragraphs 52 and 53 above, the exercise by the proprietor of the SEP of its intellectual - property rights, by bringing actions for a prohibitory injunction or for the recall of products, may be characterised, in circumstances such as those in the main proceedings, as an abuse, where those proceedings are liable to prevent products complying with the standard in question manufactured by competitors from appearing or remaining on the market.

74 In the present case, according to the description set out in the order for reference, the actions for infringement brought by the proprietor of an SEP, seeking the rendering of accounts in relation to past acts of use of that SEP or an award of damages in respect of those acts of use, do not have a direct impact on products complying with the standard in question manufactured by competitors appearing or remaining on the market.

75 Consequently, in circumstances such as those in the main proceedings, such actions cannot be regarded as an abuse under Article 102 TFEU.

76 In the light of the foregoing considerations, the answer to Question 5, in so far as that question concerns legal proceedings brought with a view to obtaining the rendering of accounts or an award of damages, is that Article 102 TFEU must be interpreted as not prohibiting, in circumstances such as those in the main proceedings, an undertaking in a dominant position and holding an SEP, which has given an undertaking to the standardisation body to grant licences for that SEP on FRAND terms, from bringing an action for infringement against the alleged infringer of its SEP and seeking the rendering of accounts in relation to past acts of use of that SEP or an award of damages in respect of those acts of use.

Costs

77 Since these proceedings are, for the parties to the main proceedings, a step in the action pending before the national court, the decision on costs is a matter for that court. Costs incurred in submitting observations to the Court, other than the costs of those parties, are not recoverable.

On those grounds, the Court (Fifth Chamber) hereby rules:

1. Article 102 TFEU must be interpreted as meaning that the proprietor of a patent essential to a standard established by a standardisation body, which has given an irrevocable undertaking to that body to grant a licence to third parties on fair, reasonable and non-discriminatory ('FRAND') terms, does not abuse its dominant position, within the meaning of that article, by bringing an action for infringement seeking an injunction prohibiting the infringement of its patent or seeking the recall of products for the manufacture of which that patent has been used, as long as:

- prior to bringing that action, the proprietor has, first, alerted the alleged infringer of the infringement complained about by designating that patent and specifying the way in which it has been infringed, and, secondly, after the alleged infringer has expressed its willingness to conclude a licensing agreement on FRAND terms, presented to that infringer a specific, written offer for a licence on such terms, specifying, in particular, the royalty and the way in which it is to be calculated, and

- where the alleged infringer continues to use the patent in question, the alleged infringer has not diligently responded to that offer, in accordance with recognised commercial practices in the field and in good faith, this being a matter which must be established on the basis of objective factors and which implies, in particular, that there are no delaying tactics.

2. Article 102 TFEU must be interpreted as not prohibiting, in circumstances such as those in the main proceedings, an undertaking in a dominant position and holding a patent essential toa standard established by a standardisation body, which has given an undertaking to the standardisation body to grant licences for that patent on FRAND terms, from bringing an action for infringement against the alleged infringer of its patent and seeking the rendering of accounts in relation to past acts of use of that patent or an award of damages in respect of those acts of use.

[Signatures]

# 从一件专利案件谈案例指导制度

国家贸易促进委员会专利商标事务所　韩威威

近年来，随着我国知识产权保护力度日益加大，出现了越来越多在国内外产生重大影响的案件，公众和媒体对知识产权的关注度也逐步提高。同时，知识产权保护力度的增强，提高了我国企业、科研院所、高等院校乃至个人的创新积极性，也增进了外国企业对华投资的信心。总体来看，诸多案件的判决对于知识产权的确权、维权都发挥着积极的推动作用。

自2008年以来，最高人民法院每年对自身审理的知识产权典型案例进行分析、梳理和归纳，形成《最高人民法院知识产权案件年度报告》，并将该年度报告及其所涉及的裁判文书全文整理并汇编成《知识产权审判案例指导》。同时，最高人民法院还发布各年度中国法院十大知识产权典型案例和中国法院十大知识产权创新性案例。此外，地方法院系统例如北京和上海法院，每年也发布知识产权十大典型案件。这些报告和典型案例总结了审判经验并在一定程度上统一了法律适用标准，在实践中具有很重要的指导和指引的意义。然而，由于我国属于大陆法系，并非判例法国家，上述报告和案例虽然具有重要的指导意义，然而并不具有绝对的约束力。社会公众仍无法从中获得合理的、确定的预期。

一个典型实例是“给药方式对于医药用途发明是否具有限定作用”。2008年“默克公司与国家知识产权局专利复审委员会等发明专利权无效行政纠纷案”中，给药方式被认为对于医药用途发明具有限定作用。而在后续的审查实践中，在很多情况下，国家知识产权局和专利复审委员会并未延续上述判决的观点，在实践中未承认给药方式对于医药用途发明的限定作用。直到2014年，最高人民法院在“潜霉素专利无效案”中支持了国家知识产权局在这一问题上所执行的审查基准。而在后续的司法和审查实践中，似乎在多数情况下，认为给药方式对于医药用途发明不具有限定作用。在这个实例中，针对“给药方式对于医药用途发明是否具有限定作用”这一问题，公众在较长的时间内处于一种相对不确定的状态，这可能使得医药企业在确定研发方向和生产环节方面不知所措，甚至可能不利于整个医药行业的健康发展。

因此，如何建立具有中国特色的知识产权案例指导制度是近年来值得研究和探讨的问题。笔者认为，作为典型的判例法国家，美国多年来的实践，可以为我国知识产权案例指导制度产生一些借鉴作用。

请求专利保护的主题是否属于专利保护的范畴（以下称为专利“主题适格性”）是每一位申请人在递交专利申请时首要考虑的问题，也是专利申请获得授权需要跨过的第一道“门槛”。在生物技术的发展中，对于DNA和蛋白质的保护对美国生物产业的发展起到重大的推进作用。早在1980年，美国最高法院的判例Diamond v. Chakrabarty[①]成为生物技术领域的里程碑，建立了“确定分离的DNA分子的专利适格性的框架”。[②] 从此，美国专利商标局认定分离的基因能够获得专利保护达三十余载。

然而，这一现状却受到美国纽约南区地区法院于2009年5月12日的判决Ass’n for Molecular Pathology v. U. S. Patent & Trademark Office（Myriad I）的挑战。此后，该案又走上了联邦第三巡回上诉法院[③]和美国最高法院的法庭。最终，2013年6月13日，美国最高法院作出判决，[④] 认为天然存在的DNA片段是天然产品，并不仅仅因为其被分离而是专利适格的。

该判决改变甚至颠覆了美国过去数十年在生物技术领域、特别是基因相关专利中的实践，在包括社会公众、生物技术企业、科研院所、生物组织、知识产权工作者等在内的社会各界中产生重大影响。于判决作出同日，美国专利商标局（以下简称为“USPTO”）即向审查部门发出备忘录[⑤]，指出“审查员应当驳回仅指向天然存在的核酸或其片段的产品权利要求，无论分离与否”。同时，USPTO表示，将发布更全面的对专利主题适格性进行确定的指导意见。

随着案件进展，主题适格性成为美国专利保护方面最为广泛讨论、最为重要的问题之一。在2012年、2013年和2014年，美国最高法院重磅出

① Diamond v. Chakrabarty, 447 U. S. 303（1980）.

② Ass’n for Molecular Pathology v. U. S. Patent & Trademark Office（Myriad II）, 653 F. 3d 1329, 1350（Fed. Cir. 2011）.

③ Ass’n for Molecular Pathology v. U. S. Patent & Trademark Office（Myriad II）, 653 F. 3d 1329（Fed. Cir. 2011）.

④ Ass’n for Molecular Pathology v. U. S. Patent & Trademark Office, 569 U. S. 12 – 398（2013）

⑤ http://www.uspto.gov/patents/law/exam/myriad_20130613.pdf.

击，先后就主题适格性问题针对 Mayo 案[①]、Myriad 案[②]和 Alice Corp. 案[③]作出判决。在这些判决作出之后，对联邦巡回法院的后续判决产生影响，在专利申请人、专利律师、专利代理人中引起很大反响，美国专利商标局（USPTO）也随之作出回应，调整了主题适格性的审查标准。

2014 年，USPTO 在最高法院的判决之后相继出台了一系列指导意见：2014 年 3 月 4 日，在 Myriad 案之后发布了"用于确定记载或涉及自然法则、自然现象和/或天然产品的权利要求的主题适格性的指导意见"[④]（以下简称"先前指导意见"）；2014 年 6 月 25 日，在 Alice Corp. 案之后发布了"初步的审查指导意见"。[⑤] 2014 年 12 月 16 日，USPTO 又出台了"2014 关于专利主题适格性的暂行指导意见"（以下简称"暂行适格性指导意见"，即"Interim Eligibility Guidance"）。[⑥]"暂行适格性指导意见"可谓先前出台的相关指导意见的集大成者，其结合 Mayo 案、Myriad 案和 Alice Corp. 案的判决等，提供了关于主题适格性的综合性观点，并且回应了自先前指导意见出台以来所收到的社会评议。[⑦] 该暂行指导意见取代了先前指导意见，在 2014 年 12 月 16 日生效，适用于该日、该日之前以及该日之后所递交的所有专利申请。[⑧]

而在 2015 年，USPTO 再次参考公众意见，对上述暂行指导意见进行了更新，称为"2015 年 7 月更新"（"The July 2015 Update"）。该"更新"中纳入了一系列关于专利适格性判断的新的实例（Examples），并讨论了公众提出的各种问题，来辅助专利审查期间应用"2014 关于专利主题适格性的暂行指导意见"。目前，USPTO 仍在探寻公众对该"更新"的意见。

从上述美国的实践可以看出，其关于重大问题的新的审查标准的建立经历了一段相对较短的历程。根据最高法院的判决，在大约一年的时间里，专利审查部门即出台了相应的审查基准。而该基准在公众意见以及审查实践的基础上，不断地"丰满"起来。结合"暂行适格性指导意见"以及与

---

① Mayo Collaborative Serv. v. Prometheus Labs., Inc., 566 U.S. _ _, 132 S. Ct. 1289 (2012)

② Association for Molecular Pathology v. MyriadGenetics, Inc., 569 U.S. _ _, 133 S. Ct. 2107 (2013)

③ Alice Corp. Pty. Ltd. v. CLS Bank Int'l, 573 U.S. _ _, 134 S. Ct. 2347 (2014)

④ www.uspto.gov/patents/law/exam/myriad-mayo_ guidance.pdf □

⑤ http://www.uspto.gov/patents/announce/alice_ pec_ 25jun2014.pdf

⑥ http://www.gpo.gov/fdsys/pkg/FR-2014-12-16/pdf/2014-29414.pdf

⑦ "暂行适格性指导意见"第 74619 页第 3 栏。

⑧ "暂行适格性指导意见"第 74619 页第 1 栏。

其配合的实例，无论是专利审查员还是社会公众，都能够相对确定和容易地判断一项发明是否属于适格的专利主体的范畴。

为了充分发挥“案例”的积极推进作用，加强其对行政审查机关以及公众的指导和指引价值，笔者建议，在建立中国特色知识产权案例指导制度的过程中，可以在保留中国特色的同时，借鉴判例法国家例如美国的一些做法。例如，对于涉及知识产权行政确权过程中的重大问题，如果司法判决改变了行政机关所执行的审查基准，行政机关可及时以类似于“指导意见”等方式将审查基准固定下来，并提供相配合的实例，以增加可操作性。“指导意见”的发布可以是一个循序渐进的过程，在实践中不断丰富与完善其内容。如果行政机关对于司法判决中的意见并不认同，建议行政机关尽量穷尽司法途径，以向社会公众表明其意见。或者，以其他某种适当的方式表明行政机关的意见，例如针对某个案例所涉及的重大问题举行研讨会，邀请各方共同磋商与讨论，充分考虑知识产权主体（特别是企业）的意见，并及时发布会议讨论成果和各方意见。在即将修改《专利审查指南》之际，也可以以此为契机，发布审查指南修订草案，一方面反映专利局的最新审查趋势，另一方面征求社会反馈。

总之，笔者认为，建立中国特色知识产权案例指导制度是一个法律法规、行政规章和实际执行基准与案件判决相互作用、互相促进的过程，最终突出裁判规则的确立，体现司法判决的导向作用。中国特色知识产权案例指导制度的建立也是一个社会系统工程，需要司法以及行政机关、社会公众、代理机构等的共同参与和努力。可喜的是，在当前，无论是司法机关还是行政机关，都在越来越多地倾听公众的心声、并给予积极反馈。相信在社会各界的共同努力下，我国的知识产权创新活动将更为活跃，知识产权保护力度日益增强。通过不断摸索，必将探寻到适合我国的知识产权审查和审判模式，中国特色知识产权案例指导制度会日益健全、不断发展，乃至在世界知识产权体系中占据重要地位，对其他国家知识产权制度的创建也产生深远影响。

# 论案例研究在未决案件中的应用

北京恒都律师事务所　王华

关于案例研究的目的，学者可能侧重于总结法的适用要件；立法者侧重于法的续造，发现新类型、新问题；执法者注重裁判标准的统一性；而律师多数时候考虑的是案例在未决案件中如何应用。角色多有互换，立场也错综交杂，但“立法”的目的在于“执法”，案例的研究与制度形成的目的亦包含未决案件中的“应用”，因此，案例研究结果抑或分析结论如何适用于个案审查，这应是案例研究时要解决的重要问题。

## 一、“案例”的定义

案例作为研究对象，其本身的“含金量”决定着其是否能够成为其他案件的参考，因此，在案例研究与指导之前，对于案例的概念应予厘清。此处的“案例”应不能等同于英美法系中“判例”的概念。英美法系的“判例”会详细记载各方当事人的事实理由、意见以及法官裁判的原因、见解。因为判例具有法源的效力，法官一般会极尽所能论证其裁判的正确性，以期成为其他法官采用的先例。而大陆法的案例一般是简要概括事实及法律意见，严格意义上说只是一份判决，是法官就具体的纠纷对法律进行的一般性适用，并不产生法源的效力。因而容易局限于个案的事实呈现，于结果而言，一般仅对本案存在合理性。这样的案例往往不具有普遍的适用力，因此，我们所说的具有指导性的案例应该是裁判精神、思路的集结，而“案例研究”则是相同或相似案例数量的集结。这样的“案例”，才具有普遍适用或推广的基础。

## 二、现有“指导性案例”分析

最高人民法院于2010年11月26日印发《关于案例指导工作的规定》，是案例指导的最先尝试，在最高人民法院陆续公布的52件指导案例中，6件涉及知识产权保护，多是对新类型、新问题的解决。具体如下：

1. 深圳市斯瑞曼精细化工有限公司诉深圳市坑梓自来水有限公司、深圳市康泰蓝水处理设备有限公司侵害发明专利权纠纷案［指导案例20号］。

明确在发明专利申请公布后至专利权授予前的临时保护期内制造、销售、进口的被诉专利侵权产品不为专利法禁止的情况下，其后续的使用、许诺销售、销售，即使未经专利权人许可，也不视为侵害专利权，但专利权人可以依法要求临时保护期内实施其发明的单位或者个人支付适当的费用。

2. 天津中国青年旅行社诉天津国青国际旅行社擅自使用他人企业名称纠纷案［指导案例29号］。

提出对于企业长期、广泛对外使用，具有一定市场知名度、为相关公众所知悉，已实际具有商号作用的企业名称简称，可以视为企业名称予以保护。擅自将他人已实际具有商号作用的企业名称简称作为商业活动中互联网竞价排名关键词，使相关公众产生混淆误认的，属于不正当竞争行为。

3. 兰建军、杭州小拇指汽车维修科技股份有限公司诉天津市小拇指汽车维修服务有限公司等侵害商标权及不正当竞争纠纷案［指导案例30号］。

该案件明确经营者是否具有超越法定经营范围而违反行政许可法律法规的行为，不影响其依法行使制止商标侵权和不正当竞争的民事权利。且指出反不正当竞争法并未限制经营者之间必须具有直接的竞争关系，也没有要求其从事相同行业。经营者之间具有间接竞争关系，行为人违背反不正当竞争法的规定，损害其他经营者合法权益的，也应当认定为不正当竞争行为。

4. 北京百度网讯科技有限公司诉青岛奥商网络技术有限公司等不正当竞争纠纷案［指导案例45号］。

确定从事互联网服务的经营者，在其他经营者网站的搜索结果页面强行弹出广告的行为，违反诚实信用原则和公认商业道德，妨碍其他经营者正当经营并损害其合法权益，可以依照《中华人民共和国反不正当竞争法》第二条的原则性规定认定为不正当竞争。

5. 鄄城县鲁锦工艺品有限责任公司、济宁礼之邦家纺有限公司诉山东鲁锦实业有限公司侵犯商标专用权纠纷上诉案［指导案例46号］。

明确在判断具有地域性特点的商品通用名称时，应当注意从以下方面综合分析：（1）该名称在某一地区或领域约定俗成，长期普遍使用并为相关公众认可；（2）该名称所指代的商品生产工艺经某一地区或领域群众长期共同劳动实践而形成；（3）该名称所指代的商品生产原料在某一地区或领域普遍生产。

6. 意大利费列罗公司诉蒙特莎（张家港）食品有限公司、天津经济技术开发区正元行销有限公司不正当竞争纠纷案［指导案例 47 号］。

明确指出（1）反不正当竞争法所称的知名商品，是指在中国境内具有一定的市场知名度，为相关公众所知悉的商品。在国际上已知名的商品，我国对其特有名称、包装、装潢的保护，仍应以其在中国境内为相关公众所知悉为必要。故认定知名商品，应当结合该商品在中国境内的销售时间、销售区域、销售额和销售对象，进行宣传的持续时间、程度和地域范围，作为知名商品受保护的情况等因素，并适当考虑该商品在国外已知名的情况，进行综合判断。（2）反不正当竞争法所保护的知名商品特有的包装、装潢，是指能够区别商品来源的盛装或者保护商品的容器等包装，以及在商品或者其包装上附加的文字、图案、色彩及其排列组合所构成的装潢。（3）对他人能够区别商品来源的知名商品特有的包装、装潢，进行足以引起市场混淆、误认的全面模仿，属于不正当竞争行为。

最高人民法院公布的知识产权领域的指导案例，多是对新类型、新问题的解决。同时也对企业名称的简称、通用名称、知名商品的保护要件作出概念性认定。这也反映出，最高人民法院已公布的知识产权指导性案例的意义，或在于新类型、新问题的解决方案，或在于具有普遍性、典型性的要件适用。

同时我们也注意到，最高人民法院公布的 52 件指导案例中，最高人民法院再审案件 4 件；最高人民法院及地方高级人民法院二审案件 27 件；各地基层法院一审案件 12 件；另有执行案件、国家赔偿案件 9 件。显然，案例是否具有指导意义的判断标准并不包括审级。

## 三、案例研究对于未决案件的适用设想

1. 在出现新问题或新类型的诉讼中加大案例的指导作用。新问题或新类型的出现，是法制及经济发展的必然产物，而成文法的滞后性往往难以及时解决，因此，案例中的突破与论证角度，应成为未决案件的当然参考。

2. 区分待证事实明确论证要求。案例研究按目的维度一般被分为探索性、描述性、解释性研究。探索性案例研究目的在于定义将要研究的问题或假设，或判断预定研究方案的可行性；描述性案例研究提供了对现象及其情景的完整描述；解释性案例研究提供因果关系的信息，解释事情是如何发生的。具体到未决案件的裁判中，需要明确依赖于在先案例论证的事实具有何种属性，是对既有概念的普遍适用，还是对新类型新问题的解决，根据不同的待证事实，要求不同的研究角度与结论。

3. 要求相对量化的案例研究成果。对于普遍适用的要件问题，应要求多数案例得出概然性结论。而对于未明确规定的新类型、新问题，应重点参考少数原则。举例来说，论证商标是否近似是否需要考虑混淆要件，鉴于该问题是普遍性问题，因此应要求多数案例明确该规则。而对于驰名商标的淡化理论，因商标法及司法解释没有明确规定，因此在论证某一个特定案件中应否采用驰名商标的淡化理论，来证明驰名商标跨类保护的正当性与合法性时，即使存在少数采用淡化理论的案例，也应认可其对未决案件产生参考价值。

4. 要求大数据的分析结果。不同法院抑或不同法官在适用相当法律条款时，往往会得出不同结论，对于相同法条，需要在一定范围内考虑各种结果的裁判比例，不同裁判结果出现的原因比例等数据分析结果，以便更好地引用案例。

未决案件中引入案例指导、参考的制度，将有利于谨慎裁判，同时维护司法裁判标准的统一，甚至可以验证成文法的正确性及完善法律规定。但案例研究及案例指导在大陆法系尚属尝试，需要进行长时间的研究和实践的经历，不断总结、系统反思，方能对案件裁判及理论研究起到良好的助益作用。

# 知识产权指导性案例的遴选标准及适用范围研究

北京恒都律师事务所　张瑜

2010年，最高人民法院和最高人民检察院分别发布了关于案例指导工作的规定，正式确立了我国的指导性案例制度。自最高人民法院发布关于案例指导工作的规定至今，一共发布了十批共52个指导性案例。在2015年4月最高人民法院发布的第十批八个指导性案例中知识产权的案例占五个，这充分说明了知识产权案件的特殊性，指导案例制度在知识产权审判领域的重要性。同时，为了加强知识产权运用和保护，健全技术创新激励机制，我国设立了专门的知识产权审判机构，即北京、上海、广州知识产权法院，这更加彰显了知识产权审判业务的专业性与重要性。

案例指导制度是借鉴两大法系经验的成果，它是我国推进司法改革的过程中，保障司法公正的重要举措。法律的生命在于适用，指导性案例是规范司法裁判、保障法律准确适用的一项改革。在我国长期的成文法传统之下，案例指导制度如何在知识产权审判领域中具体适用有诸多问题需要探讨。下文将对知识产权指导性案例的遴选标准和适用范围进行探讨。

## 一、知识产权指导性案例的遴选标准

案例指导制度的核心在于通过指导性案例来创制规则，明确法律适用和填补法律漏洞。要充分发挥指导性案例的作用，首先必须精心选择好的指导性案例，为此必须确立指导性案例的选择标准。根据2010年最高人民法院发布的《最高人民法院关于案例指导工作的规定》，指导性案例是指裁判已经发生法律效力，并符合以下条件的案例：（1）社会广泛关注的；（2）法律规定比较原则的；（3）具有典型性的；（4）疑难复杂或者新类型的；（5）其他具有指导作用的案例。在上述标准的规定中，除裁判已经发生效力这一点属于程序性特征之外，其他各类均属于实体性特征。这些实体性特征大致可以划分为五种案件类型：

1. 影响力案例。影响力案例是指社会广泛关注、群众反映强烈的案例。这类案件具有社会影响力，但并非所有具有社会影响力的案件都能成为指导性案例，关键还是在于这些影响性案件是否存在产生规则的可能，也就是是否存在从社会影响力转化为法治影响力的可能。因此，影响性案例作为指导性案例，应当从能否创制规则上进行严格把关，而不是以影响力大小作为遴选标准。

2. 细则性案例。细则性案例是指在法律规定较为原则的情况时，将法律原则性规定予以细则化的案例。就这类案例本身而言，可能并没有重大的社会影响，但由于法律规定不够明确具体，因而通过这些案例对法律规定起到细则化的作用。细则性案例因其具有规则创制功能，在指导性案例中占重要部分。尽管细则性案例所创制的规则只是一种细则，但对于此后处理同类型的案件的法律的理解和适用具有指导作用。

3. 典型性案例。典型性案例是指具有典型意义的案例，即在同类型案件中具有代表性，能够成为处理同类型案件的样板。例如 2011 年 3 月 2 日最高人民法院发布五件侵犯知识产权和制售假冒伪劣商品典型案例，其引言指出："为配合全国打击侵犯知识产权和制售假冒伪劣商品专项行动的开展，震慑不法分子，切实保护知识产权，维护社会主义市场经济秩序，最高人民法院今天发布了第三批共五件侵犯知识产权和制售假冒伪劣商品的典型案例。"从颁布的典型案例来看，并无规则之创制，震慑性意义大于法律指导性。案例指导制度是以创制规则为核心的，因此只有同时具有规则创制功能的典型性案例，才能成为指导性案例。

4. 疑难性案例。疑难性案例是指在法律适用上疑难复杂，存在较大争议的案例。疑难性案例具有规则创制功能，其所创制的规则具有解决疑难的性质，为解决疑难案件提供统一的法律尺度，对于类似的案件具有指导意义。

5. 新类型案例。新类型案例是指新出现并具有一定典型性的案例。在司法活动中，随着社会生活的演变，往往出现一些不同于以往的案件，对于处理这些案件缺乏司法经验，也缺乏司法规则，因此需要通过案例指导制度创制规则。这一现象在知识产权领域尤其突出。

以上五种指导性案例的类型，有些是存在交叉重合的，有些案件可能同时具备其中多种特征。在知识产权领域，随着我国经济社会发展，知识产权审判的重要作用日益凸显，案件数量迅猛增长，新型疑难案件增多，矛盾化解难度加大。最高人民法院每年会评选出中国法院 10 大知识产权案件、10 大创新性知识产权案件和 50 件典型知识产权案例，并将这些案件和典型案例名单印发供各级人民法院在审判工作中参考借鉴。一般而言，典型案例并不一定就是指导性案例，指导性案例原则上都应当以创制规则为中心，否则只具有示范意义而不会具有指导意义。但鉴于知识产权的专业性和特殊性，这些典型案例的可参考性，可以考虑适当扩大知识产权指导性案例的遴选标准，适当将这类10大知识产权案件、10大创新性知识产权案件和50件典型知识产权案例纳入指导性案例，指导知识产权的审判实践和法律适用。

## 二、指导性案例的适用范围之案件类似性判断

根据最高人民法院的规定，指导性案例的适用范围为类似案件。指导性案例发挥作用的关键在于确定系争案件与指导性案件之间是否存在类似性。那么，如何理解类似案件呢？

对案件事实是否类似或者同类的判断，成文法与判例法在法律推理上的不同会直接对其造成影响。一般而言，成文法的法律推理主要是一种演绎，在查清案件事实的基础上，将法律规则适用于个案，其关键是案件事实能否被法律规则所涵摄。因此，法律适用的重点是对法律规则的解释。而在判例法制度下，由于其规则来自判例，因而规则本身都是较为具体的。在这种情况下，对规则的解释并不是司法裁判的重点，司法裁判的重点在于对待决案件与判决的案件在事实上是否具有类似性进行正确判断。如果类似，则可以适用先例规则；如果不相类似，则不能适用先例规则。在案件事实类似性的判断中，更多的是采用类比推理方法。我国实行的案例指导制度，本质上是借鉴的判例制度，因此对案件事实的类似性的争议及其裁判，将会成为司法活动的重要内容，它直接决定着指导性案例的适用范围。

就一个案件来说，只有和其诉因密切相关的事实才是我们需要重点关注的事实，因此，在判断案件事实的类似性上，首先需要明确待决案件的诉因与指导性案例是否相似。因此，法官在参照指导性案例审理案件时，首先要求当事人的诉讼主张与欲参照的指导性案例具有相同性或相似性。具体来说应包括以下方面：

1. 案件基本事实类似。基本事实类似包括了行为类似、结果类似、数额类似或者某一个其他情节类似。在确定案件基本事实类似性的过程中，关键要考虑系争案例和指导性案例中的关键事实是否具有类似性。如果两个案件关键事实不同，通常就可以说这两个案件具有不同之处。而且，这种关键事实的区别还应当是一种实质性的区别，而不是不重要的、轻微的区别，即这种区别将会对争议的法律效果和当事人责任的承担产生实质性

的影响。此时，指导性案例将不具有可适用性。

2. 法律关系类似。在进行案件的类似性比较时，还要判断指导性案例中的法律关系与待决案件中的法律关系是否具有相同的性质。此处所述的法律关系不是泛泛的判断，而是指具体的法律关系类型。法律关系越具体，且越具有相似性，则越能够表明两者之间的相似性。指导性案例和系争案例中的法律关系越具体则越具有类似性，通常被认为性质类似案件。如果两个案件仅仅是泛泛地都属于商标侵权或者专利侵权案件，则不构成类似案例，指导性案例将不具有可适用性。

3. 案件的争议点类似。在案件审理中，整个逻辑三段论的起点是当事人的争点，且当事人的主张或请求划定了法院审理的范围。所以在适用指导性案例时，应该要求案件中争议的问题相同。一般而言，争议点的类似性还是要根据原告的主张和被告的抗辩来判断。例如，知识产权案件中关于同一种或类似商品的理解与认定问题。

4. 案件所争议的法律问题具有相似性。例如，在商标侵权纠纷案中，使用在相同或者类似商品上的两个商标，如果普通消费者施以一般注意力，难以区分其差别，就可以推定这两个商标具有造成误认的可能性，构成近似。这一案件中争议的法律问题关键就在于如何判断两个商标之间构成近似。只有待决案件与指导性案例处理相同或相似的问题时，指导性案例才具有参考性。

总之，通过运用逻辑上类比的办法，从上述几点出发，凡是具备了上述相似性特点的案件都可以认为与指导性案例之间存在类似性。裁判者应谨慎对待类推方法，深入分析已有法律规范与系争案件的相似之处与差异之处，认真选择比较点，使类比推理的过程具有合理性，这样才能使指导性案例发挥应有的指导作用。具体到指导性案例的适用，法官进行类似性的判断时，一方面要从积极方面进行类似性比较，凡是越与先前的指导性案例相似的，就越具有参照适用的可能性。一般而言，涉及到的法律事实越具体，就越可能参照适用先前的案例。另一方面要从消极方面进行类似性比较，凡是越与先前的指导性案例差异性越大，则参照的可能性就越小。

总之，在我国成文法背景下，建立案例指导制度是一项社会主义法律体系形成之后的重要司法制度创新，尤其是在经常出现新型疑难案件的特殊的知识产权审判领域更是具有积极的作用。因此，建立具有中国特色的知识产权案例指导制度，要坚持适合我国法治国情的案例遴选标准，并明确指导性案例的适用范围，不断提高我国的知识产权审判水平。